人學省思

袁信愛著

文史哲學集成
文史哲出版社印行

國家圖書館出版品預行編目資料

人學省思 / 袁信愛著. -- 初版. -- 臺北市：文
史哲, 民 94
　　面： 　公分.（文史哲學集成；501）
含參考書目
ISBN 957-549-601-9 (平裝)

1.哲學 – 中國 – 論文,講詞等

120.7　　　　　　　　　　　　94008815

文史哲學集成 501

人 學 省 思

著　　　者：袁　　　信　　　愛
出 版 者：文　史　哲　出　版　社
http://www.lapen.com.tw
登記證字號：行政院新聞局版臺業字五三三七號
發 行 人：彭　　　正　　　雄
發 行 所：文　史　哲　出　版　社
印 刷 者：文　史　哲　出　版　社
臺北市羅斯福路一段七十二巷四號
郵政劃撥帳號：一六一八〇一七五
電話886-2-23511028 · 傳真886-2-23965656

實價新臺幣四二〇元

中華民國九十四年（2005）六月初版

自 序

　　在我從事哲學研究的過程中，首先面對的問題就是：「哲學」是什麼？而我所給予的答案是：「哲學」就是人運用理性思考，針對宇宙與人生中的各種現象，為尋求最周全的解釋與最有效的處理而提出的各種答案。然而，「哲學」既是人所建構的學問，那麼一個更根本的問題就隨之而浮現：「人」是什麼？既然身為「人」，我們對於「人」的了解又是如何？

　　基於對「人」的好奇，我開始了對以「人」為研究對象，探討「人」的本質與發展等問題的「哲學人學」（Philosophical Anthropology）之研究，並以中國哲學中所內蘊的人學思想為主要的研究範圍。

　　本書中的各篇文章都是我這些年來陸續發表於各種學術會議中的論文，反映的是我對中國人學的研究心得。為使全書條理有序，我即依文章的主題與內容而分類為「通論篇」、「專家篇」與「專論篇」三個項目。

　　在「通論篇」中，我選錄了三篇含有中國人學思想史的文章。其中，〈中國哲學的反思與展望〉是以對中國哲學之歷史性發展的探索為主軸，再從影響整個中國哲學之發展的儒學中的人學思想來省思中國人對「人」的認知及其侷限，進而提出中國哲學在未來發展的可行路徑，以期能為中國哲學注入新的生命活力。〈中國傳統人學探析〉是以對中國人學思想之歷史性發展的探索為主

軸，藉由對歷代哲學家之人學思想的介紹，以呈現出中國人學的整體風貌。〈中國人學中的自我詮釋與自我建構〉則是藉由尋索中國人學思想的發展與定型，來反思中國人學思想的基本架構與主要觀點。

在「專家篇」中，我按時代的先後，先以〈莊、荀人學之比較研究〉與〈《管子》中黃老道家的人學思想〉兩篇文章來論述先秦時期儒、道兩家的人學思想；再以〈《淮南子》中的人學思想〉這篇文章來論述兩漢時期道家的人學思想；繼以〈朱熹理氣論中的人學思想〉與〈王陽明心學中的人學思想〉兩篇文章來論述宋明時期儒家的人學思想；終以〈論譚嗣同的人學思想〉這篇文章來論述清代時期儒家的人學思想。

在「通論篇」中，〈人與文化的聯繫〉是藉由尋索人創造文化的動機與文化對人的形塑，來反思人對其自身之發展所應負的責任。〈經典、詮釋與人學〉是藉由尋索經典的創造與詮釋，來反思人如何塑造人的自我認知，如何建構人與世界的本質形象，及其對人類發展的導向與影響。〈人學思想的重構與解構〉是藉由重構人學思想中的問與答，再來解構人對所建構之意義的執著，以尋索人學研究之更為適切的觀點與方法。〈先秦人學的現代反思〉是藉由尋索先秦人學的起源與主要訴求，來反思該時期之各家人學思想在現代社會中的可應用性。〈天理與人權〉是藉由尋索中國傳統倫理思想中對人性的詮釋與期許，來反思中國人權思想的缺失，並且構思中國人權思想之發展的可能方向。〈家暴、道德與人權〉是藉由對中國傳統家庭觀念的反思，來解析家庭暴力之所以發生的深層結構，以期建構化解家庭暴力的可能途徑。〈人性的整合〉是藉由對中國傳統人性論之構成與發展的反思，來尋索人性之自我建構的應然取向。

　　本書是我生平的第一本著作，也是我從事人學創作的起點。謹以本書向我最敬愛的項退結教授、羅光教授、張振東教授與鄔昆如教授，表達我最誠摯的感激與敬意！同時，我也要以本書獻給我最親愛的父母，感謝父母對我始終如一的支持與鼓勵！

袁 信 愛

2005 年 4 月 10 日

人 學 省 思

目 錄

通　論　篇

中國哲學的反思與展望

　　在二十一世紀即將來臨的前夕，重新審視中國哲學的歷史性發展，進而尋索其在未來發展的可行路徑，自當是爲中國哲學之研究者所應承接的時代使命。

　　綜觀中國哲學的歷史性發展，我們不難發現中國哲學呈現的是一種回溯性的探究。自漢代獨尊儒術之後，除魏晉時期以黃老道學與隋唐時期以印度佛學爲主要研究對象外，歷代的學術思想皆以回歸先秦儒學爲宗，重在突顯孟子的道德心性之學。直至今日，承接宋明儒學而開展的當代新儒學亦不自外於此一傳統。然而此一傳統是否能相應於當今時代所期？是否能對當今的文化發展產生積極而有益的影響？值此世紀之交，的確是身爲中國人的我們理應去深思的重要課題。

　　本文即欲以儒學的發展爲主軸，由歷史性的回顧與省思，來探究儒家思想的變與不變及其對中國人的影響。進而再就現實情境中所呈現的實際問題，來反思儒家思想所面對的實質困境。最後，筆者將從認知的角度來尋索中國哲學在未來發展的可行路徑，冀期藉此爲中國哲學注入新的生命活力。

儒學發展史

　　哲學是文化的核心，而中國文化的核心就在儒學。雖然自魏晉時期與隋唐時期先後有道家思想與佛學理論相繼而興，但是儒學之爲中國文化的主脈仍是不容否認的事實。

在歷史的流程中，儒學的發展也經歷了幾個階段的變遷。

第一個階段是儒家思想的原創期，其時間是在先秦時期，代表人物是孔子（仁學）、孟子（心性之學）與荀子（禮義之學），該時期儒學的特點在以仁爲主，強調性與禮的探究，表現爲人文化的儒學。

不可諱言的，在先秦時期所出現的儒學僅是諸子百家之學中的一支，且與墨學並盛於當時。正如與其同時存在的墨、道、法諸家學說一樣，儒家也同樣地關切著人世的問題，同樣在尋索「如何止亂歸治」的具體方案。然而相較於墨家訴諸宗教信仰、道家訴諸自然常道、法家訴諸刑法賞罰，儒家則更強調道德教育。儒家的創始者孔子認爲透過道德教育來確立人的道德品格，必能徹底而又有效的改善人世的亂象[1]，兼成「導人向善」與「導世歸治」的雙重期許，故有「內聖」與「外王」之道的一體建構[2]。

此中，孟子承襲孔子「內聖」之道的期許，開出仁義心性之學，肯定人生而即具道德本性，強調人應透過主體自覺來實現此道德本性，以自成爲道德君子[3]。荀子則承襲孔子「外王」之道的期許，開出禮義教化之學，肯定道德規範出於人智所爲，強調人世之治應強化道德教育，使人人皆能經由學習歷程而內化道德規範爲自身的思行準則，進而成就人人皆爲君子的道德之世[4]。前者

---

1 《論語・雍也》：「君子博學於文，約之以禮，亦可以弗畔矣夫。」
2 《論語・顏淵》：「克己復禮爲仁。一日克己復禮，天下歸仁焉。」
3 《孟子・告子》：「惻隱之心，人皆有之；羞惡之心，人皆有之；恭敬之心，人皆有之；是非之心，人皆有之。惻隱之心，仁也；羞惡之心，義也；恭敬之心，禮也；是非之心，智也。仁、義、禮、智，非由外鑠我也，我固有之，弗思耳矣。故曰：求則得之，舍則失之。或相倍蓰而無算者，不能盡其才者也。」
4 《荀子・性惡》：「故古者聖王以人之性惡，以爲偏險而不正，悖亂而不治，是以爲之起禮義、制法度，以矯飾人之情性而正之，以擾化人之情性而導之也。始皆出於治而合於道者也。」

強調的是由內而外的自我控制，而後者所強調的則是由外而內的文化制約。

相較於先秦時期的政治分裂，漢代所呈現的則是政治的統一。周文的失控與諸侯的競爭，提供了先秦諸子一個自由論議的空間。但是漢代的政治統一與專制政體卻迫使關切人世問題的思想家們必須顧及執政者的期許來規劃其治世的方案，從而也逆轉了先秦時期學術指導政治的文化走向，開啓了學術爲政治服務、政治以學術爲工具的新模式。此中的代表人物即是董仲舒與漢武帝。

漢武帝自重建漢帝國爲君主專制政體後，即以「天人關係」爲主軸，向學者們尋求統一天下的理論依據。而董仲舒也以《天人三策》回應漢武帝的期許，進而獲得漢武帝的認同，遂以儒學爲治，以統一臣民的思行。儒學也因此得藉經學的傳佈而躍升爲文化的主脈，深刻的影響了中國人的認知與思維。

儒學雖是因漢武帝採納董仲舒的建議而成爲漢代的官學，從而與君主專制融爲一體。但是漢武帝的目的是想藉「以君制民」來強化其君權的神聖性與權威性，而董仲舒的目的則是想藉「以天制君」來迫使漢武帝稟承神意以推行儒教於天下。所以漢代儒學之向宗教化移轉[5]，亦不能忽略其時代背景與政治意圖。

再者，漢初的黃老之治雖是促成了先秦子學的復興，但是戰國後期學術合流對於先秦子學之發展的影響，亦導致了於漢代復興的子學相異於先秦時期的原貌。以漢代儒學爲例，即已是以儒家思想爲主並融合了陰陽、墨、道、法、名等諸家思想爲一體的新儒學。換言之，漢代儒學不是先秦儒學的原樣翻版，而是有其

---

5 如見董仲舒之言：「《春秋》之法，以人隨君，以君隨天。…屈民而伸君，屈君而伸天，《春秋》之大義也。」（《春秋繁露‧玉杯》）。

自身的思維架構與其時代特徵。舉例而言，先秦儒學重視的是人際關係的整治，強調的是性與禮的探究；而漢代儒學重視的則是天人關係的建構，強調的則是神意、天道與人治的貫連。因此，漢代儒學應當視之爲儒學的第一次復興，而非先秦儒學的延續。

儒學雖在漢代躍升爲官學，主導該時期的文化發展。然而，不僅是科學的發展激發了知識份子對宗教化儒學的質疑，導致讖緯之學的解構；現實人世的權力鬥爭，也促發了知識份子對宗教化儒學的重新省思。到了魏晉時期，知識份子轉而藉以道釋儒的方式，遂使黃老道家之學取代儒學而躍升爲該時期的思想主流。於漢代傳入的印度佛教也趁此思潮而漸爲知識份子所接受，並隨著信仰的普及而擴大其影響力，致使佛學研究繼黃老道家之學而於隋唐時期躍升爲該時期的思想主流。

漢代的儒學是透過經學的傳佈來確立其權威性，並發揮其影響力。然而，漢代的經學卻也因著使用版本與研究目的不同分裂爲二。其中，以漢隸書寫之版本爲據、強調微言大義的今文經學重在賦予儒家經典相應於漢代文化特徵的時代意義，以使儒家經典得以成爲符應時代需求的治世準則；而以古篆書寫之版本爲據、強調考據訓詁的古文經學則重在還原儒家經典相應於該經典成書時期的原始意義，以期使先秦儒家思想得以重現於世。今文經學雖然稱盛於西、東兩漢，但是自鄭玄以古文經學爲本而統一經義之後，直到唐代的經學即皆以強調考據訓詁的古文經學爲主，世稱「漢學」。然而當韓愈提倡古文復興運動之時，卻以孟子直承孔子而爲儒家正統，重啓強調主體自覺的仁義心性之學，進而也影響到宋明學者對於先秦儒學之認知視域的建構。

歷經了五代十國的戰亂之後，宋代學者重新體認人世整治的必要性，遂有儒學的第二次復興。相較於漢代儒學承襲前代思想

的影響而呈現出以儒學爲主並融合陰陽、墨、道、法、名等諸家思想爲一體的風貌，宋明儒學則是綜合前代思想的發展而開顯出以儒學爲主並融合佛、老思想的新氣象。因此，宋明儒學雖強調的是對先秦儒學的回歸，但是實則已是與先秦時期人文化儒學有別的義理化新儒學。換言之，先秦時期的儒學重視的是人性與文化的互動，而宋明儒學重視的則是人性與天理的合一。

相應於佛、老思想對於天人關係的建構，宋明儒者也極強調天人關係的確立。然而不同於佛、老將生命的意義置立於未來，積極致力於對「彼岸」[6]的追求；宋明儒者則是將生命的意義置立於當下，積極致力於提昇「此岸」的永恆價值。對於宋明儒者而言，天理不僅是使萬物得以生發的自然規律，更是人之所以有其道德仁義的終極根源；人性即是天理於人身的顯現。所以實現人性不僅是體現道德仁義於日常生活之中，同時也是使人性與天理合一。

宋明儒者雖與漢代儒者一樣的重視經義的闡釋，一樣的試圖強化儒家道德理論的制約效力。但是漢代儒者訴諸人的宗教信仰，藉宗教詮釋來賦予儒家道德理論的權威性；而宋明儒者則是訴諸人的理性思辨，藉由義理詮釋來建構儒家道德理論的權威性。因此，相異於漢代儒者藉諸對神意的詮釋來強化儒學對人的道德形塑，宋明儒者則是藉諸對人性的詮釋來確立儒學對人的道德制約。

再者，宋明儒者雖然也與漢代儒者一樣的視「天人合一」的境界爲人性發展的最高境界。但是相較於漢代儒者視人性分享神性而得，強調上帝與人君的直接聯繫，肯定唯有人君能夠體現神

---

6 佛教所追求的「彼岸」是指破除物執、我執，解消無明、煩惱的涅盤之境；而道教所追求的「彼岸」則是指長生不死的神仙境界。

性於其施政作爲而成就「天人合德」的境界[7]；宋明儒者則視人性直承天理，強調凡人皆具此天理人性，肯定凡人皆可透過人性的自我實現而達到「天人合一」的境界[8]。漢代儒者所企臻的「天人合一」之境是對於神人之別的超越，而深受佛、老思想影響的宋明儒者所企臻的「天人合一」之境則是對於物我之分的超越。故就漢代儒者而言，人君與上帝可以相互感應[9]；但就宋明儒者而言，人與天地萬物則可融爲一體[10]。因此，宋明儒者雖因對形上根源的認定不同而形成以程朱爲主的理學派、以陸王爲主的心學派與以張載爲主的氣學派，但是三派皆視人性與物理同源，同爲天理的顯現，從而肯定人性的自我實現即是人性的自我超越而與天地萬物爲一。

清代儒者雖曾對宋明儒學加以撻伐，開啓對道德禮教的重新省思。但是大體仍不脫以儒家思想爲宗，以儒學爲治的格局。鴉片戰爭之後，西方列強加諸中國的武力威脅，雖使中國的知識份子對於西學做出重新的評估，致有「中體西用」之論的興起，強調以儒學修身、以西學治世。然而儒學的實用性已逐漸的爲知識份子所質疑，故於民國八年的「五四運動」興起之後，儒學的存廢即成爲以陳獨秀、胡適等人爲主的全盤西化派與以章太炎、王先謙等人爲主的國粹派所爭議的焦點。折衷而起的則是以梁漱

---

7 《春秋繁露・四時之副》：「聖人副天之所行以爲政，…慶賞罰刑，異事而同功，皆王者之所以成德也。慶賞罰刑與春夏秋冬，以類相應也，如合符。故曰王者配天，謂其道也。」

8 《朱子語類・卷六十一》：「道心如仁之於父子，義之於君臣，禮之於賓主，智之於賢者，聖人之於天道，若以爲命已前定，任其如何，更不盡心，卻不可。蓋有性存焉，須著盡此心，以求合乎理，始得。」

9 《天人三策》：「天人相與之際，甚可畏也。國家將有失道之敗，而天乃先出災害以譴告之。不知自省，又出怪異以警懼之。尙不知變，而傷敗乃至。以此見天心之仁愛人君，而欲止其亂也。」

10 《程氏遺書》：「仁者渾然與物同體。」

溟、熊十力等人爲主的當代新儒家所倡議的「中體西用」，試圖藉由對儒學的重新詮釋，以便能與西方的民主、科學相融合，從而爲中國文化注入新的生命活力，也爲中華民族的存續帶來新的契機。

是爲儒學第三次復興的當代新儒家也與在漢代及在宋明復興的儒學一樣，都已非先秦儒學的原樣翻版，而是與該時代之其他思想相融合，以至於重構對先秦儒學的詮釋，從而展現出具有時代意義與文化特徵的新風貌。不過，相異於宋明儒學對於兩漢儒學的批判，當代新儒學則是承續宋明儒學的認知路徑，以先秦時期的孟子心性之學爲宗，融合既有的佛老思想與當代的西方哲學，從而塑造出兼攝古今中外文化於一體的現代化新儒學，以期符應於當代之所需。

徵諸歷史的回顧，我們即可看出歷代儒者爲賦予儒學相合於其時代之新義而將儒學與該時代之其他思想相融合的努力。依此而觀，儒學若要有其活潑的生命力，就必須要與其他思想作對話與融通，方能開拓其自身的視域，豐富其自身的內涵。

儒學與人學

設若我們由哲學的建構來做反思，即可發現哲學就是人爲揭示其存在而創造的詮釋。在中國人所建構的詮釋系統中，特別是深受儒學影響的中國人不僅藉由對「人」的理解與期許來創造對「人」的詮釋，同時也用所創造的詮釋來塑造人自身的存在形象，從而鎖定了「人」的道德面向，界定了對「人」的單向認知。

以「義利之辨」爲例，自先秦孟子到宋明儒者乃至到當代新儒家，都是以「重義輕利」爲人生的當然準則，強調道德價值高於功利價值，肯定人應爲追求道德的實現而捨棄功利。然而還諸

歷代思想的發展，亦可見得「義利互涵」、「以義制利」與「義利俱棄」等不同論點。舉先秦子學為例，墨子以「公利」釋「義」，主張「義利互涵」，強調「義」即是「興天下之利」，肯定人應為大眾謀福利；荀子視「義與利者，人之兩有也」（《荀子‧大略》），主張「以義制利」，強調人應「使其欲利不克其好義」（同上），肯定人能合理的規範其對功利的追求；老子視「義」與「利」皆出於「有為」，故而主張「絕仁棄義」、「絕巧棄利」（《老子》第十九章），強調人應摒棄文化的導引，返諸自然本性的自我實現。此中雖涵攝了各自對「義」與「利」的理解與詮釋差異，但是大致都是針對人的實際行為而作所規劃，以為人與人世的發展做出明確的導向。

「義利之辨」至宋明時期即衍生為「理欲之辨」。此中，以程朱為主的理學派與以陸王為主的心學派皆循孟子「重義輕利」的主張，視「天理」為「義」而「人欲」好「利」，強調人應「存理去欲」，以體現人的道德本性，彰顯人的崇高價值。但是以陳亮、葉適為代表的事功學派則採「義利互涵」的詮釋，主張「義利雙行」，強調「既無功利，則道義者乃無用之虛語爾」（《習學記言序目‧漢書三》），肯定道德即是體現在事功之中。及至明末清初的學者則循此而主張「理在欲中」，強調「人欲」的合理滿足即是「天理」。

設若我們將「義、利」與「理、欲」作合併觀照，並從中作一整全的分析，我們或可由此而描繪出一幅「人」的全景。

首先，我們若依孟子以至心學派之一系所主張的「重義輕利」與「存理去欲」的角度而觀，即見此主張的前提在於肯定人有與生俱來的道德本性，人生的要務就在於實現此道德本性以使自身成為體現道德品格的人。換言之，這也就是意謂著孟子一系的學

者肯定唯有體現道德品格的人，才是合於「人」的定義。

　　然而人之是否有其與生俱來的道德本性，仍有諸多的爭議。但是人之兼具為善與為惡的雙重潛能，則是不容否認的事實。儒家素有導人向善與導世歸治之念，故而側重以理想改變現實，意圖藉由突顯人的為善潛能來抑制人的為惡潛能，以使人自趨向善。如是的理念雖是有助於挺立個人的自主性與維護人世的和諧性，但是相對的也侷限了人的認知角度，使人只從道德的觀點來建構對人與人世的認知，從而忽略了對人之其他面向的觀照，更遑論是對其他面向作利弊得失的雙向度思考。

　　再者，同樣是肯定人有與生俱來的道德本性，也同樣是肯定人應實現其道德本性以成為「人」。然而孟子視人之實現道德本性是出於主體自覺的內在要求[11]，董仲舒視此出於神意所期[12]，而程朱則視此出於天理當然[13]。事實上，我們可看出當孟子為人定出此發展方向後，後兩者之所為即是在強化此方向的權威性，以強制人往此方向發展其人性。如此，則縱使人是生而即有其道德本性，人之實現其道德本性也成為是「有所為而為」。既是「有所為而為」，即關乎到其目的的取向與意志的抉擇。換言之，人可以為實現道德本性而作出道德行為，也可以為搏得道德名聲或現實利益而作出道德行為。所以人縱使有道德行為的表現，也不能據此證成人即有與生俱來的道德本性。這也就是說，我們無法也不應由人所作出的道德行為，就判定人有道德本性，進而肯定此道德

11　《孟子・盡心》：「君子所性，雖大行不加焉，雖窮居不損焉，分定故也。君子所性，仁義禮智根於心。」
12　《春秋繁露・竹林》：「天之為人性命，使行仁義而羞可恥，非若鳥獸然，苟為生、苟為利而已。」
13　《四書章句・中庸注》：「人物各循其性之自然，則其日用事物之間，莫不各有當行之路，是則所謂道也。」

行為即是道德本性的體現。相同的，我們也不能由人之有「重義輕利」的行為表現，就排除其間含有為「利」而為的可能性。

據此而觀，「重義」固然可以導人向善，但是「重利」也同樣可以有其正面的導向之功。正如荀子之言「義與利者，人之兩有也。雖堯舜不能去民之欲利，…雖桀紂亦不能去民之好義」(《荀子·大略》)。能夠兼顧人有追求道德與追求功利的雙重取向，並且針對人的「欲利」作雙向度的思考，以理性來規範對功利的追求，當是能有助於人世的發展又能有益於人世的和諧。

其三，設若我們依從宋明儒者的觀點，視人性體現天理，肉體產生人欲，進而視人性為善的根源，人欲為惡的根源，肯定唯有「存理去欲」，才能使人只為善而不為惡。那麼我們無異是忽略了人欲也是人性的體現，抑制人欲也會損及人性。

人是由精神與肉體所合構而成，兩者同為人之自然本質的開顯，並無優劣可議。此中不僅精神會影響肉體，同樣地肉體也會影響精神。雖然人可以藉諸意志的抉擇而作單向度的發展，但是仍然無法否認另一面向對於人之存在的影響力。

設若我們換個角度想，即可發現抑制人欲也是出於人欲所為。人為保全其生命的延續或為搏得道德的名聲或為追求理想的生活境界，人是可以作出「去欲」的抉擇與實踐。所以，人欲不僅內涵在人的自然本性之中，也關涉到人的行為動機。不可諱言的，欲望的追求滿足，固然可以導致人的為惡，但是同樣也可以導致人的為善。若能運用人的理智思慮善加引導人欲的追求，人欲也可以成為推動物質文明與精神文化之發展的積極助力。

試觀西方文化的發展，若無人欲的追求滿足，即無科學的發明與民主的實行，因為兩者都關乎到人的權力欲。科學體現的是人欲控制自然的權力欲，而民主則體現的則是人欲控制他人的權

力欲。藉由科學所發明的工具，不僅改善了人的生活型態，擴大了人的生活領域，也使人不再受限於自然的宰制，而能建構出以人為主體的文化世界。同樣的，藉由民主制度的形成，個人不再受限於一人或一個階層或是一個團體的宰制，而是能夠自由地表達個人的意見，維護自己的權益。當然，有其利亦必有其弊。當人在享受科學所帶來的福祉的同時，人也在承受隨之而來的如人之為物所役與生存環境之遭破壞等的各種危機。

設若我們據此而將中國文化與西方文化作一個大體的分類，即可見得以孔孟儒學為主體的中國文化追求的是道德，而以科學與民主為代表的西方文化追求的則是功利。不可諱言的，無論是追求道德或是追求功利，都是人之欲望的顯現，前者關乎人的理想，而後者則關乎人的現實。基本上，脫離現實的理想是虛幻的空談；不能針對功利而求對治之道的道德也是無濟於人世歸治的夢囈而已。

中國文化的弊端即在依據既定的道德理想來評議具體的現實，以至於只求現實的合於理想，而忽略了對具體現實作不帶預設的理解與分析，遂導致了理想與現實的疏離，也使得理想漸趨僵化而不能發揮其改善現實的積極功能。

人是活在具體的時空之中，而人性的顯現也會因著具體時空的差異而有其不同形式的表現。此中，自然會關涉到人與文化的互動關係。人創造了文化，文化也塑造了人。文化是人類生活的整體表現，道德理想也僅是其中的一面。設若我們將道德理想視為高層次的文化表現，那麼這種道德理想即應當是由批判其他較低層次的文化表現而來，並且是應當能夠引導其他層次之文化表現的改善。依此而觀，文化的多樣性是在建構道德理想的同時所應當顧及的。文化的多樣性不僅是根源於人的多面性，也會豐富

人的多面性，進而體現在人的具體生活之中。因此，隨著文化的變遷，道德理想也應當能夠做適時的調整，以有效的因應人的具體生活，給予合宜的規範與導向。

中國哲學的未來

哲學來自於現實，也當能回歸於現實，引導現實的發展。值得省思的是，中國哲學發展至今似乎已侷限在孟子一系的道德心性之學中，乃至於忽略掉對具體現實作全面性的觀照，從而也就逐漸地失去了其引導現實發展的積極功能，轉而成為一個僅具象徵意義的文化圖騰。

設若我們反思人類何以要創造文化？我們即不難發現此中關涉到人類為維護生存與尋求意義而作的努力。粗略而分，前者開展出人類的物質文明，而後者則構建出人類的精神文化。精神文化透過物質文明而展現，物質文明也帶動精神文化的變遷。兩者之間的關係是密切相依又相互影響；兩者同時也反映了人性的實現，又塑造了人性的實現。因此，忽略人性便無法說明文化的形成，忽略文化也無法理解人性的變遷。這也就是說，要確定「人是什麼」，就必須對照文化的發展來作探索，才有可能釐清「人」的定義為何。

中國哲學在先秦時期原有多元而豐富的發展，但是隨著學術與政治的互動關係，哲學的發展即定位在儒學的脈絡之中。雖有佛、道之學的相繼而興，但是仍無礙於儒學的一再復興。從第一次復興的漢代儒學而觀，漢儒雖已肯定人性之中兼具為善與為惡的雙重潛能，卻又以「性善情惡」而將情欲視為惡的根源，從而

排除對情欲的觀照[14]。及至第二次復興的宋明儒學，乃至承襲宋明儒學而興的當代新儒學，也都是將情欲視爲惡的根源，進而忽視對情欲作雙向度的考察，從而也無發明確的說明道德問題的所在，只是一味地強調人當實現其道德本性以使自身成爲「道德人」。換言之，一再復興的儒學僅是建基在對先秦儒學（特別是孟子的道德心性之學）的忠誠信念上，不加反思與批判的就運用其信念來處理一切問題，以至於模糊了忠誠信念與絕對真理的差異，也導致理論中的人類形象與現實中的人類形象之斷裂。

自儒家將情欲定位爲惡的根源之後，深受儒學所影響的中國人即避談情欲，從而也就無法建構對情欲作雙向度的考察。然而情欲既是出自於人的本性，縱使避而不談，也無法不感受到其對自身的影響。人之有情、有欲，就如人之有智一樣，都是人與生俱來的自然本質。要了解人性的實現、解析人世的現象，就必須要能先掌握對此自然本質的認知。

孔子以愛釋仁[15]，愛即是情，爲人自發的本性。但是若依自漢代以來的儒者視情爲惡的觀點來作反思，則無異是否定了孔子論仁的基礎。人若無情，仁之於人也無從爲用。情之所以能產生人際的衝突與人生的困頓，不在情之本然，而在情之發用於社會、文化之中。故當思索情在現實社會與具體文化中之發用時所產生的利弊得失，再構思因應之策，才是真正能解決因情而生之道德問題的有效做法。

享受情的喜悅，化解情的困擾，也是反應了人類爲維護其生

---

14 《春秋繁露・深察名號》：「身之有性情也，若天之有陰陽也。…天有陰陽禁，身有情欲㤬，與天道一也。…天之禁陰如此，安得不損其欲而輟其情以應天。」
15 《論語・顏淵》：「樊遲問仁？子曰：愛人。」

存的努力。人之有生，就有生之欲。爲了維護其生存、延續其生存，就有了其他欲望的衍生，也因此而導致了文明的創造與文化的發展。依自漢代以來的儒者對欲望的排斥而觀，無異是同時排斥了欲望的正面導向之功，相對的也就會阻礙了物質文明的發展與精神文化的開拓。欲之所以能產生人際的衝突與人生的困頓，不在欲之本然，而在欲之發用於社會、文化之中。故與因應情之發用的方式相同，也當省思欲在現實社會與具體文化中之發用時所產生的利弊得失，再構思因應之策，才是真正能解決因欲而生之道德問題的有效做法。

任何關鍵的忽視，都將無益於問題的消解。我們應對造成問題之所以生發的各個環節，審慎的思辨其形成的原因與其衍生的利弊得失，客觀的構思因應之道，才能真正地發揮哲學改善現實與引導現實的積極功能。

結　論

哲學的出現，反應了人類對於意義之追尋的努力。因此在哲學之中，必內涵了對「人」的理解與詮釋。我們既已確知儒學對「人」的詮釋有其單面向的侷限性，因此當我們在展望中國哲學於二十一世紀的發展時，若能重新檢討與建構對「人」的詮釋，以開展對人的多面向觀照，引導人做多元化的發展，必將能強化中國哲學的生命力，亦將能有助於提昇中國哲學在文化發展上的應用之效。

人的本性是多面的，人與文化互動後而形成的人性更是複雜而多變的。單以道德面向來定義人性，無異是種簡化的思維。過度簡化，即會失真。中國哲學的發展若不能反思與批判儒學自身的建構與內涵，而仍在同一個認知架構中打轉，勢將與現實的人

世及真實的人生相疏離，終而為人所遺棄。因此，反思與批判儒學，即可視為是開展中國哲學之新氣象的必要前提。唯有反思與批判儒學對中國人之認知的形塑與影響，中國人才有可能超越此認知架構的侷限，而將視野作多面向的開拓，從而吸收各種學科的研究所得，建構起整全的認知結構，再據以觀照現實人世的發展與真實人生的變遷，進而作出超前的思考，規劃應然的導向。如是方能賦予中國哲學相應於時代所期的實用功能，也終能發揮中國哲學對於導人向善與導世歸治的積極影響力。

中國傳統人學探析

序　言

當人以其直立的形軀與靈巧的雙手為其自身打造了一個適宜生活的文化世界之後，人類便開展了以其思想為主導的生活歷史。

在人類的生活歷史中，人類不斷地尋思自身與其生活世界的關聯，遂有了各種人學思想的建構，內蘊在各民族的文化結構之中。

在中國，人學思想的起源甚早，內涵也極為豐富。從殷商時期的甲骨文字中，我們就可發現當時的人們已將人自身的存在定位置放在「神祇與人的關係」中，視「帝」（亦稱「上帝」）為管理自然與人世的最高神祇，兼具了「自然神」與「祖先神」的雙重身分[1]。依此詮釋，人即成了神的後裔，受神所庇祐，故當聽命於「帝」。

然而隨著周王朝取代殷商而成為新的部落共主時，「帝」的概念也被「天」的概念所取代。而「天」的概念又逐漸開展出兩種含意：一指具有位格性的至上神，如《書》[2]中所言：「皇天上帝改厥元子茲大國殷之命。」（《尚書·周書·召誥》）；一指不具位

---

[1] 《中國文化中人的觀念》，李慶著，上海市：學林出版社，1996 年，第 11-15 頁。

[2] 《書》即《尚書》，是中國最早的一部史書，也是中國最古老的官方文件彙編。《書》分為《虞書》、《夏書》、《商書》、《周書》四個部分，共收錄了秦穆公以前之歷代帝王的言行記錄約一百篇，分為「典」、「謨」、「訓」、「誥」、「誓」、「命」六體。

格性的自然，如《書》中所言：「惟天地萬物父母，惟人萬物之靈。」（《尚書・周書・泰誓》）。前者仍是延續殷商時期對「帝」概念的詮釋，將人自身的存在定位置放在「神祇與人的關係」中，視人受至上神所監管，聽命於「天」；但是後者則是反映了周人已由對不可見之超自然世界的崇拜轉向對可見之自然世界的關注，從而將人自身的存在定位同時置放在「自然與人的關係」中，視人為天地萬物之中最優越的族群。

在此概念變遷的過程中，人對其自身行為的影響力也開始有了自覺，遂有如《詩》[3]中所言：「下民之孽，匪降自天；噂沓背憎，職競由人。」（《詩經・小雅・十月之交》）。這段話反映出周人已體認到人間的禍患源自於人自身的作為，從而提升了人對其自身之存在責任的擔負，而有禮樂文化的制定。

不可諱言的，周代禮樂文化的制定並非是憑空而起。按孔子所言：「殷因於夏禮，所損益可知也；周因於殷禮，所損益可知也。」（《論語・為政》），這即是認為周禮是立基在對夏、殷二代之禮的改革上。而其所改革者，非僅是儀節制度的損益，更重要的是基本理念的變革。若我們對照《書》中周公所言：「我不可不監于有夏，亦不可不監于有殷。…有夏服天命，…有殷服天命，…不其延，惟不敬厥德，乃早墜厥命。今王嗣受厥命，…肆惟王其疾敬德。…其惟王勿以小民淫用非彝，亦敢殄戮，用乂民若有功。其惟王位在德元，小民乃惟刑用于天下，…欲王以小民受天永命。」（《尚書・召誥》），即可推知周公制禮作樂是以「德」為核心概念，旨在培養人的道德觀念，強化人的道德意識，使人知所節制的約束自身的行為，以維繫人際的和諧、社會的安定與國家的永續。

---

3 《詩》是中國最早的一部詩歌總集，其中收錄了從西周初年到春秋末葉的官府與民間的詩詞歌謠，共三百零五篇，分風、雅、頌三類。

　　由周代禮文的制定，我們也可發現周人已將人置放在「文化與人的關係」中來界定人自身的存在，視人既是文化的創造者，也應受文化所塑造而形成其特定的形象。

　　從殷商到西周之人學思想的發展歷程來看，西周時期的人學思想不僅具有較強的自覺意識與理性思辨，同時也對人自身的存在定位開展出多層次的論析架構，從而為春秋戰國時期的人學思想奠定了多元開展的立論基礎。

　　本文即欲從以春秋戰國時期之人學思想為內涵的先秦人學開始，逐一分析中國傳統人學在各斷代歷史中的發展與特色，進而梳理出中國傳統人學對「人」的定義與期許，然後再依此定義與期許來反思當代中國人學的發展方向。

先秦人學

　　周人雖然建立了禮文制度來約束人自身的行為，但是人仍以自身的行為破壞了禮文制度，遂有春秋戰國的亂世之起。

　　正如《詩》中所言：「下民之孽，匪降自天；噂沓背憎，職競由人。」（《詩經・小雅・十月之交》），春秋戰國的亂世既是起於人自身的行為，所以先秦時期的人學思想也是從對人自身行為反思的開始，意圖找出為亂的根源與平治的依據。

　　先秦時期的人學思想以儒、道、墨、法家四家的人學為代表。其中，儒家人學包含了孔、孟、荀三子的人學思想，傾向就「文化（禮）與人的關係」中來界定人自身的存在；道家人學包含了老、莊二子的人學思想，傾向就「自然（道）與人的關係」中來界定人自身的存在；墨家人學以墨子的人學思想為宗，傾向就「神祇（天）與人的關係」中來界定人自身的存在；法家人學則以韓非的人學思想為主，傾向就「文化（法）與人的關係」中來界定

人自身的存在。

儒家人學

孔子（551~479BC）明言：「周監於二代，郁郁乎文哉，吾從周！」（《論語·八佾》），清楚的反映了孔子對周禮的肯定，也同時反映了孔子認為人應從「文化（禮）與人的關係」中來界定人自身的存在。孔子以周禮為依據，強調「克己復禮為仁」（《論語·顏淵》），視周禮的功能即在形塑人的道德品格，使人成為具有仁德的君子。

孔子認為要能有效的發揮周「禮」的功能，以恢復社會的平治，就必須要強化禮樂教育對人的影響[4]，使受教者在學、思並進的求學歷程中，深切體會與認同周禮的功能，從而自願的依禮來約束自身的行為，以提升自己的人格境界，使自身的行為純善而無惡。如果人人都能如此向善而行，那麼人類的社會就能達臻「天下歸仁」（同上）的理想境界。因此，孔子特別重視教育對人之文化習性的塑造，強調「文之以禮樂，亦可以為成人矣」（《論語·憲問》），「文質彬彬，然後君子」（《論語·雍也》）。

孔子以「具有仁德的君子」來定義「人」之所是，肯定禮樂教育即是成「人」之教。但是孟子（372~289BC）則將「仁」內化為人的自然本性[5]，與生俱來的良知、良能，從而視禮教的功能在於啟發人對此「仁」性的自覺，使人自主的實現此「仁」性而為「人」，故言：「君子所性，仁義禮智根於心」（《孟子·盡心》）。

---

4 《論語·雍也》：「君子博學於文，約之以禮，亦可以弗畔矣夫。」
5 《孟子·告子》：「惻隱之心，人皆有之；羞惡之心，人皆有之；恭敬之心，人皆有之；是非之心，人皆有之。惻隱之心，仁也；羞惡之心，義也；恭敬之心，禮也；是非之心，智也。仁、義、禮、智，非由外鑠我也，我固有之，弗思耳矣。」

　　相異於孔子未將人的自然本性作明確的界定，孟子則是將人的自然本性直接界定為人之所以優於禽獸的天賦本質[6]，肯定人生而即具實現此天賦善性的本有能力，強調人生的價值就在於實現此天賦善性而為「人」。因此，就孟子而言，人之自覺、自主的去實現此天賦善性，即是人之為「人」的存在責任。倘若環境許可，則人更應推展此天賦善性以「兼善天下」（同上），使人人皆可成為「具有仁德的君子」，則天下自然可以歸於平治。

　　然而，同樣是從人自身的行為回溯人的自然本性，荀子（313~238BC）卻對人的自然本性作出相異於孟子的界定。荀子由發自於人性的行為在人群社會中所產生的衝突效應，而判定人性為惡[7]。依此，荀子又回歸孔子對禮樂教育之形塑人之道德品格的重視，強調「學惡乎始？惡乎終？曰：其數則始乎誦經，終乎讀禮；其義則始乎為士，終乎為聖人。真積力久則入，學至乎沒而後止也。故學數有終，若其義則不可須臾舍也。為之，人也；舍之，禽獸也」（《荀子‧勸學》）。

　　相異於孟子就人的本性實踐上來論析「禮」的形成[8]，荀子則是就人的生存需求上來論析「禮」的制定[9]。因此，在荀子而言，人之守「禮」是出於人的文化習性使然，是「性偽合」（《荀子‧禮論》）的結果，是人確保其生存的準則[10]。

6　《孟子‧離婁》：「人之所以異於禽獸者，幾希。庶民去之，君子存之。」
7　《荀子‧性惡》：「今人之性生而有好利焉，順是，故爭奪生而辭讓亡焉；生而有疾惡焉，順是，故殘賊生而忠信亡焉；生而有耳目之欲、有好聲色焉，順是，故淫亂生而禮義文理亡焉。然則從人之性，順人之情，必出於犯分亂理而歸於暴。…然則人之性惡明矣。」
8　《孟子‧公孫丑》：「無辭讓之心，非人也；…辭讓之心，禮之端也。」
9　《荀子‧禮論》：「人生而有欲，欲而不得，則不能無求；求而無度量分界，則不能不爭。爭則亂，亂則窮。先王惡其亂也，故制禮義以分之，以養人之欲，給人之求。使欲必不窮乎物，物必不屈於欲，兩者相持而長，是禮之所起也。」
10　《荀子‧彊國》：「所以養生安樂者，莫大乎禮義。」

　　總結而言，儒家孔、孟、荀三子都肯定「禮」教爲成「人」之教，也都肯定人之爲「人」就應是爲「具有仁德的君子」，並且也都以「愛人」來定義「仁」的內涵，強調爲「人」的表現就應當是依「禮」而「愛人」，由此以維繫人際的和諧、社會的安定與國家的永續。

　　依此理解，我們即可知儒家的人學思想側重的是人的道德面向，強化的是人的道德意識，訴求的是人的道德實踐，期許的是人的道德社會。因此，我們可稱儒家的人學思想爲「道德主義的人學」。

道家人學

　　老子直言：「失道而後德，失德而後仁，失仁而後義，失義而後禮。夫禮者，忠信之薄而亂之首。」（《老子》第三八章），清楚的反映了老子對周禮的否定，也同時反映了老子認爲人應從「自然（道）與人的關係」中來界定人自身的存在。老子以生發萬物的「道」[11]爲典範，強調「人法地，地法天，天法道，道法自然」（《老子》第二五章），以圖恢復人的自然本性，使人成爲如嬰兒般順性而爲的自然人。

　　老子認爲人世的亂源來自於文化的制定，所以要恢復社會的平治，就要先解消一切的人文建制，「絕聖棄智，⋯絕仁棄義，⋯絕巧棄利」（《老子》第十九章），使人「復歸於嬰兒。⋯復歸於無極。⋯復歸於樸。」（《老子》第二八章），然後行「無爲」之治，那麼不僅是人能恢復其純樸的自然本性，人世也能回歸於自然的原始和諧，故言：「道常無爲而無不爲。侯王若能守之，萬物將自

11　《老子》第三九章：「道生一，一生二，二生三，三生萬物。」

化。化而欲作，吾將鎮之以無名之樸。無名之樸，夫亦將無欲。無欲以靜，天下將自定。」（《老子》第三七章）。

莊子（369~286BC）雖然承襲老子之視「道」為天地萬物的生發根源[12]，但是莊子相異於老子之視人有優於萬物的存在地位[13]，而強調「天地與我並生，而萬物與我為一」（《莊子・齊物論》），肯定人與萬物具有相同的存在本質，相同的存在價值。

再者，莊子雖然與老子一樣的主張人應排除文化對人的形塑，回歸自然本性的實現[14]，但是老子觀照人世的自由，而以人君為其立論的對象，訴諸政治的改革；莊子則是著重於個人的自由，而以大眾為其立論的對象，主訴處世的自適，強調「唯至人乃能遊於世而不僻，順人而不失己」（《莊子・外物》）。

莊子認為使本性之「德」與自然之「道」合而為一[15]，齊物我，和是非，一生死，「安時而處順」（《莊子・德充符》），以「遊乎天地之一氣」（《莊子・大宗師》）的「真人」，即是人之為「人」的理想形象。所以在莊子的觀點裡，生命的存續[16]與精神的自由[17]，才是人所應追求的理想生活。

---

12 《莊子・大宗師》：「夫道，有情有信，無為無形；可傳而不可受，可得而不可見；自本自根，未有天地，自古以固存；神鬼神帝，生天生地，在太極之先而不為高，在六極之下而不為深，先天地生而不為久，長於上古而不為老。」

13 《老子》第二五章：「道大，天大，地大，王亦大。域中有四大，而人居其一焉。」

14 《莊子・馬蹄》：「夫至德之世，同與禽獸居，族與萬物並，惡乎知君子小人哉！同乎無知，其德不離；同乎無欲，是謂素樸；素樸而民性得矣。及至聖人，蹩躠為仁，踶跂為義，而天下始疑矣；澶漫為樂，摘辟為禮，而天下始分矣。…毀道德以為仁義，聖人之過也。」

15 《莊子・天地》：「泰初有無，無有無名；一之所起，有一而未形。物得以生，謂之德。…性修反德，德至同於初。」

16 《莊子・秋水》：「無以人滅天，無以故滅命，無以得殉名。謹守而勿失，是謂反其真。」

17 莊子所追求的「精神自由」可分兩個層次，一是「不從事於務，不就利，不違害，不喜求，不緣道。無謂有謂，有謂無謂，而遊乎塵垢之外」（《莊子・

總結而言，道家老、莊二子都以「自然」來定義「道德」的內涵，強調「自然」之善高於「仁義」之善，故而都反對「禮」教對人性的形塑，都肯定人之爲「人」就應是爲「返樸歸真的真人」。

依此理解，我們即可知道家的人學思想側重的是人的自然面向，突顯的是人的自然本性，訴求的是人的簡樸生活，期許的是人的獨立自由。因此，我們可稱道家的人學思想爲「自然主義的人學」。

墨家人學

墨子（476~390BC）是墨家學派的創始者，他雖然從學於儒，但是不認同儒家對人文之禮的推崇[18]，更不認同儒家以宗法人倫爲「愛」的基礎，而直言：「吾本原兼之所生，天下之大利者也；吾本原別之所生，天下之大害者也。…必吾先從事乎愛利人之親，然後人報我以愛利吾親也」（《墨子·兼愛》），清楚的反映了墨子對「兼愛」的肯定，而「兼愛」也正是墨子人學思想的核心。

墨子之所以提出「兼愛」的主張，是因爲墨子認爲人世的亂源來自於人際的「不相愛」（同上），致有「虧人自利」（《墨子·非攻》）的行爲氾濫於世。爲此，墨子遂提出「愛人若愛其身」（《墨子·兼愛》）的主張，強調「天下兼相愛則治」（同上）。

然而，墨子也認爲道德勸說不足以改變人自身的行爲，所以

齊物論》）的「絕對自由」，一是「其一與天爲徒，其不一與人爲徒。天與人不相勝也，是之謂真人。」（《莊子·大宗師》）的「相對自由」。前者是莊子的終極理想，而後者則是莊子對現實人生所提出的因應之道。

18 《墨子·非儒》：「孔某盛容脩飾以蠱世，弦歌鼓舞以聚徒；繁登降之禮以示儀，務趨翔之節以觀眾；博學不可使議世，勞思不可以補民；累壽不能盡其學，當年不能行其禮，積財不能贍其樂；繁飾邪術以營世君，盛爲聲樂以淫遇民。其道不可以期世，其學不可以導眾。」

將人自身的存在定位置放在「神祇（天）與人的關係」中，視人受至上神所監管，強調「順天意者，兼相愛，交相利，必得賞；反天意者，別相惡，交相賊，必得罰」（《墨子・天志》）。墨子並以「神祇（天）與人的關係」爲依據，視「人無幼長貴賤，皆天之臣也」（《墨子・法儀》），肯定凡人皆有相同的存在價值，皆有相同的存在尊嚴，所以也應當受到相同的尊重。

在墨子的觀點裡，「兼愛」即是「天志」，也即是出於上帝對人世之止亂歸治的期許[19]。因此，墨子視「兼愛」即是「仁」，即是「義」[20]，也即是人人所應同遵的道德準則。

墨子認爲，凡人皆應相互關懷的「兼相愛」是道德理念，「有力相營，有道相教，有財相分」（《墨子・天志》）的「交相利」則是道德實踐。能實踐「兼愛」理念於生活中的人，必能爲他人著想，「必務求興天下之利，除天下之害，⋯利人乎，即爲；不利人乎，即止。」（《墨子・非樂》）。因此，墨子即以「爲人興利除害的義人」作爲人之爲「人」的理想典範。

總結而言，我們可知墨家的人學思想側重的是人的宗教面向，強調的是人的生存需求，訴求的是人的相互關懷，期許的是人的相互扶持。因此，我們可稱墨家的人學思想爲「功利主義的人學」。

法家人學

韓非（280~233BC）是法家學派的集大成者，也是法家學派的代表人物。韓非雖然是荀子的學生，但是他依據「世異則事異。⋯

19　《墨子・天志》：「今天下士君之欲爲義者，則不可不順天之意矣。曰：順天之意何若，曰：兼愛天下之人。」
20　《墨子・兼愛》：「兼即仁矣，義矣。」

事異則備變。」(《韓非子‧五蠹》)的觀念，強調「不務德而務法」(《韓非子‧顯學》)，清楚的反映了韓非對道德仁義之禮的否定，也同時反映了韓非認為人應從「文化（法）與人的關係」中來界定人自身的存在。

韓非從人自身的行為中觀察到，「喜利畏罪，人莫不然」(《韓非子‧難二》)，縱使連親子之間「猶用計算之心以相待也」(《韓非子‧六反》)，從而認定要使社會安定、國家永續，就要針對人之「好利惡害」的自然本性[21]，以「賞、罰」為管理眾人的機制[22]，使人人都能「奉公法，廢私術，專意一行，具以待任」(《韓非子‧有度》)，如此才能使「賢不肖俱盡其力」(《韓非子‧五蠹》)，「國安而暴亂不起」(《韓非子‧姦劫弒臣》)。

不可諱言的，韓非所重視的是國家的強盛、人君的大利，所以他是以人君作為他立論的對象，指導人君藉由「賞莫若厚而信，使民利之；罰莫若重而必，使民畏之；法莫若一而固，使民知之。」(《韓非子‧五蠹》)，以約束人民的行為；藉由「以法教心」(《韓非子‧用人》)，以約束人民的心志。只有當人君能夠有效的掌控人民的思行時，人君才能確保其霸王之業[23]。

依此而觀，韓非對於一般大眾的看法，則是認為「其言談者必軌於法，動作者歸之於功，為用勇者盡之於軍。」(《韓非子‧五蠹》)，一切以成就國家的強盛、人君的大利為依歸。因此，韓

21　《韓非子‧難二》：「夫好利惡害，夫人之所有也。」
22　《韓非子‧二柄》：「明主之所導制其臣者，二柄而已矣。二柄者，刑、德也。何謂刑、德？曰：殺戮之謂刑，慶賞之謂德。為人臣者，畏誅罰而利慶賞，故人主自用其刑、德，則群臣畏其威而歸其利矣。」
23　《韓非子‧六反》：「聖人之治也，審於法禁；法禁明著，則官法必於賞罰；賞罰不阿，則民用官；官治則國富，國富則兵強，而霸王之業成矣。霸王者，人主之大利也。」

非即以「崇法尊君的術士」[24]作爲人之爲「人」的理想典範。

總結而言，我們可知法家的人學思想側重的是人的政治面向，強調的是人的思行整合，訴求的是人的爲國去私，期許的是人的崇法尊君。因此，我們可稱法家的人學思想爲「法治主義的人學」。

兩漢人學

先秦人學的興發是針對亂世而起，故而具有「解決問題」的立論特徵，也因此而開展出多元並進的人學體系。

到了兩漢時期，帝國專制的政治型態已然確立，諸子百家之學也漸趨爲儒、道兩家競雄之局。然而，兩漢時期的儒、道兩家之學已非先秦時期的原貌，而是融合先秦諸說的新儒家與新道家，所以該時期的人學思想也同時具有了「多元融合」的立論特徵。

西漢時期，自漢武帝採納董仲舒的建議：「諸不在六藝之科、孔子之術者，皆絕其道，勿使並進」（《天人三策》）之後，儒家經學就躍升爲官學，獨尊於漢代，進而也使得董仲舒的人學思想成爲漢代人學思想的主流。而東漢時期的王充則是針對董仲舒的學說提出了強烈的批判，遂成爲漢代非主流思想的代表人物。王充對董仲舒的批判，也即是反映了新道家對新儒家的批判。

董仲舒的人學

董仲舒（179~104 BC）是以儒家思想爲本，策略性的兼融陰陽、墨、道、法、名等各家之說，而開展出漢代新儒家的思想風

---

24 《韓非子‧姦劫弑臣》：「夫有術者之爲人臣也，效度數之言；上明法度，下困姦臣，以尊主安國者也。」

貌。

　　首先，就人的存在定位而言，董仲舒即提出了三層結構的詮釋模式，來突顯人具有優於萬物的存在價值。第一層是就「神祇與人的關係」而論，視人為獨得上帝之恩寵的受造物，強調「仁之美者，在於天。天，仁也。…人之受命於天也，取仁於天而仁也。是故，人之受命，天之尊」(《春秋繁露‧王道通三》)；第二層是就「自然與人的關係」而論，視人獨具優於萬物的形體結構，強調「物旁折取天之陰陽以生活耳，而人爛然有其文理。是故凡物之形，莫不伏從旁折天地而行，人獨題直立端尚，正正當之。…此見人之絕於物而參天地。」(《春秋繁露‧人副天數》)；第三層則是就「文化與人的關係」而論，視人獨具道德文化，強調「人受命於天，固超然異於群生，入有父子兄弟之親，出有君臣上下之誼，會聚相遇則有耆老長幼之施，粲然有文以相接，歡然有恩以相愛，此人之所以貴也。」(《天人三策》)。

　　其次，就人的自然本性而言，董仲舒則是綜合了先秦儒家的人性論點，而將人性化分為三種類型。第一種類型是以孟子的性善論為基礎，而稱之為「聖人之性」(《春秋繁露‧實性》)；第二種類型是以荀子的性惡論為基礎，而稱之為「斗筲之性」(同上)；第三種類型則是折衷前兩種論點，而稱之為「中人之性」(同上)。

　　董仲舒認為人雖稟賦上帝所賦予的仁性，但是由於此仁性的實現須透過陰陽之氣所構成的形體來展現，所以他強調「天兩有陰陽之施，身亦兩有貪仁之性。」(《春秋繁露‧深察名號》)，遂主張以兼具善惡二質的「中人之性」作為「人性」的基本定義。

最後就人的命運而言，董仲舒承襲傳統的天人感應思想[25]與墨子的「非命」思想[26]，而以人君作為人類的代表[27]，以「災異譴告」的論點來表達他對人之命運的看法，強調「天人相與之際，甚可畏也。國家將有失道之敗，而天乃先出災害以譴告之。不知自省，又出怪異以警懼之。尚不知變，而傷敗乃至。以此見天心之仁愛人君，而欲止其亂也。自非大亡道之世者，天盡欲扶持而全安之，事在彊勉而已矣。彊勉學問，則聞見博而知益明；彊勉行道，則德日起而大有功。此皆可使還至，而立有效者也。…故治亂興廢在於己，非天降命不可得反，其所操持誖謬失其統也」（《天人三策》）。董仲舒即是認為人的命運雖是由上帝所決定，但是人仍可以其自身的行為來影響上帝改變其決定，從而改變人自身的命運，所以人的命運是操之在己。

王充的人學

以董仲舒思想為主要批判對象的王充（27~97）是以道家思想為本，批判性的兼融儒、墨、法等各家之說，而開展出漢代新道家的思想風貌。

王充依據先秦道家的觀點而將人置放在「自然（道）與人的關係」中來界定人自身的存在，強調「天動不欲以生物而物自生，此則自然也；施氣不欲為物而物自為，此則無為也。」（《論衡·自然》），認為人僅是自然的產物，並非上帝的受造物。不過，他

---

25 如荀子即曾對天人感應思想作所批判，而言：「天行有常，不為堯存，不為桀亡。應之以治則吉，應之以亂則凶，」（《荀子·天論》），可見天人感應思想在先秦時期即已存在。
26 《墨子·非命》：「使饑者得食，寒者得衣，勞者得息，亂者得治，…夫豈可以為其命哉？故以為其力也。」
27 《春秋繁露·王道》：「王者，人之始也。」

也認同儒家視人優於萬物的觀點，而強調「裸蟲三百，人爲之長。天地之性，人爲貴，貴其識知也」(《論衡‧別通》)。

正是由於王充排除了「神祇與人的關係」，所以他對「人性」的詮釋雖然大致與董仲舒之論相同[28]，但是卻排除了董仲舒視人稟受上帝之仁性的觀點，而純就「稟氣」的厚薄來論析「性」的善惡[29]。他並以「夫人情性，同生於陰陽。其生於陰陽，有渥有泊，…安能純善？」(《論衡‧本性》)，來駁斥董仲舒的「性善情惡」之說。

然而，王充主要批判的還是董仲舒對人之命運的看法，也就是董仲舒的「災異譴告」說。

王充認爲「凡人受命在父母施氣之時，已得吉凶矣。夫性與命異，或性善而命凶，或性惡而命吉。操行善惡者，性也；禍福吉凶者，命也。…性自有善惡，命自有吉凶。使命吉之人，雖不行善，未必無福；命凶之人，雖勉操行，未必無禍。」(《論衡‧命義》)。王充即是認爲人的命運是天生註定，不會因人的行爲而有所改變，故言：「夫人不能以行感天，天亦不隨行而應人」(《論衡‧明雩》)，「天命當然，雖逃避之，終不得離」(《論衡‧命祿》)。

不過，王充雖然否定人能改變自身的命運，卻仍然肯定人應擔負其自身的存在負責，強調「物自生，子自成。天地父母，何與知哉？及其生也，人道有教訓之義。」(《論衡‧自然》)。所以，王充也與儒家學者一樣的重視教育對人性的形塑之功與導善之效，主張「所習善惡，變易質性也。儒生之性，非能皆善也。被服聖教，日夜諷誦，得聖人之操矣」(《論衡‧程材》)。

---

28 《論衡‧本性》：「余固以孟軻言人性善者，中人以上者也；孫卿言人性惡者，中人以下者也；揚雄言人性善惡混者，中人也。」
29 《論衡‧率性》：「稟氣有厚薄，故性有善惡。」

魏晉人學

到了魏晉時期，由於儒家經學已趨僵化，而黃老道家之學則正趨復興，遂使得該時期的人學思想即是以黃老道家的人學爲主流，而以儒家與道家的人學思想爲旁支。黃老道家的代表人物爲王弼與郭象，儒家的代表人物爲裴頠，道家的代表人物爲嵇康。

若說兩漢人學的爭議是起因於董仲舒與王充對「天人關係」的理解不同，那麼魏晉人學的爭議則是建基在魏晉諸子對「人道」的詮釋不同上，表現而爲「名教與自然之爭」。

魏晉時期，由於受到黃老道家崇尙自由的影響，所以該時期的人學思想也就具有了「論斷自由」的立論特徵。

王弼的人學

王弼（226~249）是魏晉玄學的創始者與主要代表人物，以「援儒入道」爲其基本立場。

王弼如同東漢時期的王充一樣，並不排斥仁義綱常[30]，但是他採取的是老子「有生於無」（《老子》第四十章）與莊子「至德之世，…民如野鹿；端正而不知以爲義，相愛而不知以爲仁，…是故行而無跡，事而無傳。」（《莊子‧天地》）的觀點，而視「道」爲「無」、爲「本」、爲「母」、爲「體」，「仁義」爲「有」、爲「末」、爲「子」、爲「用」，強調「仁義，母之所生，非可以爲母。」（《老子‧第三八章注》）。王弼即是認爲人若順其自然本性，就會有仁義之行。因此，王弼不排斥仁義，但是他反對刻意有爲的行仁義，強調「爲仁，則僞成也」（《老子指略》）。

王弼以道家的立場爲本，主張「守母以存其子，崇本以舉其

---

30 王充視仁義爲天道的內涵，而言：「道德仁義，天之道也。」（《論衡‧辨祟》）。

末,則形名具有而邪不生。」(《老子‧第三八章注》),認為人類最理想的生活態度即是順任自然本性的自發性實現,如此即能自然而然的實踐了綱常名教對人的期許,故言:「各任其貞,事用其誠,則仁德厚焉,行義正焉,禮敬清焉。」(同上)。

嵇康的人學

列名於「竹林七賢」之一的嵇康(223~262),嚮往莊子「乘天地之正,而御六氣之辯,以遊無窮者,彼且惡乎待哉!」(《莊子‧逍遙遊》)的人生境界,故而排斥儒家所重視的仁義綱常,意圖維持先秦道家之人學思想的本然風貌。

嵇康採取莊子「去善而自善」(《莊子‧外物》)的觀點,認為「六經以抑引為主,人性以從欲為歡;抑引則違其願,從欲則得自然。然則自然之得,不由抑引之六經;全性之本,不須犯情之禮律。固知仁義務於理偽,非養真之要素。」(《難自然好學論》),從而主張「夫氣靜神虛者,心不存乎矜尚;體亮心達者,情不繫於所欲。心不存乎矜尚,故能越名教而任自然;情不繫於所欲,故能審貴賤而通物情。」(《釋私論》)。嵇康即是認為人類最理想的生活態度就是使心靈不受綱常名教的形塑與束縛,而能順任自然本性的自發性實現,以享有精神的絕對自由,故言:「任自然以托身,並天地而不朽。」(《答難養生論》)。

裴頠的人學

力圖維護儒家綱常名教的裴頠(267~300),極力批判嵇康「越名教而任自然」的觀點與「竹林七賢」任性縱情的生活方式,而言:「放者…或悖吉凶之禮,而忽容止之表;瀆棄長幼之序,混漫貴賤之級。其甚者至於裸裎,言笑忘宜,以不不惜為弘士,行又

虧矣。」(《崇有論》)。

裴頠以《易》重「有」與「有為」的觀點，強調「夫至無者，無以能生。故始生者，自生也。⋯故養既化之有，非無用之所能全也；理既有之眾，非無為之所能循也。⋯由此而觀，濟有者皆有也，虛無奚益於已有之群生哉！」(同上)。所以，裴頠認為要維繫社會的穩定秩序，就必須要維持綱常名教對人之自然本性的約束，是言：「賤有則必外形，外形則必遺制，遺制則必忽防，忽防則必忘禮。禮制弗存，則無以為政矣。」(同上)。裴頠即是認為人類最理想的生活態度就是循禮而行，使容止得宜。

郭象的人學

以「獨化於玄冥」為中心思想的郭象(252~312)，對於道德規範與自然本性的爭議，也就是對於「名教與自然之爭」，採取了融合儒道於一體的做法，強調「君臣上下，手足內外，乃天理自然，豈真人之所為哉！⋯凡得真性，用其自為者。」(《莊子・齊物論注》)，認為道德規範即是自然本性的具體實現，兩者「外內相冥」(《莊子・大宗師注》)。

為此，郭象認為人類最理想的生活態度就是「遊外以內，無心以順有。」(同上)，「至仁極乎無親，孝慈終於兼忘，禮樂復乎己能，忠信發乎天光。」(《莊子・莊子序》)，一切順乎自然本性而容止得宜。

隋唐人學

魏晉時期為黃老道家復興的時期，而隋唐時期則是本土佛學盛行的時期。

佛陀在創立佛教之時，即是以解除眾生的煩惱為念，所以側

重在本源性的探討，以期使眾生能超脫生死輪迴之苦，而達極樂涅槃之境。佛教傳入中土，中國僧侶在建構佛學理論時，也即是依循此思路而側重在人生觀的構築上，尤以禪宗的人學思想最為代表。

　　然而，佛教的人學雖為隋唐時期人學思想的主流，卻也激發了儒家學者的反彈，而有韓愈力倡復興儒學，從而形成了佛教人學與儒家人學的對峙。

　　若說魏晉人學突顯的是對人之生活態度的評議而擺蕩在「名教與自然」之間，那麼隋唐人學所突顯的則是對人之理想形象的規劃而衝突在「成佛與成聖」之間。為此，即使得隋唐人學就具有了「擘畫人生」的立論特徵。

禪宗的人學

　　禪宗的代表人物即是六組慧能（638~713），他以心為天地萬物的根源，而言：「心量廣大，猶如虛空。…虛空能含萬物色像，日月星宿，山河大地，泉源溪澗，草木叢林，惡人善人，惡法善法，天堂地獄，一切大海，須彌諸山，總在空中。世人性空，亦復如是。」（《壇經》）。慧能認為萬事萬物的成毀俱在心的一念之間，強調「世人性淨，猶如青天。…於外著境，妄念浮雲蓋，自性不能明。」（同上）。人生的各種煩惱即是因此妄念而起，所以解脫煩惱也即當由破此妄念入手。

　　慧能視人本有的「清淨之性」即是能自悟真諦的「佛性」，強調「凡夫即佛，煩惱即菩提。前念迷即凡夫，後念悟即佛；前念著境即煩惱，後念離境即菩提。」（同上），肯定人人皆可「自心中頓見真如本性」（同上），了悟「性空」、「法空」，「便知一切，一切即一，一即一切。」（同上），從而解脫煩惱，恢復心靈的自

由。能達到心靈徹底自由而至「心體無滯」（同上）的人，即是達到「涅槃」之境，即是「佛」。

慧能認爲成「佛」之徑既在「觀心悟性」，所以不需要離開世俗生活以求佛，「自性若悟，眾生是佛；自性若迷，佛是眾生。」（同上）。只要「自見本性」（同上），世俗生活亦是成「佛」之地。

韓愈的人學

韓愈（768~824）不僅在文學上力倡古文復興，更在思想上力主儒學復興，意圖使儒家思想取代盛於魏晉的黃老道家之學與盛於唐的佛學思想而成爲時代的主流。他對佛老學說的駁斥與對儒家學說的推崇，間接的影響了宋明理學的取向，遂使儒學復興於宋明。

韓愈針對佛教的祖統而提出儒家的「道統」說，視「孔子傳之孟軻。軻之死，不得其傳焉。」（《韓昌黎集・原道》），從而即由孟子的思想來理解孔子的學說，依孟子「君子所性，仁義禮智根於心」（《孟子・盡心》）的觀點與「親親而仁民，仁民而愛物」（同上）的主張，而將「仁」定義爲「博愛」[31]，強調由「心」的內省與外推[32]，以達到「一視而同仁，篤近而舉遠。」（《韓昌黎集・原人》）的「聖人」境界。

不過，韓愈在對人的存在定位上卻似乎對異族少了一份尊重，而言：「人者，夷狄禽獸之主也。」（同上）。這雖然是反映了

---

[31] 《韓昌黎集・原道》：「博愛之謂仁，行而宜之之謂義，由是而之焉之謂道，足乎己無待於外之謂德。仁與義爲定名，道與德爲虛位。」
[32] 韓愈曾引述《大學》的內聖外王之道以說明儒家的道德修養原則，而言：「『古之欲明明德于天下者，先治其國；欲治其國者，先齊其家；欲齊其家者，先修其身；欲修其身者，先正其心；欲正其心者，先誠其意。』然則古之所謂正心而誠意者，將以有爲也。今也欲治其心而外下國家。」（《韓昌黎集・原道》）。

韓愈的民族優越感與對佛教的貶抑[33]而視異族非人，但卻有違其
對「仁」的詮釋與對「人」的期許。

基本上，韓愈的人學思想在對「人性」的詮釋上，仍是延襲
漢代的「性三品」論，並無創見。但是他的人學思想卻反映出，
他認為佛教思想否定現實世界，否定道德仁義，不僅是對人的向
「善」成「聖」無益，而且有害於人際的和諧、社會的安定與國
家的永續。所以，他主張重整儒學對人的影響，使人依道德仁義
來經營其現實生活，依仁義心性來提升其人格境界，從而使人成
「聖」，使人世歸「仁」。

宋明人學

宋明時期，儒學復興。然而與此時復興的儒學已非先秦儒學，
而是融合了佛老思想的新儒學，統稱之為「理學」。

理學中的諸子依其對人之生發根源的認定不同，又可分為以
周敦頤為主的道學派，以張載為首的氣學派，以二程開其端而朱
熹集其大成的理學派，與以陸九淵開其端而王陽明集其大成的心
學派。此外，還有以功利思想為本而以葉適為代表人物的事功學
派。

若說隋唐人學的衝突是肇基在儒家與佛教對人之理想形象的
規劃有所不同，那麼宋明人學的爭議則是建基在宋明諸子對人之
道德修養有不同的界定，表現而為「天理與人欲之爭」。

宋明時期，由於儒學的復興是與維繫社會的穩定秩序有關
[34]，所以該時期的人學思想也就具有了「強化道德」的立論特徵。

---

33 《韓昌黎集‧論佛骨表》:「夫佛本夷狄之人。」
34 《中國歷代思想史－宋元卷》，姜國柱著，台北市：文津出版社，1993 年，
　第 12 頁。

周敦頤的人學

被朱熹推崇爲理學之開山始祖的周敦頤（1017~1073），融合儒道兩家的思想而將人置放在「自然（道）與人的關係」中來界定人自身的存在，視人具有優於萬物的存在本質與存在價值，而言：「無極而太極，太極動而生陽，動極而靜，靜而生陰。…陽動陰靜而生水火木金土，五氣分布，四時行焉。…五行之生也，各一其性，無極之真，二五之精，妙合而凝。乾道成男，坤道成女。二氣交感，化生萬物。…惟人也，得其秀而最靈。」（《太極圖說》）。

正是因爲周敦頤視人由五行之氣而成，所以他提出了相異於先秦與兩漢之人性論的見解，而將「人性」劃分爲五種類型：「性者，剛、柔、善、惡、中而已矣。剛善爲義，爲直…；惡爲猛，爲隘…；柔善爲慈，爲順…；惡爲懦弱，爲無斷。」（《通書·師》）。周敦頤以「中」爲「正」位，視「中正」之「性」即是「仁義」之「性」，故而勉人「懲忿窒欲，遷善改過」（《通書·乾損益動》），「自易其惡，自至其中而止矣。」（《通書·師》）。

周敦頤復以儒家傳統視「聖人」爲人之爲「人」的完美形象，而以「天」爲典範[35]，期許人以「誠」於「中正仁義」之「性」爲本，經由「主靜」、「無欲」的修養功夫，而達到「以仁育萬物，以義正萬民」（《通書·順化》）的「聖人」境界。

依孟子的思想來理解孔子的學說，可說是宋明儒者的共同思路。然而，在道德修養的功夫上，孟子強調的是「養心莫善於寡欲」（《孟子·盡心》），周敦頤則強調「養心不止於寡焉而存耳，蓋寡焉以至於無。無則誠立、明通。」（《雜著·養心亭說》）。主張「無欲」與「靜」的是佛、老之說，由此可見周敦頤受佛、老

---

35 《通書·志學》：「聖希天，賢希聖，士希賢。」

思想影之深。

張載的人學

　　真正對佛、老思想提出批判而開出儒學新氣象的是主張「太虛無形，氣之本體。其聚其散，變化之客形耳。」(《正蒙‧太和》)的張載（1020~1077）。

　　張載依「氣」論「性」，而將「人性」劃分為兩個層次：「形而後有氣質之性，善反之則天地之性存焉。」(《正蒙‧誠明》)。天地之性是人所得自於太虛的純善本性，為凡人皆同的人性；而氣質之性則是人在氣化成形之後而顯現的善惡兼具之性，為凡人各異的個性。前者為「性」的本然之質，後者則為「性」的實然之質。

　　生而即顯的氣質之性既有善惡，所以張載即按儒家「導人向善」的基本理念，而強調人應「變化氣質。…拂去舊日所為，使動作皆中禮，則氣質自然全好。」(《經學理窟‧氣質》)。

　　一如周敦頤在道德修養功夫上主張「無欲」，張載亦主張「去欲」，強調「以理義戰退私己」(《橫渠易說‧說卦》)，以「返歸其天理」(《經學理窟‧理》)。「去欲」以至於「無欲」，而使「天理」復存，可說是宋明人學的主流思想。

　　張載認為，人若能去除私欲，就能復返天地之性，而達「性與天道合一」(《正蒙‧誠明》)的「天人合一」(《正蒙‧乾稱》)之境。「天人合一」之境，即是「聖人」的境界，也即會「視天下無一物非我」(《正蒙‧大心》)而開展出「民吾同胞，物吾與也」(《西銘》)的博愛胸懷與「立必俱立，知必同知，愛必兼愛，成不獨成」的道德實踐(《正蒙‧誠明》)。

朱熹的人學

相異於張載以「氣」為萬物之本源的觀點，朱熹（1130~1200）則是以「理」為萬物的本源。朱熹不僅為儒學建立起完整的理論架構，更是從先秦到當代儒學發展的關鍵人物。

朱熹以程頤（1033~1107）的理學思想為基礎，並融合了周敦頤與張載的部分學說，從而開展出他以「天人合一」為目標，以「存理去欲」為功夫，以「先知力行」為要務的人學思想。

朱熹認為「理」構成人的本性，「氣」構成人的形體，強調「理也者，形而上之道也，生物之本也；氣也者，形而下之器也，生物之具也。是以人物之生，必稟此理，然後有性；必稟此氣，然後有形。」（《晦庵集・卷五十八》）。

然而在人「形」中所呈現的人「性」，已非「理」之本然[36]，而是「被氣質有昏濁則隔了」（《朱子語類・卷四》）。於是，朱熹沿用張載論「性」的模式，將「人性」劃分為兩個層次：「氣質之性，君子有弗性焉。學以反之，則天地之性存焉。」（《朱子遺書・近思錄集註》），並強調「論天地之性，則專指理言；論氣質之性，則以理與氣雜而言之。」（《朱子語類・卷四》）。天地之性即是凡人皆同的純善人性；而氣質之性則是兼具善惡且凡人各異的個性。

人既因「氣質之性」而有為「惡」的可能，那麼為了提升人格的境界，促進人際的和諧，維持社會的穩定，就必須「導人向善」。朱熹認為「導人向善」的先決條件就是要使人明「理」。

在朱熹的觀點，「理」既是生化萬物的自然規律，也是為人處事的根本道理[37]。所以人只要明「理」，就不僅能瞭解萬事萬物的

---

36 《朱子語類・卷九十五》：「此理已墮在形氣之中，不全是性之本體。」
37 《朱子語類・卷四十一》：「一草一木，與他夏葛冬裘，渴飲飢食，君臣父子，禮樂器數，都是天理流行。」

構成本質，更能瞭解人應如何爲人處事而得其當[38]。

　　「理」既是「物理」與「人性」的共同本源，所以明「理」之方即有二：一是「格物致知」，藉由外學於萬事萬物來明「理」[39]；一是「盡心知性」，經由內省本性來明「理」[40]。前者是爲擴充後者對「理」的認知，兩者並進即可收相輔相成之效，故朱熹言：「大凡道理皆是我自有之物，非從外得。所謂知者，便只是知得我底道理。」（《語類・卷十七》）。

　　明「理」只是「知」，若無居「敬」以存「理」，則仍不足以「導人向善」，故朱熹即言：「實欲求仁，故莫若力行爲近。但不學以明之，則有挺埴冥行之患，故其蔽愚。若主敬致知交相爲助，則自無此蔽矣。」（《晦庵集・卷三十一》）。

　　能居「敬」以存「理」，就能去「欲」而復「性」之本然，故朱熹即言：「天理存則人欲亡，人欲勝則天理滅，未有天理人欲夾雜者。…學者須是革盡人欲，復盡天理。」（《朱子語類・卷十三》）。「復盡天理」即是使「人性」與「天理」合一，而達「天人合一」的「聖人」之境，純善而無惡。

　　在朱熹的觀點裡，「天理」的體現即是「三綱五常」之「禮」，是言：「宇宙之間，一理而已。天得之而爲天，地得之而爲地，而凡生於天地之間者，又各得之以爲性。其張之爲三綱，其紀之爲五常，蓋皆此理之流行，無所適而不在。」（《晦庵集・卷十七》）。因此，人之遵行「三綱五常」之「禮」既是體現「天理之善」，也

38　《晦庵集・卷四十四》：「人之生也，固不能無是物矣，而不明其理，則無以順性命之正而處事之當。」
39　《晦庵集・卷四十四》：「必即是物以求之。知求其理矣，而不至夫物之極，則物之理有未窮，而吾之知亦未盡，故必至其極而後已。此謂格物而至於物則物理盡者也。物理皆盡，則吾之知識廓然貫通，無有蔽礙。」
40　《四書章句集注・孟子章句》：「能盡其心之全體而無不盡者，必其能窮夫理而無不知者也。」；《朱子語類・卷六十》：「知吾性，則自然知天矣。」

是實現「人性之善」，更是提升人格境界、促進人際和諧、維持社會穩定的唯一之道，朱熹故言：「君尊於上，臣恭於下，尊卑大小，截然不可犯。似若不和之甚，然能使之各得其宜，則其和也孰大於是。」（《朱子語類・卷六十八》）。

葉適的人學

在宋代，與朱熹之理學、陸九淵之心學「鼎足」[41]而三的葉適（1472~1529）之事功學，是以功利思想為本，而著重於「天理」的經世致用。

在朱熹的觀點，「天理」即是「性」之本然，唯有「革盡人欲」，才能「復盡天理」，故而以「存理去欲」作為道德修養的門徑。在陸九淵的觀點裡，「天理」即是「心」之本然，唯有「剝落」[42]物欲，才能使「此理自明」[43]，故而以「去欲存心」[44]作為道德修養的門徑。無論是朱熹或是陸九淵皆認為經此門徑而體現的道德實踐即是「重義輕利」[45]，「求公去私」[46]。

但是在葉適的觀點裡，「理」與『欲』、「義」與『利』、「公」與『私』都不是兩兩對立而不相並容的道德範疇，他強調「既無功利，則道義者乃無用之虛語爾。」（《習學記言序目・漢書三》）。

---

41 《宋元學案・水心學案》：「學術之會，總為朱、陸二派，而水心斷斷期間，遂稱鼎足。」
42 《陸九淵集・卷三十五》：「人心有病，須是剝落。剝落得一番，即一番清明。…須是剝落得淨盡方是。」
43 《陸九淵集・卷三十四》：「此心之存，則此理自明。」
44 《陸九淵集・卷三十二》：「欲去，則心自存矣。」
45 《朱子語類・卷五十一》：「義未嘗不利，但…不可先求有利之心。」；《陸九淵集・卷三十二》：「念慮之所存，講切之所及，唯其義。」
46 《朱子語類・卷十三》：「人心之公，每為私欲所蔽，所以更放不下。但常常以此兩端體察，若見得時，自須猛省，急擺脫出來。」；《陸九淵集・卷十一》：「天地之所以為天地者，順此理而無私為耳。人與天地並立而為三極，安得自私而不順此理哉？」

因此，他主張「以利和義，不以義抑利。」(《習學記言序目‧魏志》)，視道德的體現即在事功的成就之中。

葉適並批判朱、陸之學而言：「近世之論學，…而以天理人欲爲聖狂之分者，其擇義未精也。」(《習學記言序目‧周易二》)。葉適視「天理」之「禮」即在「人欲」之中，並採取荀子以「禮」節「欲」[47]的觀點，而強調「夫自克制則不費乎物而禮行焉。…使耳目口鼻百體之須，必皆有待於禮。則禮者，欲而已矣。」(《習學記言序目‧荀子》)。

在宋明時期的各學派中，無論是張載的氣學派，程朱的理學派，還是陸王的心學派，都強調「存理去欲」，都主張「禁欲」；只有陳亮和葉適的事功學派，則強調「理在欲中」，而主張「節欲」。前者是融合了孟子與佛、老思想而建構的修養功夫論，後者則是採行荀子思想而建構的修養功夫論。在宋明時期，由於程朱理學盛於宋代而陸王心學盛於明代，遂使得「存理去欲」的「禁欲」主張即成爲該時期人學思想的主流。

王陽明的人學

相異於朱熹以「理」爲萬物之本源的觀點，王陽明（1472~1529）則是依從陸九淵（1139~1193）的思路而以「心」爲萬物的本源。

王陽明原本是信奉程朱學說，所以他對「理」之內涵的理解並無異於朱熹；而是對明「理」的途徑上，他採取了陸九淵「切己自反」[48]的方式，於「心」見「理」，而言：「凡明不得，行不

---

47 《荀子‧禮論》：「人生而有欲，欲而不得，則不能無求；求而無度量分界，則不能不爭。爭則亂，亂則窮。先王惡其亂也，故制禮義以分之，以養人之欲，給人之求。使欲必不窮乎物，物必不屈於欲，兩者相持而長，是禮之所起也。」

48 《陸九淵集‧卷三十四》。

去，須反在自心上體，當即可通。蓋四書五經不過說這心體，這心體即所謂道心體，明即道明，更無二。」（《傳習錄》）。

在王陽明的觀點裡，「吾心之良知，即所謂天理也」（同上）。而人之所以不能明「理」，「只爲私欲窒塞」（同上）。他延著陸九淵「去欲存心」的路徑，而強調「良知亦自會覺，覺即蔽去，復其體矣。」（同上）。

王陽明認爲人生的一切行爲皆源自於「心」，「心」若合於「良知」而得其正，那麼由「心」而發的行爲也就自然爲「善」。所以，他強調「致良知」即是「去其自私自利之蔽」（同上），即是「格物」，即是「正心」，即是「誠意」[49]，即是使其心的意念之所發[50]合於良知的「知行合一」，故言：「知行合一之功，正所以致其本心之良知。」（同上）。

無論是朱熹所強調的「先知後行」，還是王陽明所強調的「知行合一」，都是要人依從「天理」而行，「天理」即是「三綱五常」之「禮」[51]。兩者相異之處，僅在朱熹強調「禮」的超越根源在「天」，而視「禮」爲人之所必當爲；王陽明則強調「禮」的內在根源在「心」，遂視「禮」爲人之所必能爲。

自漢代董仲舒依「陰陽五行」的「天道」而制定了「三綱五常」之「禮」後[52]，「三綱五常」就成爲儒家道德規範的具體內涵，

---

49 《傳習錄》：「夫正心、誠意、致知、格物，皆所以修身。…故格物者，格其心之物也，格其意之物也，格其知之物也；正心者，正其物之心也；誠意者，誠其物之意也；致知者，致其物之知也；此豈有內外彼此之分哉！」
50 《傳習錄》：「欲行之心，即是意，即是行之始矣。」
51清代的黃宗羲在評論朱熹與陸九淵的思想時，曾言：「二先生同植綱常，同扶名教，同宗孔孟。」（《宋元學案·象山學案》），可見朱、陸之學都是皆在強化「三綱五常」對人的制約效力。王陽明雖然先宗朱學，後宗陸學，但所理解之「天理」也與二子相同，同視「三綱五常」之「禮」即是「天理」，而言：「夫禮也者，天理也。」（《陽明全書·博約說》）。
52 《春秋繁露·基義》：「仁義制度之數，盡取之天。…王道之三綱，可求於天。」，《春秋繁露·五行之義》：「五行者，乃孝子忠臣之行也。」。三綱：「陰

並透過經學的傳佈而深刻的影響了後代知識份子對儒家道德的認知。其間雖經歷了魏晉玄學與隋唐佛學的衝擊而削弱了其對世人的影響力。但是到了宋明時期，經由程朱理學與陸王心學的強化，「三綱五常」就成為不容置疑的絕對規範，與達臻「天人合一」之「聖人」境界的必然途徑。

朱熹的理學雖為貫穿宋、元、明、清乃至當代的官學[53]，但是王陽明的心學卻成為當代新儒家思想的主脈，對知識份子的影響即遠勝於朱熹的理學。

清代人學

宋明時期的人學思想以「內聖」為宗，以「禁欲」為方，雖然有利於強化道德規範對人的制約效力，但卻能未有助於現實生活的改善與國家的存續。因此，當明亡清興之時，知識份子便重新思考與批判既有的人學思想，意圖重建世人對現實環境的關注，重整儒家重「經世致用」的「外王」之道，遂有反理學思潮之起與「實學」之立。

「理學」強調的是人的道德修養，突顯的是人的理想人格；而「實學」強調的則是人的現實處境，追求的是人的理想生活。「實學」雖是起於對「理學」的批判，但仍是試圖以儒家的氣學思想為基礎，以儒家的事功之學以「經世致用」，所以仍可算是儒學的自我批判。該時期的主要代表人物為主張「氣化日新」的王夫之，

者，陽之合。…君臣、父子、夫婦之義，皆取陰陽之道。君為陽，臣為陰；父為陽，子為陰；夫為陽，妻為陰」（《春秋繁露・基義》），五常：「夫仁、誼、禮、知、信五常之道，王者所當修飭也。」（《天人三策》）。

53 自南宋末年以至清末，朱熹所推崇並為之注疏的《論語》、《孟子》、《大學》、《中庸》等「四書」即與「五經」並列為官學。時至今日，台灣高中生必唸的「中國文化基本教材」也仍是以朱熹所注疏的《論語》、《孟子》、《大學》、《中庸》為其內涵。

主張「理存乎欲」的戴震與主張「衝決網羅」的譚嗣同。

由於清代的人學思想是立基在對宋明理學重「內聖」而輕「外王」的批判上，所以使得該時期的人學思想也就具有了「關懷人生」的立論特徵。

王夫之的人學

王夫之（1619~1692）上承張載的氣學思想，以實有之「氣」[54]為萬物的本源，肯定天地萬物的客觀實在性[55]，藉此以突顯人與其生存世界的實存關聯。

王夫之雖然也採取張載以「氣」論「性」的觀點來說明「人性」，但是他認為氣化的規律使天地萬物處在「日新」[56]的變化之中，所以視氣化所成的「善性」[57]只是「人性」發展的基礎，強調「性者，生理也，日生則日成也。」（《尚書引義・卷三》）。

王夫之並不是認為「人性」的發展只是在實現其本有之質，而是認為人在其成長的過程中會受到客觀實存的後天環境的影響而使其「人性」有所定型，故言：「習成，而性與成。」（同上）。王夫之也就是認為，所謂的「人性」，不能就「初生之頃」（同上）而論，而是應當綜合先天本性與後天習性以定其實。所以，在王夫之的觀點裡，「人性」不只是可變[58]，而且人也應當重視後天習性對人自身的影響。為此，他非常重視教育，尤其是童蒙教育對人性發展的影響，而言：「養其習於童蒙，則作聖之基立於此。」

---

54 《張子正蒙注・太和》：「人之所見為太虛者，氣也，非虛也。虛涵氣，氣充虛，無有所謂無者。」
55 《尚書引義・卷三》：「夫誠者，實有者也。前有所始，後有所終也。實有者，天下之公有也，有目所共見，有耳所共聞也。」
56 《思問錄・外篇》：「天地之德不易，而天地之化日新。」
57 《思問錄・內篇》：「有善者，性之體也。」
58 《尚書引義・卷三》：「性屢移而常異。」

（《俟解》）。

　　王夫之認為在人初稟的「善性」之中，即有「禮」，「禮」即是「天理」，強調「人性之有禮也，二殊五常之實也。…禮雖純為天理之節文，而必寓于人欲以見。」（《大全說・卷八》）。此處所謂之「禮」即是指人能自制其欲的本性，所以「終不離欲而別有理也。」（同上）。王夫之於此也就是主張人若順其本性，就能自我約束欲望的實現，而使欲望得到合宜的滿足。因此，王夫之以「節欲」的觀點批判宋明儒者「禁欲」的主張，強調人若要使行為合「理」，合於道德，順其本性之「禮」即可，無須「禁欲」，故言：「物之感，己之私，各歸其所，皆見其順而不逾距，奚惡之有？」（《思問錄・內篇》）。

　　王夫之雖然對宋明理學之各家論點迭有批判，但其思想仍大致不出理學的範疇。如在「知行」問題上，王夫之即針對朱熹「知先行後」的觀點與王陽明「知行合一」的觀點，而提出「行可兼知，而知不可以兼行」（《尚書引義・卷三》）的主張，強調「行也，可以得知之效也；…知焉，未可以得行之效也。」（同上）。此處的第一個「行」字指的是行為的經驗，第二個「行」字指的則是知識的實踐。王夫之即是認為朱、王二子之論實以「知」為要，著重於知識的獲得，而易於使人忽略了知識的實踐，所以他特別突顯出有道德知識，必要有道德實踐，才能算是君子所當為者，故言：「君子之學，未嘗離行以為知也必矣。」（同上）。觀諸今日，這樣的批判依然是擲地有聲！

戴震的人學

　　身為乾嘉時代考據學大師的戴震（1724~1777），針對強調「三綱五常，終變不得」（《晦庵集・卷十三》）的朱熹理學提出了強烈

的批判。

戴震認爲「人性」即是「血氣心知」(《孟子字義疏證‧卷中》),其內涵「有欲,有情,有知。…給於欲者,聲色嗅味也;…發乎情者,喜怒哀樂也;…辨於知者,美醜是非也。」(《孟子字義疏證‧卷下》)。人「欲」即是人「性」,所以不可「禁」,但可「節」,戴震故言:「天理者,節其欲而不窮人欲也。是故,欲不可窮,非不可有;有而節之,使無過情,無不及情。」(《孟子字義疏證‧卷上》)。

戴震並依孔子對「仁」的詮釋[59]而對「節欲」作了具體的說明,而言:「遂己之欲,亦思遂人之欲,而仁不可勝用矣;快己之欲,忘人之欲,謂私而不仁。」(《原善》)。人若能以他人同能滿足其欲望而作爲實現自身的欲望的合宜範圍,就是「節欲」,就是「仁」,就是「天理」。所以,「道德」即是對自身欲望的自我克制。

戴震認爲,正是因爲朱熹理學所強調的「存理去欲」強化了「三綱五常」對世人思行的制約,才造成了社會中的種種苦難,而言:「理欲之分,人人能言之。…尊者以理責卑,長者以理責幼,貴者以理責賤,雖失,謂之順;卑者、幼者、賤者以理爭之,雖得,謂之逆。於是下之人不能以天下之同情、天下之同欲達之於上。上以理責其下,而在下之罪,人人不勝指數。人死於法,猶有憐之者;死於理,其誰憐之。」(《孟子字義疏證‧卷上》)。

不可諱言,朱熹原本就是要藉由「存理去欲」來強化「三綱五常」對世人思行的制約,以期能維持人際的和諧與社會的穩定

---

59 《論語‧雍也》:「夫仁者,己欲立而立人,己欲達而達人。」;《論語‧顏淵》:「克己復禮爲仁。」

60。只不過，作爲人際關係之倫理規範的「三綱」強調的是上位者（君、父、夫）的權力與下位者（臣、子、妻）的義務，雖有作爲個人行爲之道德準則的「五常」以約束兩端的對應表現，但是若上位者不受此約束，則下位者也不得違抗。因此，以這樣缺乏對等尊重且無法保障下位者之人格尊嚴與人權的「三綱」，來作爲人人所應遵守的倫理規範，的確是值得批判。然而，若無現實環境變遷的衝擊，中國的知識份子是否能跳脫傳統思維的模式，而重新思考與批判這傳之已有千餘年的「三綱」呢？

譚嗣同的人學

實際參與「戊戌政變」且因而遭到殺害的譚嗣同（1865~1898），雖是以「仁」爲其學說的核心概念，但是他對「仁」的詮釋卻是融合古今中外的諸多理論而成，如見其言：「凡爲仁學者，於佛書當通《華嚴》及心宗、相宗之書；於西書當通《新約》及算學、格致、社會學之書；於中國當通《易》、《春秋公羊傳》、《論語》、《禮記》、《孟子》、《莊子》、《墨子》、《史記》及陶淵明、周茂叔、張橫渠、陸子、王陽明、王船山、黃梨洲之書」（《仁學》）。這雖使得他的思想駁雜而不精，卻也可看出他採取莊子「道通爲一」[61]的觀點來看待各種學說[62]，認爲多元觀點可以並存而不悖，而這也是他相當可取之處。

譚嗣同以實有之「氣」爲萬物的本源[63]，視「氣」即「以太」

60　《朱子語類・卷六十八》：「君尊於上，臣恭於下，尊卑大小，截然不可犯。似若不和之甚，然能使之各得其宜，則其和也孰大於是。」
61　《莊子・齊物論》。
62　《仁學》：「通之義，以『道通爲一』爲最渾括。」
63　《仁學》：「元氣絪縕，以運爲化生者也，而地球又運於元氣之中。」

64、即「仁」65、即「心」66，以「通」爲其功能67，藉此以突顯人與其生存世界的實存關聯，而言：「夫仁者，通人我之謂也。」（同上）。

譚嗣同主要是藉「通」來開顯「平等」之義68，藉「平等」來開顯「自由」之義69，視「平等」、「自由」與「自主」爲合於天道之「通」的倫理規範與道德原則70。正如朱熹將「三綱五常」之傳統道德定位爲「天理」，以強化其對人的約束力；譚嗣同也是將「平等」、「自由」與「自主」之新道德定位爲「天道」，以強化其對人的說服力。不過，譚嗣同此舉卻正是爲批判朱熹的舉措而作，以圖消解「綱常名教」對人的束縛與傷害71。

譚嗣同也如王夫之與戴震一樣，就「理欲論」的觀點來切入對「綱常名教」的批判。他以王夫之「理在欲中」的觀點爲依據，而強調「天地間仁而已矣，無所謂惡也。惡者，即其不循善之條理而名之，用善者之過也。…天理，善也；人欲，亦善也。王船山有言曰：『天理即在人欲之中，無人欲，則天理亦無從發見』。」

---

64 《仁學》：「遍法界，虛空界，眾生界，有至大之精微，無所不膠粘，不貫洽，不筦絡，而充滿一物焉。目不得而色，耳不得而聲，口鼻不得而臭味，無以名之，名之曰以太。…法界由是生，虛空由是立，眾生由是出。」
65 《仁學》：「夫仁，以太之用，而天地萬物由之以生，由之以通。…天地間，亦仁而已矣。」
66 《仁學》：「仁爲天地萬物之源，故唯心，故唯識。」
67 《仁學》：「仁以通爲第一義；以太也，電也，心力也，皆指出所以通之具。」
68 《仁學》：「通之象爲平等。」
69 《仁學》：「人人能自由，是必爲無國之民。無國則畛域化，戰爭息，猜忌絕，權謀棄，彼我亡，平等出。且雖有天下，若無天下矣。君主廢，則貴賤平；公理明，則貧富均。千里萬里，一家一人。視其家，逆旅也；視其人，同胞也。父無所用其慈，子無所用其孝，兄弟忘其友恭，夫婦忘其倡隨。若西書中百年一覺者，殆彷彿禮運大同之象焉。」
70 《仁學》：「所以者何？一曰平等，二曰自由，三曰節宣惟總括其義，曰不失自主之權而矣。」
71 《仁學》：「西人憫中國之愚於三綱也，亟勸中國稱天而治，以天綱人，世法平等，則人人不失自主之權，可掃除三綱畸輕畸重之弊矣。」

（同上）。

　　譚嗣同再依據「天理、人欲皆善」的觀點，來批判「綱常名教」的不當，而言：「仁之亂也，則於其名。名忽彼而忽此，視權勢之所積；名時重而時輕，視習俗之所尙。…名本無實體，故易亂。…俗學陋行，動言名教，敬若天命而不敢渝，畏若國憲而不敢議。嗟乎，以名爲教，則其教已爲實之賓，而決非實也。又況名者，由人創造，上以制其下，而不能不奉之。則數千年來，三綱五倫之慘禍烈毒，由是酷矣。君以名桎臣，官以名軛民，父以名壓子，夫以名困妻，兄弟朋友各挾一名以相抗拒，而仁尙有存焉者得乎。…然而仁之亂於名也，亦其勢之自然也。中國積以威刑，箝制天下，則不得不廣立名，爲箝制之器。」（同上）。

　　譚嗣同對「綱常名教」的批判，如同戴震一樣的深切入裡。然而，譚嗣同又不同於戴震回歸於儒家的「道德仁義」之說[72]，而是依據王夫之「氣化日新」的觀點，提出了「衝決網羅」之說，強調「歐美二洲，以好新而興。…中國動輒援古制，死亡之在眉睫。…天行健，自動也。…君子之學，恆其動也。…以太之動機，以成乎日新之變化，夫固未有能遏之者也。」（同上），故「天以新爲運，人以新爲主。」（同上）。

　　譚嗣同認爲要改革舊傳統，就要先革「心」，從觀念上尋求不斷的變革[73]，故而主張：「初當衝決利祿之網羅，次衝決俗學若攷據、若詞章之網羅，次衝決全球群學之網羅，次衝決君主之網羅，次衝決倫常之網羅，次衝決天之網羅，終衝決佛法之網羅。」（同上）。任何一種學說、任何一套制度一旦成型，就會成爲思想上的

72　《孟子字義疏證・卷中》：「仁義禮智，不求於所謂欲之外，不離乎血氣心知。」
73　《仁學》：「我之心力，能感人使與我同念，故自觀念之所由始。」

「網羅」而影響人的思行。所以，譚嗣同認爲人不但應當建立新的思想來取代舊的思想，而且也不應當讓新的思想成爲舊的思想而淪爲「網羅」，因此要人不斷的創新思想，不斷的「衝決網羅」，而言：「然其能衝決，亦自無網羅；真無網羅，乃可言衝決。」（同上）。

雖然中國早在先秦時期的《易傳》上即已有：「日新之謂盛德」與「革故鼎新」等詞語，但是「求新」、「更新」、「創新」的觀念卻似乎始終未能在中國的思想史上受到重視與推廣。譚嗣同能以「衝決網羅」來強調創新思想的必要性，對於「因循守舊」成習的中國傳統知識份子而言，這的確是一記強而有力的當頭棒喝！

結　論

綜觀了中國傳統人學思想的發展與變遷，我們不難發現儒家人學的影響至鉅。其中，自兩漢時期將儒學定爲官學，到宋明時期以孟子的心性之學來理解孔子的仁學，孟子的人學即成了儒家人學的核心，也即成了中國傳統人學的大本。

有趣的是，凡是批判宋明儒者「禁欲」主張的學者，又不是回歸孟子的「寡欲」之說，而是採取荀子的「節欲」之議。但是如譚嗣同等卻又將宋明以來所強化的「綱常名教」歸咎於荀子之學[74]，藉以表明自己是爲儒者的立場。由此可知，中國傳統人學多是擺盪在儒家孟、荀二子的思想裡，而以孟子的人學爲宗。

孟子的人學以「道德仁義」定義人的本性，以「實現仁義本性的君子」定義人之爲「人」的理想典範，以「仁智兼備的聖人」定義人之爲「人」的終極目標，期許人人皆能成爲道德與智慧兼

74　《仁學》：「二千年來之政，秦政也，皆大盜也；二千年來之學，荀學也，皆鄉愿也。」

備的完人。依此爲宗的中國傳統人學，也即以「道德仁義」爲其主要特徵，以使人成爲「道德君子」、「道德聖人」爲其立論的宗旨。

只不過，說了兩千多年的「道德仁義」，真的使中國人成爲「道德君子」、「道德聖人」了嗎？難道是連知識份子都使「知」、「行」斷作了兩截？那我們還有沒有必要再說兩千年？

筆者並不是反對人學思想的建構應當是以「導人向善」爲宗旨，筆者只是質疑：一味的說人有「道德良知」，一味的說人能透過自覺體證就能自明「道德良知」，就真的能「導人向善」了嗎？就真的能「使人爲善」了嗎？

筆者十分認同「理欲之辨」與「知行之辨」是人學思想中兩個極爲重要的課題，但是筆者更認同「多元觀照」與「創新觀點」的做法，並認爲這是在建構當代中國人學的應行之道。

雖然論「人」，就必然要論析「人性」。但是正如王夫之所言：「習成，而性與成。」（《尚書引義・卷三》），「人性」是與環境的互動之中而漸趨定型。當環境改變，「人性」也會受之影響而改變；由「人性」而發的行爲也會隨之改變，從而又導致了環境的變遷。如此循環不斷，而終使我們對「人性」、對「人的行爲」、乃至對「人的未來」都難以遽下定論。所以，我們既不能以過去的人學思想來論斷「人之所是」與「人之所應是」，我們更不能輒奉過去的人學思想爲圭臬而不思「衝決網羅」。

不可諱言，要「衝決網羅」，創新中國的人學思想，的確是需要「智慧」與「勇氣」！但是，這不就正是人之爲「人」的本質特徵與存在尊嚴嗎？！

中國人學中的自我詮釋與自我建構

序論：人對自身存在的責任擔負

　　人究竟從何而來？因何而生？至今仍是一個未解的謎。但是，人的存在卻是個無可否認的事實，因為我們就是人。我們透過自身的存在來肯定「人」的存在，然而「人」倒底是什麼？對我們而言，這似乎又是個未解的謎。

　　我們無法追索使我們得以存在的終極根源，因為那已是超出我們所能實證的範圍；但是我們無法確認「人」倒底是什麼？則是一個值得探究的問題。我們既是以「人」來定位自身，何以我們卻不能由我們自身的存在來確認「人是什麼」呢？

　　不可諱言，有人的存在，就有人對其存在的探問。這種發自於人類本性的需求，就構成了人與其存在的對話，表現而為人之獨白式的問與答。人在發問，人也在回答。每一個問題的提出都反映了人對其自身存在處境的困惑，而每一個回答的建構也都反映了人意圖合理化其存在處境的嘗試。隨著人對其存在處境的理解與詮釋，人又開展出對其自身之存在本質的探問與回答，於是就有了人學思想的歷史性發展。

　　每一個先起的探問提供了繼起探問的思維方向，而每一個先起的回答也提供了繼起回答的理解基礎。回答本身就是一種主客兼融的詮釋，內含著詮釋者對其詮釋對象的經驗認知與主觀理解。此種主觀理解不單是關乎到詮釋者所藉以建構其認知的先在

結構，同時也關涉到詮釋者對其詮釋對象的理想設計。這也就是說，詮釋者藉由其詮釋不僅使其詮釋對象成為可被理解的有意義之物，也成為合於其理想設計的存在之物。故在人學思想的歷史性發展中，人不但是藉用其詮釋來建構人的本質形象，人同時也藉用其詮釋來塑造人的存在形象。因此，人的詮釋也就構成了人的存在方式，人便成為人自身的主宰，人決定了「人是什麼」。

人的存在先於人的詮釋，人就是藉由他自身所建構的詮釋來承擔他的存在責任，使他自身的存在有意義。意義的追求，雖是出於人的本性；但是意義的賦予，卻也是源於人的本能。人便是藉由創造意義來滿足他自身的本性需求，遂有了意義的多元化開展。這種意義的多元化開展，使得原本是為釐清人之存在而作出的詮釋，反倒使人迷惘在意義的網羅之中，無法確認「人」倒底是什麼？因此，我們有必要去重新回顧人學思想的歷史性發展，從中去解析其間所內蘊的詮釋對於人之自我認知的影響，進而去省思這些詮釋之所以被建構的基礎與目的為何，以便由之來探究人究竟應當如何去承擔他的存在責任，使他自身為「人」。

中國人學思想史簡介

不同的文化來自不同的詮釋傳統，要瞭解中國人對於「人是什麼」的詮釋，就應回歸到內蘊在中國文化中的人學思想史。

自兩漢時期開始，中國文化即以儒家思想為正統，而內蘊在儒家思想中的人學理論也就成為中國人學思想的主流。雖然在魏晉時期有儒、道思想的融合，隋唐時期有儒、佛思想的融合，民國之後有儒學與西學的融合，但是中國文化的內涵仍是以儒家思想為本，以內聖之道為宗，強調人之為「人」的道德修養與道德實踐。

　　殷商時期，人藉由鬼神概念的形構來定位自身的存在，使人自視爲受鬼神宰制的存在之物，依附於鬼神的啓示而取得其存在的意義，如《尚書・盤庚》中所言：「肆上帝將復我高祖之德，亂越我家。朕及篤敬，恭承民命，用永地于新邑」。此中，盤庚即視上帝爲意義的來源，強調人應服從神意。

　　殷周之際，人經由生活經驗的檢證，體認到既有詮釋的矛盾，遂有了對既有詮釋的質疑與批判，如《詩經・節南山》中所言：「昊天不傭，降此鞠凶；昊天不惠，降此大戾。君子如屆，俾民心闋；君子如夷，惡怒是違」。隨著對既有詮釋的解構，人又開始重新認知人自身，於是就有了西周時期對於上帝旨意的重新詮釋，使人將其對人的期許轉化爲神意，並由之以重塑人的自我認知，如《尚書・召誥》中所言：「天亦哀於四方民，其眷命用懋。王其疾敬德！…王其德之用，祈天永命」。此中，周公就是以「德」概念來詮釋神意，界定了神意的內涵，同時也爲人君治理政事立下了應然的規範。

　　「德」概念的形構，原本是針對人君而發，強調人君應審慎管理政事，以取得民心的歸向。但是由於周人藉由禮文制度的規劃來體現人君之德，遂使得「德」概念又與周代的禮文融爲一體，兼具了對人之形像塑造的涵義。

　　相對於周人以自身的思維建構禮文制度，周人也以自身的作爲破壞了禮文制度，遂有春秋戰國的亂世之起。隨著「德」概念使人正視人自身的存在，春秋戰國時期的思想家們也以「人」爲核心來探索人世的問題，意圖由人自身的存在來尋思解決人世問題的依據，於是就有了人學思想的興起。

　　春秋戰國時期的諸子百家之學中，以儒、道、墨、法四家之學最具影響性。儒家稟承周文，而以「仁」釋「人」，強調人的道

德化，主張人之爲「人」就應是爲「道德人」（君子）；道家排斥周文，而以「道」釋「人」，強調人的自然化，主張人之爲「人」就應是爲「自然人」（真人）；墨家非議儒家，而以「義」釋「人」，強調人的宗教化，主張人之爲「人」就應是爲「宗教人」（義士）；法家排斥儒家，而以「利」釋「人」，強調人的政治化，主張人之爲「人」就應是爲「政治人」（術士）。

　　四家人學同樣是集中在對「人」的探究，但是由於關注面向的不同，遂有了對「人」的不同理解與詮釋。如儒家針對人的社會面向，希望藉由道德規範來維繫人際的和諧，故而將「人」定位爲「道德動物」；道家針對人的自然面向，希望藉由解消文化建制來將人導回自然狀態，故而將「人」定位爲「自然動物」；墨家針對人的宗教面向，希望藉由信仰的力量以維繫人際的和諧，故而將「人」定位爲「宗教動物」；法家針對人的政治面向，希望藉由政治的刑罰管理來維持社會的穩定，故而將「人」定位爲「政治動物」。這四家人學都是以本身所期望的「人之所應是」來定位「人之所是」，依據主觀的信念來回答「人是什麼」的探問，所以其間並無價值的優劣可議，反倒是提供了人對其自身認知的多維視域。

　　然而相對於先秦人學的開放性，兩漢人學則是呈顯了刻意塑造的封閉性。兩漢時期，董仲舒以儒家爲本，融合了陰陽、墨、道、法、名等諸家思想，以「上帝」爲終極根源，以「自然」爲上帝創造萬物與傳達神意的媒介，以「人」爲獨得上帝恩寵的受造物，從而建構起他的人學理論，肯定人的道德本性來自於分享上帝的神性，而王者所制定的綱常之教就在啓發人所本具的善性，使人向善而行，進而成爲有德的君子。董仲舒對「人」的詮釋不僅確立了人在宇宙中的優越地位，同時也使得先秦儒者所提

倡的仁義禮教取得了不容質疑的神聖性與權威性，進而得以藉由經學教育與專制政體的結合，深刻的影響了中國人對自我與對人世的認知，使中國人學思想的發展自此便以「道德」為核心，內求仁義心性的修養，外求王道仁政的治世。

相較於兩漢時期重視群體的整合，強調道德教化的制約；魏晉時期則重視個體的自主，強調順性而為的自由。魏晉時期，以融合儒、道思想為宗旨的玄學興起，將儒家所倡導的道德禮教與道家所推崇的自然本性相結合，以「自然」為本，以「名教」為末，肯定個人的存在價值與道德自覺，從而逆轉了兩漢時期對人世的關懷與對禮教的重視，使人重新正視個體的存在與才情的發展，促成了藝術的勃興。

隋唐時期，佛學鼎盛，本土宗派林立，尤以天台、華嚴與禪宗最具代表性。相較於儒家重視現世的改善與人格的提昇，佛教則重視煩惱的解消與心靈的寧靜。佛教藉由轉換世人對存在處境的視野，使人相信「境由心造」，亦可由心來破除所執，化解煩惱，開放心靈的自由，從而使人獲得面對人生的自信與因應世事的依據。儒家是從道德信念上來為人尋求一個可資依循的生活準則，佛教則是從宗教信仰上來為人尋求一個可資依循的人生方向。佛教在初入中國時，先是被動的為中國學者以玄學思想來加以詮釋，而後則是主動的由中國的宗派來與儒家思想與道教活動作融合，從而形成以道德禮教來教化大眾，以符讖方術來滿足人們功利需求，以佛陀說法來開悟眾生的融合形態，藉此而使佛教得以深入民間，成為中國文化的重要內涵之一。

經由兩漢學者為人性確立形上的依據，標定人生發展的應然方向；到魏晉學者將道德禮教定位在人性的自然發展，標定道德準則的內在基礎；到隋唐學者重新詮釋人性的形上基礎，重新定

位人生的應然方向；宋明學者則是力圖恢復儒家既有的詮釋，確立人性的道德內涵，標定道德人性的形上基礎與道德實踐的內在依據，使人依循儒家的道德理想來成就人格的自我完善。

「天人合一」是儒家傳統的道德理想，旨在為人建構自我發展的應然方向，使人在人格的修養上能有個完滿的境界可期，藉此以導人向善而行。然而相較於兩漢儒者以「神性」來詮釋「人性」，強調唯有人君能達臻人性與神性的合一；宋明儒者則是以「天理」來詮釋「人性」，肯定凡人皆能實現人性而與天理的合一。故就宋明儒者而言，人性的實現既是人之為「人」的自我完成，也是人與萬物融為一體的自我超越。換言之，宋明儒者認為當人性的實現達到滿全時，人就不僅能體認人與萬物本為一體，同時也能盡其仁心而愛人愛物，維繫人際的和諧，參贊天地的化育。因此，宋明儒者延續孟子的思路，以強調道德心性修養的內聖之道為本，以成就道德治世的外王之道為宗，肯定人世的道德化必建基在個人的道德化，故而側重人對道德的認知與道德的實踐。

明代心學的發展，使人重內聖而輕外王，重道德而輕功利，遂導致明朝的衰亡。為此，清代學者遂起而力倡實用實效的事功之學，使人重新正視國家的存亡與民生的福祉。鴉片戰爭之後，中國學者體認中國本有的學術不足以救亡圖存，遂有張之洞「中體西用」說的提出，試圖在保留儒家道德理論的前提之下，引進西方的科技來厚植國力。自民國成立之後，中國學者仍在深思中國的發展問題，於是就有了主張向西方學習的全盤西化派、主張固守傳統儒學的國粹派與主張返本開新的新儒家派等一時並立。此中，以新儒家派對當代中國文化發展的影響最鉅。

當代新儒家學者不僅延續宋明儒者的思路，以「道德」定位「人性」，強調道德心性的修養，既是人性的自我實現，也是人性

的自我超越，肯定人能由道德主體的自我體認，成就道德人格的自我提昇，終而達臻包容天、地、人、物於一體的至善境界，使人兼成個人與人世的雙向完善；同時也接受五四運動以來對於「民主」與「科學」的訴求，肯定以「道德人」為基礎的「民主」與以「道德」為準繩的「科學」就是中國未來發展的應然之路。

不過，依宋明儒學的觀點以理解先秦儒學的當代新儒家學者，雖然援引印度佛學與西方哲學的認知觀點與思維模式來重新詮釋傳統儒學，但是仍為提振民族的自信心，而以儒學為尊，肯定儒學的復興不僅是解決中國文化之日趨衰亡的關鍵，同時也為拯救西方文明之日趨物化的契機。因此，當代新儒家學者一方面賦予傳統儒學以合於時代思潮的新義，使傳統儒學得有新的活力與發展；另一方面也引介傳統儒學到世界文化之中，以激發全球人士對於傳統儒學的重視，期使傳統儒學也能為世界的主流文化之一。

在先秦時期，儒家思想雖為諸子百家之學中的一支，但是到了兩漢時期，由於董仲舒對儒學的轉化與漢武帝對儒學的運用，遂使得儒學成為中國文化的正統，自此制約了中國人對於「人之所是」與「人之所應是」的認知，使中國人依儒家的道德理想來建構自我的期許，規劃自我的發展。其後雖有魏晉與隋唐兩個時期的學者分就玄學與佛學的觀點來重新詮釋儒學，但是均未動搖傳統儒學對於中國人思想的影響，以致於宋明儒者乃至於當代儒者都能藉由回歸傳統儒學而取得民心的認同，由此而更形確立儒學對於中國人思想的宰制性。所以，縱使當今西風鼎盛，中國人仍然肯定人類生而即具道德本性，生而即能為道德自覺與道德實踐，人生即應以成為「道德人」而自許。於是，原本僅是儒家對於「人是什麼」的回答，便隨著歷史的延續與文化的傳承而成為

中國人深信不疑的絕對真理，持久不變的唯一答案。

人的自我詮釋：對「人是什麼」的探問與回答

當人在探問「人是什麼」的時候，人已然存在。人也是因為自身的存在，才想去理解自身存在的意義，故有「人是什麼」的探問提出。探問的提出，反映了人對意義的追尋。而人對意義的追尋，則反映了人的本性需求。換言之，人的本性要求人的存在應當有其意義。只是人尚不知其意義為何，故有「人是什麼」的探問提出。

人在發問，也是人在回答。問題只有一個，但是答案卻可能為數眾多。不同的文化，可能給予不同的答案；不同的個人，也可能給予極其相異的答案。每一個答案都關涉到回答者的主觀理解，也都表現為一種特定的詮釋。

人的理解不單是從人的感官經驗而來，也與人據以認知的先在結構有關。這種兼含了先天與後天、主觀與客觀等多重因素結合的先在結構，不僅包含了個人與生俱來的人格特質及後天習染的思維模式與認知觀點，同時也包含了社會環境與文化傳統對於個人的影響與塑造，以及個人在認知當下的心理狀態與情意感受等等。故在此認知結構影響下而形成的理解，就相對的是彰顯了人的主體性與存在性，而有其特定的時空背景與其特殊的個人色彩。因此，縱使是對同一對象的認知，也會因著理解的不同，而有不同詮釋的產生，導致相對認知的形成。

在中國人學思想中，學者普遍肯定有絕對真理的存在，或謂之為「道」，或謂之為「理」；同時也肯定人能認知絕對真理。只不過，先秦時期的荀子認為人的認知有其侷限性，只能認知部份的真理，而不能盡知絕對真理的全貌，如其所言：「夫道者，體常

而盡變，一隅不足以舉之。曲知之人，觀於道之一隅而未之能識也，故以爲足而飾之，內以自亂，外以惑人」（《荀子·解蔽》）；宋明時期的朱熹則認爲絕對真理即已內含在人的心性之中，人只要能體認本身的心性，就能盡知絕對的真理，如其所言：「能盡其心之全體而無不盡者，必其能窮夫理而無不知者也。既知其理，則其所從出亦不外是」（《四書章句集注·孟子章句》）。

　　若按朱熹的觀點，人所做的詮釋是對絕對真理的「發現」；但是若按荀子的觀點，人雖是基於對絕對真理的「發現」而做出某種詮釋，但是因著個人認知的侷限與對此侷限的不自覺，以致於「發明」了此種詮釋。換言之，朱熹認爲人的詮釋足以反映真理的全貌，而荀子則認爲人的詮釋乃是出於主、客觀條件的融合，並不足以反映真理的全貌。

　　再如以兩漢人學中，董仲舒與王充各自對於「天人關係」的論點做比較。董仲舒認爲人能夠明瞭人自身的存在意義，進而說出此存在意義，如其在《天人三策》中所言：「天人之徵，古今之道也。孔子作《春秋》，上揆之天道，下質諸人情；參之於古，考之於今。故《春秋》之所譏，災害之所加也；《春秋》之所惡，怪異之所施也。書邦家之過，兼災異之變，以此見人之所爲，其美惡之極，乃與天地流通而往來相應」；王充則認爲人所作的詮釋不是在「發現」人自身存在的意義，而是在「發明」此存在的意義，如其在《論衡·自然》中所言：「末世衰微，上下相非，災異時至，則造譴告之言矣。…說合於人事，不入於道意」。王充視人的詮釋都是有意識、有目的的作爲，而言：「聖人作經，賢者傳記，匡濟薄俗，驅民使之歸實誠也」（《論衡·對作》）。所以他認爲人所做的詮釋中必內含著人的主觀意圖，如他自謂他的詮釋意圖在於求

「真」[1]，而董仲舒的詮釋意圖則在於求「善」[2]，由是遂導致兩者詮釋的差異。

設若我們按照中國哲學的基本預設而觀，也就是肯定有絕對真理的存在。那我們就不僅要問人是否能認知絕對真理的全貌？又若人的存在意義是為絕對真理的一個面向，那人是否能揭示此面向而呈現在其詮釋中？若按照董仲舒與朱熹的觀點而言，答案都是肯定的。但是若按照荀子與王充的觀點，則可以提供給我們一個更開闊的思考空間。

依荀子所言：「夫道者，體常而盡變，一隅不足以舉之」（《荀子・解蔽》），可見荀子視絕對真理為多面向的呈現，任何一個面向都不足以代表絕對真理的全貌。設若我們將「人」也視為是絕對真理的一個面向，我們將可發現「人」也是以多面向的方式來開顯其自身。所以，我們若就單一面向所建構的詮釋來界定「人之所是」，就不僅是將我們對「人之所是」的認知限制在單一角度之中，妨礙了我們對於「人之所是」作全面性的認知，同時也會蒙蔽了我們對於「人之所是」的真實認知，以致於無法對人的其他面向所開展出來的問題作出周全而又有效的因應。這樣的反省其實早已出現在《莊子・田子方》對於中國文人的批判之中，「中國之君子，明乎禮義而陋於知人心」。

荀子認為人的詮釋兼融主、客觀的雙重條件，而王充則更強調其中的主觀意圖。王充認為當人的詮釋成為客觀文本時，後起的閱讀者又會依其自身的主觀意圖來建構新的詮釋版本。然而，當此新的詮釋版本成了不容質疑的絕對真理時，原始文本的本然意義即已堙沒不彰，人的認知也就因此而走上了歧途，如其所言：

---

1 《論衡・對作》：「《論衡》者，所以詮輕重之言，立真偽之平。」
2 《論衡・案書》：「仲舒之言，道德政治，可嘉美也。」

「儒者說五經，多失其實。前儒不見本末，空生虛說；後儒信前師之言，隨舊述故，滑習辭語。苟名一師之學，趨爲師教授。及時蚤仕，汲汲競進，不暇留精用心，考實根核。故虛說傳而不絕，實事沒而不見，五經並失其實」（《論衡·正說》）。

筆者以爲，人所做的詮釋既可讓人看到絕對真理的某一面向，藉以瞭解其詮釋的對象；又可讓人反觀自身所處的位置，讓人反思自身何以做出如是的詮釋。不可諱言，人所身處的時空背景與文化習染會影響人的認知角度，但是人的主觀信念卻是決定人之認知角度的關鍵，而人的主觀意圖則是決定人之所以作出如是詮釋的主要因素。因此，我們也可以大膽的說，人的詮釋並不是重在對其詮釋對象的揭示，而更是重在反映詮釋主體的主觀意圖。

然而，相對於人的無知狀態而言，當人一旦藉由詮釋的建構而給出了某種答案，這種答案就爲人提供了某種認知的依據，使人自信自身已由無知過渡到有知。倘若人不能反省此種答案乃是出於人的主觀信念與主觀意圖，再若加上外在環境的刻意強化，那麼這種答案就極有可能由人的主觀詮釋上昇爲不容質疑的絕對真理，進而深刻的影響乃至於塑造了後人的認知。如儒家的道德理論經由經學的傳佈而成爲中華文化的正統之後，中國人對於「人」的認知就一直被鎖定在「道德人」的詮釋中，肯定人生而即具道德本性，生而即應爲道德君子。

事實上，當我們在探問「人是什麼」的時候，我們不只是探問的主體，我們也是探問的對象。換言之，我們不只是在說「人是什麼」，我們同時也是在說「我是什麼」。

我們固然可以旁觀萬物的存在與變化，但是我們就在自身的存在與變化之中。「我」的存在雖然可以透過感官經驗證知，可是

「我是什麼」卻是超出感官經驗所能證知的範圍。這也就是說，我只能說「我」存在，卻無法確切的說出「我是什麼」。因爲我不僅是在變化之中，我的認知結構也是在變化之中。如果我要說出「我是什麼」，我就勢必要先以時間與空間爲基準，建立一個參照座標，然後再據此座標分界出我要詮釋的階段，我才能化約其間的變化，而對「我是什麼」作出梗概性的詮釋。但是此種詮釋也僅能約略的說明過去的「我」是什麼，而不足以判定未來的「我」也是什麼。因此，每一個當下對「我是什麼」的詮釋都不是確實而又有效的回答。甚至於若我所設定的參照座標僅是我的理想投設，那就更難以確認我「真」是什麼，而只能確信我「應該」是什麼。

在中國人學思想裡，學者普遍以「天」作爲人建立自我認知的終極座標，藉由天人之間的聯繫來建構人的自我認知，如董仲舒在《春秋繁露・王道通三》中所言：「仁之美者，在於天。天，仁也。…人之受命於天也，取仁於天而仁也。是故，人之受命，天之尊」；又如朱熹在《語類》卷六十中所言：「吾之仁義禮智，即天之元亨利貞。凡吾之所有者，皆自彼而來也」。

就其理論上言，儒家學者普遍肯定「人」的道德本性源於「天」的道德屬性，故視「天」爲道德與價值的終極根源。但是「天」何以具有道德屬性？難道不是因爲後儒接受了孟子對於「人之所是」的詮釋，先肯定了人生而即具道德本性；再爲求道德本性有個生發的依據，遂將「天」賦予了道德屬性，使「天」不僅成爲人性的根源，也成爲道德與價值的終極根源。換言之，儒家學者的詮釋不是出於對真理的揭示，而是出於對主觀信念與主觀意圖的堅持，期望能爲「導人向善」尋索出一個不容質疑的形上基礎，以便藉由「天命當然」（《論衡・命祿》）來責成人之向善。

　　所以，在中國人學思想裡，對於「人是什麼」的回答，即是人依其主觀信念與主觀意圖而建構的自我詮釋。這也就是說，中國人實是依據「人應是什麼」的設計，來回答「人是什麼」的探詢。

人的自我建構：對「人應是什麼」的設計與形塑

　　當人藉由自我詮釋來回答「人是什麼」的探問時，人的詮釋即已涵攝了兩個時間向度的理解與第三個時間向度的投設。換言之，在人當下所作的詮釋中，不僅包含了詮釋者對於人之現實情境與過往歷史的綜合理解，也包含了對人之未來發展的理想設計。

　　如以莊子與荀子的人學思想為例。莊子依循老子的思想，認為人本是與萬物無異的「自然動物」，人的一生也應當是實現其自然本性而為「自然人」，這也就是他所謂的「真人」。但是由於人創制了文化，使人迷失了原有的自然本性，導致了人生的困頓與人世的紛亂，所以他才主張人之為「人」就應當是解消文化對人自身的形塑，以恢復自然本性的自我實現而為「真人」，故而強調「無以人滅天，無以故滅命，無以得徇名。謹守而勿失，是謂反其真」（《莊子·秋水》）。荀子雖然也肯定人是根源於自然而生的「自然動物」，但是他認為人既有優於萬物的理智思慮[3]，人就應當對其自身的存在負責，為其自身的發展規劃出一個理想的境界，所以主張人應當使其自身由「自然動物」過渡為「文化動物」。他並依循孔子的思想，視文化的建構即在於塑造人的道德品格，從而肯定人之為「人」就應當是接受禮文教化而為「道德人」，故而強調「學惡乎始？惡乎終？曰：其數則始乎誦經，終乎讀禮；

---

3 《荀子·非相》：「人之所以為人者，非特以二足而無毛也，以其有辨也。」

其義則始乎爲士，終乎爲聖人。真積力久則入，學至乎沒而後止也。故學數有終，若其義則不可須臾舍也。爲之，人也；舍之，禽獸也」（《荀子·勸學》）。正是由於兩者對於理智運用與文化建制的評價差異，遂開出了中國人學思想史上兩個相互衝突的對反理論。

但是若我們對照兩者對於「人之所是」的詮釋而觀，我們就會發現一個頗值得我們注意的情況，那就是「人」倒底是什麼？

在莊子的回答中，人生而即是「自然人」，人的一生也應是爲「自然人」，所以「人之所是」就是「人之所應是」。

但是，人爲何應爲「自然人」？難道不是因爲老子視文化爲人世的亂源，故而反對文化對人的形塑，以致於承襲老子思想的莊子也就視人之爲「人」就應是爲「自然人」，以恢復其自然本性的自我實現嗎？換言之，筆者以爲，莊子是依據「人之所應是」來論斷「人之所是」，從而肯定「人」是「自然人」（真人）。不可諱言的，肯定人是源於「道」而成於「氣」，也是出於人的主觀信念，體現而爲人的形上預設。莊子將「人」視爲是「自然人」，就是建基在此形上預設而作的詮釋。所以，將「人」定位爲「自然人」，也僅是爲我們認知「人之所是」開出一個面向，仍不足以反映出「人之所是」的全貌。

再就荀子的回答而觀，荀子雖視人生而即爲「自然人」，但是他又認爲人的一生則應是爲「文化人」。荀子並就人之爲「自然人」的本然狀態，強調人的理智功能；而就人之爲「文化人」的養成狀態，則強調人的道德特徵。這一方面是顯示了荀子肯定理智是出於人的先天本性，而道德則是成於人的後天習性；另一方面也是顯示了荀子肯定人之爲「人」須藉後天習性來爲之定型。

不過，此中就出現了一個較複雜的狀況，「人」倒底是「自然

人」，還是「文化人」？我們可以說荀子同時開出了「人」的自然與文化兩個不同的面向，兩者都是「人之所是」。然而荀子之所以為儒家學者，就在於他選擇了以人的文化屬性與道德特徵來定位「人之所是」。所以，對荀子而言，「人之所應是」就是「人之所是」，「人」即是內化文化規範而為自身行為準則的「道德人」（君子）。人若不能體現此道德特徵，縱有理智思慮，也不足以稱之為「人」。

同樣是肯定人之為「人」即應是為「道德人」（君子）的孟子，也是一樣的以「人之所應是」來詮釋「人之所是」，將「人」定位為「道德人」。不過，相異於荀子視人的道德特徵成於人的後天習性，孟子則視人的道德特徵源於人的先天本性[4]，強調人生而即為「道德人」，人的一生也應是為「道德人」。

孟子的思想經由歷代儒者的尊崇與提倡，遂使得中國人對於「人」的認知也就是依循孟子的思路，肯定人生而即具道德本性，生而即應為「道德人」。人若不能實現此道德本性，縱有人的形體，也不足以稱之為「人」。

事實上，人對「人之所應是」的規劃是關乎到人對「人之所是」的理想設計，為人對人自身的自我期許而作出的自我建構，反映的是人的主觀意圖。人也就是藉由「人之所應是」的規劃，來塑造「人」的理想形象，以使人按此理想形象來導向其自身的發展，從而使自身合於此理想形象，然後由此以肯認自身的存在意義與存在價值。

倘若我們依此來反思中國人學思想的歷史性發展，我們將會看到一個十分有趣的現象，那就是中國學者試圖藉由對「人之所

---

4 《孟子‧盡心》：「君子所性，仁義禮智根於心。」

是」的詮釋，以建構人的自我知，從而把人塑造成他們所期望於「人之所是」的模樣。

自孔子主張「克己復禮爲仁」(《論語・顏淵》)，到孟子主張「仁也者，人也」(《孟子・盡心》)，再經兩漢、宋明乃至當代儒者的承繼與發展，中國人對於「人之所是」的認知即被鎖定在儒家的詮釋之中，以「道德人」來建構自我認知，以道德修養與道德實踐來建構自我期許。「道德化」本是儒家對於「人」之理想形象的塑造，但是就由於此種詮釋在歷史進程中的不斷強化，遂發揮了它制約人心的形塑效力，從而使中國人堅信「道德化」就是人所不容質疑也無法抗拒的當然責任，人生在世就應是使人自身乃至於人所身處的人世同歸於「道德化」，以實現孔子「天下歸仁」(《論語・顏淵》)的終極期許。這由當代新儒家的表述中，就可以得到明證，如唐君毅先生在其所著的《中國文化之精神價值》中所言：「依仁者人也之認識，以通天地、成人格、正人倫、顯人文」(第477頁)。

結論：人是人自身的主宰

本文不是要批判儒家的人學理論爲非，更不是要批判儒家的人學理論只是一種獨斷性的論說。本文僅是要藉由中國人學思想的發展與定型，來探究儒家的人學理論對於中國人在建立自我認知方面的影響。

事實上，我們也不可忽略一個既存的事實，那就是以「道德」爲本位的中國文化並未有效的扼止中國人的反道德行爲。徵諸當今的社會亂象，這究竟是受到西風東漸的影響？還是傳統對於「人之所是」的詮釋阻礙了我們從多元角度去認知「人之所是」，以致於無法作出周全而又有效的因應呢？

　　傳統儒家由「義利之辨」開展出「理欲之辨」，進而將人的行為動機約化為或是出於「良知」或是出於「情欲」。再以道德高於功利的價值預設，強調發揮「良知」，抑制「情欲」。就理想狀態而言，這種人學思想的推行的確有助於增進人際的相互尊重與和諧相處。但是這樣的人學主張卻也會阻礙了對人之「情欲」做深入的研究，以致於未能真正而又全面的瞭解「人之所是」，從而也就使得理想與現實脫離。

　　不過，理想來自對現實的不滿而起，也以改善現實為宗旨。因此，就儒家依「人之所應是」的規劃，來建構「人之所是」的詮釋，以圖導人向其所設定的理想形象來建構人生的發展而觀，儒家實際上是已把握到人可以藉由人自身所建構的詮釋來引導人自身的發展，人是人自身的主宰。這也就是說，人是藉由塑造自身的形象，來使自身成為「人」。

　　按照這樣的理解，我們再回歸到先前的一個設定，也就是視「人」也是以多面向的方式來開顯其自身。那麼我們將會發現不僅是人的先天本質是以多面向的方式來開顯其自身，人甚至是以人對於「人之所是」的詮釋而為「人」開出了更多的面向。因此，文化越發展，「人」也就越複雜。這大概也可以說明，我們為何一直無法確認「人」倒底是什麼吧！

專 家 篇

莊、荀人學之比較研究

序　言

　　中國文化以中國哲學爲其核心，而中國哲學則又是以儒、道兩家思想爲其發展的主脈。

　　先秦儒家思想由孔子發其端，孟、荀承其緒；而先秦道家思想則是由老子開其源，莊子繼其志。此中，儒家思想強調文化教養對於人格發展的正面導向，而道家思想則強調文化教養對於人格發展的負面限制。由此對人與文化關係的不同評議，逐即導引出儒、道兩家對於成「人」之道的相異立場。

　　若就儒家思想而觀，儒家思想側重的是人的文化面向，如見孔子所言：「若臧武仲之知，公綽之不欲，卞莊子之勇，冉求之藝，文之以禮樂，亦可以爲成人矣」（《論語・憲問》）；而其所主張的是人文化的成「人」之道，如見荀子之言：「學惡乎始？惡乎終？曰：其數則始乎誦經，終乎讀禮；其義則始乎爲士，終乎爲聖人。真積力久則入，學至乎沒而後止也。故學數有終，若其義則不可須臾舍也。爲之，人也；舍之，禽獸也」（《荀子・勸學》）。

　　再就道家思想而觀，道家思想側重的是人的自然面向，如見老子所言：「我無爲而民自化，我好靜而民自正，我無事而民自富，我無欲而民自樸」（《老子》第五十七章）；而其所主張的則是自然化的成「人」之道，如見莊子之言：「無以人滅天，無以故滅命，無以得徇名。謹守而勿失，是謂反其真」（《莊子・秋水》）。

　　但是若就儒家思想的內在轉化而觀，孔子論「禮」的形上基礎在「知天命」，也就是視「天」為位格神祇，而人則是因為承受天命所示遂習禮學文而自趨向善，故言：「不知命，無以為君子也；不知禮，無以立也」（《論語‧堯曰》）。但是荀子論「禮」的形上基礎則在「制天命」，也就是視「天」為自然，而人則是因為得自於天的自然本性有礙於人世的和諧，遂立禮義法度以制約人性的發展，以維繫人世的平治，故言：「古者聖人以人之性惡，以為偏險而不正，悖亂而不治，故為之立君上之勢以臨之，明禮義以化之，起法正以治之，重刑罰以禁之，使天下皆出於治，合於善也。是聖王之治而禮義之化也」（《荀子‧性惡》）。由此可知，荀子雖然承襲孔子重禮文教化的思想，但是在其立論的基點上則是以人為主體，並就人與其生活世界的互動關係來探究人的成「人」之道。

　　若再就道家思想的內在轉化而觀，老子雖然重視恢復人的自然本性，但是他設論的目標卻是希望藉由政治改革的路徑，解消既存文化對人的誤導，使人能各依其自然本性而活，故言：「絕聖棄智，民利百倍；絕仁棄義，民復孝慈；絕巧棄利，盜賊無有。此三者以為文不足，故令有所屬－見素抱樸，少私寡欲」（《老子》第十九章）。莊子雖然也同樣重視恢復人的自然本性，但是他設論的目標則是要使人在既定的文化氛圍之中，尋求精神的超脫與心靈的自由，故言：「聖人不從事於務，不就利，不違害，不喜求，不緣道。無謂有謂，有謂無謂，而遊乎塵垢之外」（《莊子‧齊物論》）。由是可知，莊子雖然承襲老子「歸根返樸」的思想，但是在其立論的指向上則是側重於如何使人能安處於其生活世界之中，又能確保其自然本性的如實實現。

　　事實上，莊、荀二子的人學思想是已為人與其生活世界的互

動關係，提供了兩種方向相異的詮釋模式，並同時提供了兩套訴求相反的生活型態。但是這兩種方向相異、訴求相反的詮釋模式與生活型態，卻又在文化發展的過程中，融合而爲中國人的生命基調，形成中國傳統知識份子「陽儒陰道」的人生觀。因此，本文即欲返本溯源的重新省思莊、荀二子人學思想的異同[1]，以圖一探其間之得以融合的根本原因，並試加評議依此融合而起的人生觀對於人與其生活世界之影響的利、弊效應。

天　論

莊子論「天」，視「天」即無知、無情、無意的自然，而言：「死生，命也。其有夜旦之常，天也。人之有所不得與，皆物之情也」（《莊子・大宗師》）。莊子並視此自然之「天」又兼攝兩個面向，其一爲使宇宙萬物之得以生發的面向，莊子謂之爲「道」[2]；其二爲使宇宙萬物之得以存在的面向，莊子謂之爲「氣」[3]。人與萬物皆爲自然所生，故皆因「道」而有其性，皆因「氣」而有其形。人與萬物之具體形、性雖然有別，但是由於皆根源於同一自然，因此莊子遂視人與萬物同具自然之性，同歸自然之化，平等而無別，故言：「天地與我並生，而萬物與我爲一」（《莊子・齊物論》）。

---

1 文係依《莊子》與《荀子》二書作爲理解與詮釋莊、荀二子人學思想的論據。雖然二書之文是否皆爲二子所作抑或有部份爲其後學所僞作，目前學界仍多有爭議；但是對二書之作爲研究二子思想的主要依據，則學界並無異議。因此，就嚴格意義而言，本文所論的莊、荀人學實際上即指《莊子》與《荀子》中的人學思想。

2 《莊子・大宗師》：「夫道，有情有信，無爲無形；可傳而不可受，可得而不可見；自本自根，未有天地，自古以固存。神鬼神帝，生天生地；在太極之先而不爲高，在六極之下而不爲深；先天地生而不爲久，長于上古而不爲老。」

3 《莊子・知北遊》：「人之生，氣之聚也；聚則爲生，散則爲死。⋯通天下一氣耳，聖人故貴一。」

　　荀子論「天」，不僅視「天」亦爲無知、無情、無意的自然，而言：「天能生物，不能辨物也；地能載人，不能治人也」(《荀子·禮論》)。他並視人之爲「人」也是根源於「天」，強調「天職既立，天功既成，形具而神生。好惡喜怒哀樂藏焉，夫是之謂天情。耳目口鼻形能，各有接而不相能也，夫是之謂天官。心居中虛以治五官，夫是之謂天君」(《荀子·天論》)。由此可知，荀子如莊子一樣的是視人爲自然的產物，先天即稟賦自然所成的性與形。

　　然而荀子對於「天」的定位與詮釋，卻導致了他與儒家孔、孟二子在形上基礎上的分歧。孔子對於「天」的定位與詮釋，側重於視「天」爲有知、有情、有意的位格神祇，並視「天」不只賦命於人以導人向善，且能護佑依此天命而爲的人，故言：「天之未喪斯文也，匡人其如予何」(《論語·子罕》)；而孟子對於「天」的定位與詮釋，則不只是視「天」爲有知、有情、有意的位格神祇[4]，並且視「天」將其對人的道德要求內置於人的自然本性之中，人若能知性盡性即能實現「天」所賦予人的道德使命，故言：「盡其心者，知其性也。知其性，則知天。存其心，養其性，所以事天也。殀壽不貳，修身以俟之，所以立命也」(《孟子·盡心上》)。依此對「天」的定位與詮釋，遂導引出孔、孟二子在天人關係之見解上先後相承的觀點，這也就是孔子的「知命」觀[5]與孟子的「立命」觀。然而就因著荀子與孔、孟在對「天」的定位與詮釋上有著不同的見解，以致於荀子對於天人關係的看法也就與孔、孟相違，而主訴「制命」觀[6]。所以，荀子雖然與孔、孟同樣都重視禮

4　《孟子·萬章上》：「天子能薦人於天，不能使天與之天下。…天不言，以行與事示之而已矣。」
5　《論語·堯曰》：「不知命，無以爲君子也。」
6　《荀子·天論》：「大天而思之，孰與物畜而制之；從天而頌之，孰與制天命而用之。」

文教化對於人的正面影響，但是他立論的形上基礎則是與道家思想相同。

由此以觀莊、荀二子人學的形上基礎，即見莊、荀二子的形上基礎皆歸諸自然之「天」，皆視「天道」即是無意識導向的自然規律，也皆視人即是順承此自然規律而生、並依此自然規律而化的自然產物。但是莊、荀二子雖然立論在相同的形上基礎上，卻又據此而發展出相異的人學理論。筆者以為，此中之關鍵即在於二子對於天人關係的不同訴求，以致於形成了二種方向相逆的「天命」論，並依此而開展出兩套思維相異的人生態度與路徑相反的人道取向。

天命論

在天人關係的側重點上，莊子側重的是自「天」論「人」，故而強調人應順承天道在人自身的體現，遂反對人以其有限的理智知能去對抗自然規律的必然趨勢，而言：「天在內，人在外，德在乎天。知天人之行，本乎天，位乎得。⋯故曰，無以人滅天，無以故滅命，無以得徇名。謹守而勿失，是謂反其真」（《莊子・秋水》）。因此莊子主張「順命」觀，強調「知其不可奈何而安之若命，德之至也」（《莊子・人間世》）。但是荀子側重的則是自「人」論「天」，故而強調人應善用其天生的理智知能，去利用所能理解的自然規律，以宰制自然之物能為人所用，故言：「聖人清其天君，正其天官，備其天養，順其天政，養其天情，以全其天功；如是則知其所為，知其所不為矣；則天地官而萬物役矣。其行曲治，其養曲適，其生不傷，夫是之謂知天」（《荀子・天論》）。因此荀子主張的是「制命」觀，強調「大天而思之，孰與物畜而制之；從天而頌之，孰與制天命而用之；望時而待之，孰與應時而使之；

因物而多之，孰與騁能而化之；思物而物之，孰與理物而勿失之
也。願於物之所以生，孰與有物之所以成。故錯人而思天，則失
萬物之情」（仝上）。

由是可知，莊、荀二子雖然同樣視人為自然的產物，但是莊
子所強調的是人與自然之間的和諧關係，故而所主張的是人應無
所為而為的「無為」；荀子所強調的是人與自然之間的對立關係，
故而所主張的則是人應有所為而為的「有為」。

不可否認的是，莊、荀二子對於人的生活世界之理解與定位，
都肯定了人是同時居處在由自然與人文所合構的兩層世界之中。
但是莊子認為人就是因著人文世界的形構，以致於破壞了人與自
然世界間的原始和諧，遂言：「夫至德之世，同與禽獸居，族與萬
物，惡乎知君子小人哉！同乎無知，其德不離；同乎無欲，是謂
素樸；素樸而民性得矣。及至聖人，蹩躠為仁，踶跂為義，而天
下始疑矣；澶漫為樂，摘辟為禮，而天下始分矣」（《莊子‧馬蹄》）。
而此人文世界的形構，又不僅是破壞了人與自然世界間的和諧，
也同時導致了人際的衝突與禍患，莊子故言：「聖人屈折禮樂以匡
天下之形，縣跂仁義以慰天下之心，而民乃始踶跂好知，爭歸於
利，不可止也」（仝上）。因此，莊子反對人文世界的形構，特別
是人文規範的制訂。但是莊子並未採取如老子藉由政治改革以解
消人文規範一般的思維路徑[7]，而是就其「順命」觀的立場，使人
安之若命的居處在已然形構的人文世界之中，並藉精神的超越以
使人解脫人文規範對人心靈的制限，從而使人復歸與自然世界間
的原始和諧，故言：「性修反德，德至同於初。同乃虛，虛乃大。
合喙鳴；喙鳴合，與天地為合。其合緡緡，若愚若智，是謂玄德，

---

[7] 《老子》第十九章：「絕聖棄智，民利百倍；絕仁棄義，民復孝慈；絕巧棄
利，盜賊無有。此三者以為文不足，故令有所屬－見素抱樸，少私寡欲。」

同乎大順」（《莊子・天地》）。

　　莊子認為人文世界的形構是出於人的心智所為，所以他反對人心用智，而言：「天下每每大亂，罪在於好知。故天下皆知求其所不知而不求其所已知者，皆知非其所不善而不知非其所已善者，是以大亂」（《莊子・胠篋》）。但是荀子則認為人類就是因著有此與生俱來的理智思慮，人類才得以開創出以人為主體的人文世界，使人類不再停留於自然產物的原始身份，進而成為自然世界之中最優越的族群，故言：「水火有氣而無生，草木有生而無知，禽獸有知而無義，人有氣有生有知亦且有義，故最為天下貴也。力不若牛，走不若馬，而牛馬為用，何也？曰：人能群，彼不能群也。人何以能群？曰：分。分何以能行？曰：義。故義以分則和，和則一，一則多力，多力則彊，彊則勝物，故宮室可得而居也」（《荀子・王制》）。因此，荀子就其「制命」觀的立場，強調人雖然來自於自然世界，但是人應使其自身走向自然世界的對立面，建構以人為主體的人文世界，使人得以藉由人文世界對自然世界的宰制而能安處於自然世界之中。是以，若就人對其自身在宇宙中的定位而言，莊子之論是要打破人以其自身作為宇宙中心的思想，故而強調萬物平等；但是荀子之論則正是要突顯人為宇宙中心的思想，故而強調以人為尊。

　　然而，荀子雖然側重的是人與自然世界之間的對立關係，卻並不表示他就是反對人與自然世界間應保持和諧的關係。只是荀子與莊子不同的是，荀子認為人與自然世界間的關係實際上就是一種衝突、對立的關係，但是人卻是以其理智思慮所制訂的人文規範約束了人類自身的行為，才使得人類為其自身與其所居處的自然世界之間建構起和諧的關係，故言：「君者，善群也。群道當，則萬物皆得其宜，六畜皆得其長，群生皆得其命」（仝上）。

　　所以，就莊子而言，人文世界的形構正是破壞人與自然世界之間的和諧關係；但是就荀子而言，人文世界的形構則正是建立起人與自然世界之間的和諧關係。然而，人文世界既是一個已然存在的事實，因此，莊子的立論便側重於人性的復歸，使人能在已然的人文世界之中，仍能依其自然本性的自趨實現，以維繫其與自然世界之間的和諧關係；但是荀子的立論則是側重於對人性的制約，以使人能在人文規範的制約之下，建立起與自然世界之間的和諧關係。

　　不過，莊、荀二子雖然同視人爲自然的產物，生而即有其自然的本性，但是何以莊子訴諸人性的復歸，而荀子卻訴諸對人性的制約呢？筆者以爲，此中的關鍵就在於莊、荀二子對於「人性」有著不同的理解與詮釋。

人性論

　　莊、荀二子雖然都視人先天即稟受依自然規律而成的自然本性，也都視人的自然本性依自然規律在人身的體現而有其自趨實現的必然趨勢。但是莊、荀二子卻對人的自然本性有著不同的理解與詮釋。

　　莊子視人的自然本性根源於自然天道，並視人性之善毋須訴諸人文規範的界定，而言：「至德之世，不尙賢，不使能；上如標枝，民如野鹿；端正而不知以爲義，相愛而不知以爲仁，實而不知以爲忠，當而不知以爲信，蠢動而相使而不以爲賜。是故行而無跡，事而無傳」（《莊子・天地》）。但是人卻以他的有限理智制訂出人文規範，設定了仁義道德的判準，遂將人性的自發行爲分隔出善、惡兩端，使人依此而自限其自然本性的實現，進而使得原本是順諸自然本性而自趨向善的「無爲」之爲，轉變成依循人

文規範而刻意向善的「有爲」之爲，人也因此與他的自然本性相疏離，人遂異化而爲人文的產物，莊子故言：「且夫待鉤繩規矩而正者，是削其性也；待繩約膠漆而固者，是侵其德也；屈折禮樂，煦俞仁義，以慰天下之心者，此失其常然也。…自虞氏招仁義以撓天下也，天下莫不奔命於仁義，是非以仁義易其性與？…自三代以下者，天下莫不以物易其性矣。小人則以身殉利，士則以身殉名，大夫則以身殉家，聖人則以身殉天下。故此數子者，事業不同，名聲異號，其於傷性以身爲殉，一也」（《莊子・駢拇》）。因此，莊子視人性本善，並視人之爲惡就在於人與他的自然本性相疏離。而使人與其自然本性相疏離的關鍵，即在於人所制訂的人文規範，莊子遂言：「及唐虞始爲天下，興治化之流，澆純散朴，離道以善，險德以行，然後去性而從心。心與心識知而不足以定天下，然後附之以文，益之以博。文滅質，博溺心，然後民始惑亂，無以反其性情而復其初」（《莊子・繕性》）。

　　荀子雖然也視人的自然本性根源於自然天道，但是他依據人與其生活世界的互動關係，訂出善惡評議的判準，而言：「凡古今天下之所謂善者，正理平治也；所謂惡者，偏險悖亂也；是善惡之分也已」（《荀子・性惡》）；然後據此判準來評議人性，遂視人性爲惡，須待人文教化才能導之爲善，遂言：「今人之性生而有好利焉，順是，故爭奪生而辭讓亡焉；生而有疾惡焉，順是，故殘賊生而忠信亡焉；生而有耳目之欲、有好聲色焉，順是，故淫亂生而禮義文理亡焉。然則從人之性，順人之情，必出於犯分亂理而歸於暴。故必將有師法之化，禮義之道，然後出於辭讓，合於文理而歸於治」（仝上）。因此，荀子認爲必須要爲人制訂出人文規範以限制人之自然本性的自趨實現，也就是使人的自然本性能在合理的範圍內作有限度的實現，如此才能確保個人的爲善與人

世的平治，故言：「性者，本始材朴也；偽者，文理隆盛也。無性，則偽之無所加；無偽，則性不能自美。性偽合，然後聖人之名，一天下之功於是就也」（《荀子‧禮論》）。荀子認為人文規範的制訂，不是依據人性的自然趨勢，而是出於人智的有意導向，故言：「聖人積思慮、習偽故，以生禮義而起法度。然則禮義法度者，是生於聖人之偽，非故生於人之性也」（《荀子‧性惡》）。所以，荀子認為人文規範制訂的目的也就是在使人與他的自然本性相疏離，從而使人自身的行為都能合於禮義規範而為善，故而強調「古者聖王以人之性惡，以為偏險而不正，悖亂而不治，是以為之起禮義、制法度，以矯飾人之情性而正之，以擾化人之情性而導之也。始皆出於治而合於道者也」（仝上）。

由此就可看出，荀子是將儒家的「有為」思想發展至極致，而莊子則是將道家的「無為」思想推展至高峰，從而形成儒、道兩家思想的極端形態。

然而，事實上當莊、荀二子將人性的根源定位於自然之「天」時，也就是認同了人性必然會依照自然規律的必然趨勢而自趨實現。這種自然人性的自趨實現，乃至於因此人性之實現而外顯的具體行為，本無善惡價值可議。但是莊、荀二子卻在相同的人性基礎上，給予了人性相反的價值評議。此中的關鍵，就在於莊、荀二子對於既存之人文規範的理解與評價相異。

莊子認為人的自然本性為善，並認為人以其心智所制訂的人文規範正是使人離善趨惡的導因。所以他將原始社會描述為一個順諸自然本性而自趨為善的至德之世，並視當今人世之所以混亂的原因，就在於有此人文規範的限制，從而判定人文規範的制訂

於人有害[8]。但是荀子則認為當今人世之所以混亂的原因，在於人人皆順諸其自然本性的自趨實現，而不加以合理的規範所致。因此，他視人的自然本性為惡，並視人以其心智所制訂的人文規範正是給予人之自然本性一個合理而且合宜的實現管道，使人的具體行為都因之而能確切且持久的為善，由此以維繫人際的和諧與人世的久治。所以，荀子將人類的上古社會描述為一個人人皆任其性情而為的亂世，從而判定人文規範的制訂於人有益[9]。

據此而觀，即見莊子是依循老子思想的路徑，拒絕以人文規範來評量人性實現的善惡，而視自然本性的自趨實現即是最高的價值，故言：「聖也者，達於情而遂於命也」（《莊子・天運》）。荀子則是依循孔子思想的路徑，肯定人應當按照人文規範的標準來評量人性實現的善惡[10]，以期使人性的實現有助於人際的和諧、人世的平治與人格的提昇，所以荀子視人需要藉助人文規範的制約來導向人性的實現，以使人性能在人文規範所容許的範圍內作合理的實現，故言：「聖人縱其欲兼其情而制焉者，理矣」（《荀子・解蔽》）。

為此，我們可以說，莊子的人性論是以人的自然本性為起點與終點，而要人返樸歸真的去實現其先天既存的自然本性，故言：「純素之道，唯神是守；守而勿失，與神為一；一之精通，合於

---

8 《莊子・馬蹄》：「夫至德之世，同與禽獸居，族與萬物並，惡乎知君子小人哉！同乎無知，其德不離；同乎無欲，是謂素樸；素樸而民性得矣。及至聖人，蹩躠為仁，踶跂為義，而天下始疑矣；澶漫為樂，摘辟為禮，而天下始分矣。…毀道德以為仁義，聖人之過也。…及至聖人，屈折禮樂以匡天下之形，縣跂仁義以慰天下之心，而民乃始踶跂好知，爭歸於利，不可止也，此亦聖人之過也。」

9 《荀子・性惡》：「故古者聖人以人之性惡，以為偏險而不正，悖亂而不治，故為之立君上之勢以臨之，明禮義以化之，起法正以治之，重刑罰以禁之，使天下皆出於治，合於善也。是聖王之治而禮義之化也。」

10 《荀子・性惡》：「今人化師法、積文學、道禮義者，為君子；縱性情、安恣睢而違禮義者，為小人。」

天倫。…能體純素，謂之真人」(《莊子‧刻意》)。但是荀子的人性論則是以人的自然本性爲起點，卻以經由禮義規範所形塑的人文習性作爲終點，而要人內化人文規範以制約人之自然本性的自趨實現，故言：「性者，本始材朴也；僞者，文理隆盛也。無性，則僞之無所加；無僞，則性不能自美。性僞合，然後聖人之名，一天下之功於是就也」(《荀子‧禮論》)。莊、荀二子雖然同樣肯定人有天生即具的自然本性，也同樣肯定人有道德，但是二子對於「人性」與「道德」卻有著不同的定位與詮釋。

莊子是依「自然」來定位「道德」，側重就人性中的自然屬性來論究人的「道德」，因此視合於人之自然屬性者即是道德的體現，也就是合於善，故言：「去善而自善」(《莊子‧外物》)；荀子則是依「文化」來定位「道德」，側重就人性中的社會屬性來論究人的「道德」，因此視合於人之社會屬性者即是道德的表現，也就是合於善，故言：「古者聖人以人之性惡，以爲偏險而不正，悖亂而不治，故爲之立君上之勢以臨之，明禮義以化之，起法正以治之，重刑罰以禁之，使天下皆出於治，合於善也。是聖王之治而禮義之化也」(《荀子‧性惡》)。故由此而觀，莊、荀二子雖然同樣肯定「道德」爲「善」，但是二子對「道德」的認知與定義卻是截然不同。

人的自然屬性爲人天生即具，是無可置疑的事實；但是人的社會屬性究係人天生即有抑或是人後天形成，則是尙待辨析。不過，人的社會屬性必關涉到人類文化的形成及人與文化的互動，則又是無庸置疑的事實。而人經由文化對人的影響所形成的後天習性，對人的自我認知與自我評議，也確實有其不容忽視的影響力。

基本上，荀子對於文化的形成與影響是採取肯定的態度，並

強調人類就是因著文化的形成，才使得人類成為萬物之中最優越的族群，所以他同樣肯定內涵於文化中的人文規範對於人之自我認知與自我肯定的重要性[11]；但是莊子對於文化的形成與影響則是採取否定的態度，並強調人類就是因著文化的形成，才使得人類與其自然本性相疏離，並且因此而造成人世無法止息的衝突與紊亂，所以他反對藉由文化來形構人對其自身的認知與定位，而要求復歸自然本性的自趣實現，使人能在自然本性的如實實現之中，遂成人對其自身的真實認知與正確評議[12]。

事實上，莊、荀二子都已明確的肯定了人是居處在已然形構的人文世界之中，但是正由於二子對於文化所採取的態度相異，以致於兩者對於人在人文世界之中的成「人」之道也就有著不同的見解與規劃。

人道論

莊子雖然與老子同樣的視人應返樸歸真，以遂成人之自然本性的全幅實現。但是莊子側重的是藉由個人的主體自覺以解消人文規範對人的制約，而不是如老子所採取的政治改革路徑以為之，故言：「無為名尸，無為謀府，無為事任，無為知主。體盡無窮，而遊無朕；盡其所受乎天，而無見得，亦虛而已。至人之用心若鏡，不將不迎，應而不藏，故能勝物而不傷」（《莊子・應帝王》）。

所以，基本上來講，莊子雖然反對人文世界的形成，但是他無意與已然存在的人文世界起正面的衝突，而是採取迂迴的策略

---

11 《荀子・勸學》：「學惡乎始？惡乎終？曰：其數則始乎誦經，終乎讀禮；其義則始乎為士，終乎為聖人。真積力久則入，學至乎沒而後止也。故學數有終，若其義則不可須臾舍也。為之，人也；舍之，禽獸也。」
12 《莊子・大宗師》：「且有真人而後有真知。」

使人能運用人文世界中的人文規範與人相處，並藉由對人文規範的瞭解來超越人文規範對人心靈的限制，以維護個人身心的自由，故言：「以刑爲體，以禮爲翼，以知爲時，以德爲循。以刑爲體者，綽乎其殺也；以禮爲翼者，所以行於世也；以知爲時者，不得已於事也；以德爲循者，言其與有足者至於丘也，而人真以爲勤行者也。故其好之也一，其弗好之也一。其一也一，其不一也一。其一與天爲徒，其不一與人爲徒。天與人不相勝也，是之謂真人」（《莊子・大宗師》）。

不過，莊子也承認這仍是一種有待的自由，只是人在人文世界之中爲維續自身的生存所不得不然的權宜作法，遂言：「知道者必達於理，達於理者必明於權，明於權者不以物害己。⋯言察乎安危，寧於禍福，謹於去就，莫之能害也」（《莊子・秋水》）。莊子認爲人生的最高境界是在絕待的自由，也就是徹底的超脫對個人身心的執著，使個人的精神全然的與自然之「天」相融合而至忘我的境界，故言：「有治在人，忘乎物，忘乎天，其名爲忘己。忘己之人，是之謂入於天」（《莊子・天地》）。人若能忘我，則無論其所處的是什麼樣的環境，對他都不會產成任何的影響，也不會造成任何的傷害，莊子故言：「人能虛己以遊世，其孰能害之」（《莊子・山木》）。莊子認爲當人達臻忘我的境界時，人便不會以生爲累，以死爲苦，而是順諸自然的造化而生而死，故言：「聖人之生也天行，其死也物化。靜而與陰同德，動而與陽同波。不爲福先，不爲禍始。感而後應，迫而後動，不得已而後起。去知與故，循天之理，故無天災，無物累，無人非，無鬼責。其生若浮，其死若休。不思慮，不豫謀。光矣而不燿，信矣而不期。其寢不夢，其覺無憂，其神純粹，其魂不罷，虛無恬淡，乃合天德」（《莊子・刻意》）。

　　對莊子而言，不論是基於何種觀點與訴求而想要去改變環境乃至於改變他人，都是增加自己的負累並且於人有害的作為，反倒不如順任環境的自然發展與他人的自性實現，故言：「泉涸，魚相與處於陸，相呴以濕，相濡以沫，不如相忘於江湖；與其譽堯而非桀也，不如兩忘而化其道。⋯魚相造乎水，人相造乎道。相造乎水者，穿池而養給；相造乎道者，無事而生定。故曰：魚相忘乎江湖，人相忘乎道術」（《莊子・大宗師》）。所以，莊子不會也無意採取任何解消人文規範的作法，而僅是強調人應保有其主體的自覺，不要被人文規範所同化而自役於人文規範的限制之下，導致自然本性的異化，是言：「與時俱化而無有專一，一上一下，以和為量，浮遊乎萬物之祖。物物而不物於物，則胡可得而累也」（《莊子・山木》）。換言之，莊子也就是認為人只要能夠保有其主體的自覺，他就不需要離群索居而仍能遂成其自然本性的自趣實現，故而強調「唯至人乃能遊於世而不僻，順人而不失己」（《莊子・外物》）。這也就是說，莊子認為人只要能夠掌握自己，他就能夠不受人世的牽絆，自由自在的逍遙於人間，故言：「彼方且與造物者為人，而遊乎天地之一氣」（《莊子・大宗師》）。

　　由此以觀莊子的人生態度，雖會覺得有份玩世不恭、遊戲人間的浪漫，但是事實上莊子的人生態度是相當嚴肅而且是相當理性的。因為，莊子已經看到人以其理智思慮為人制訂的人文規範，不僅引發了人世的衝突爭端，而且也限制了人對其自身的自我認知，以致於使人無法全幅的實現他的自然本性，終其一生的不能成為真正的自己，故言：「繕性於俗，學以求復其初；滑欲於俗，思以求致其明，謂之蔽蒙之民」（《莊子・繕性》）。因此，莊子才會要人以遊戲的心態去周旋在人文規範之間，運用人文規範以處世，又不被人文規範所制限，從而確保其真實本性的自趣實現，

故言：「其一與天爲徒，其不一與人爲徒。天與人不相勝也，是之謂真人」（《莊子·大宗師》）。

所以，莊子視能如其所是的實現其自然本性的「真人」就是人之爲「人」的理想人格，而使人實現此種理想人格的途徑就是成「人」之道，故言：「無以人滅天，無以故滅命，無以得徇名。謹守而勿失，是謂反其真」（《莊子·秋水》）。換言之，莊子認爲成「人」之道也就是使人成爲「真人」之道，遂言：「不忘其所始，不求其所終；受而喜之，忘而復之，是之謂不以心捐道，不以人助天，是之謂真人」（《莊子·大宗師》）。

由此可知，莊子一如老子一般的肯定自然化的人道取向。但是，兩者仍有其相異之處。老子是兼攝內聖與外王的雙向作爲，而言：「聖人云：我無爲而民自化，我好靜而民自正，我無事而民自富，我無欲而民自樸」（《老子》第五十七章）；莊子則是單取內聖一途，故言：「不離於宗，謂之天人；不離於精，謂之神人；不離於真，謂之真人；以天爲宗，以德爲本，以道爲門，兆於變化，謂之聖人」（《莊子·天下》）。兩相對照，即可見莊子的人道論較諸老子的人道論更能有助於使人居處於任何型態的人文環境之下都能超然而自得。

然而荀子所採取的路線卻正好與此相反，他不僅反對人應順諸自然本性的自趣實現，更反對藉由主體的自覺而走向自然化的成「人」之道。但是這並不是意謂著荀子反對人的主體自覺，正好相反的是他肯定人的主體自覺，而且也強調人的主體自覺，故言：「心者，形之君也，而神明之主也。出令而無所受令，自禁也，自使也，自奪也，自取也，自行也，自止也。故口可劫而使墨云，形可劫而使詘申，心不可劫而使易意。是之則受，非之則辭」（《荀子·解蔽》）。荀子認爲人就是因著主體的自覺，才能釐清人世之

所以為亂的原因不在於人世的物質環境，而是在於人的自然本性，故言：「心之所可中理，則欲雖多，奚傷於治。…心之所可失理，則欲雖寡，奚止於亂。故治亂在於心之所可，亡於情之所欲」(《荀子‧正名》)。荀子也就是認為，人世的物質環境雖然關係到人的生存，但是人仍然可以以他的智慧去積極的改善人世的物質環境；可是人若無主體自覺，不能察覺其自身本性中的欲望之無窮，那麼縱有再好的物質環境，人世依舊會有衝突爭端而不得平治，故言：「人生而有欲，欲而不得，則不能無求；求而無度量分界，則不能不爭。爭則亂，亂則窮」(《荀子‧禮論》)。所以，荀子認為人就是因著有其主體的自覺，知道人若順諸其自然本性的自趨實現會給人世帶來災難，因此人才會為其自身制訂人文規範以限制人性的自趨實現，使人世的供需維持平衡而免於爭戰，故言：「先王惡其亂也，故制禮義以分之，以養人之欲，給人之求。使欲必不窮乎物，物必不屈於欲，兩者相持而長，是禮之所起也」(仝上)。故就此角度以觀人文規範的制訂，即知人文規範的制訂不僅不是有害於人的生存，反而正是為保全人的生存而起的一種必要機制，荀子遂言：「人莫貴乎生，莫樂乎安。所以養生安樂者，莫大乎禮義」(《荀子‧彊國》)。

再者，荀子也認為人類就是因為自覺天生即具與禽獸相區別的理智思慮，所以人才能將人自身與其他的自然產物相區隔，故言：「人之所以為人者何已也？曰：以其有辨也。飢而欲食，寒而欲煖，勞而欲息，好利而惡害，是人之所生而有也，是無待而然者也，是禹桀之所同也。然則人之所以為人者，非特以二足而無毛也，以其有辨也」(《荀子‧非相》)。人類也就是因著充份運用他的理智思慮，主動的回應了自然世界所給予人類的挑戰，才使人類得以在自然世界之中創造出以人為主體的人文世界，荀子故

言:「力不若牛,走不若馬,而牛馬爲用,何也?曰:人能群,彼不能群也。人何以能群?曰:分。分何以能行?曰:義。故義以分則和,和則一,一則多力,多力則彊,彊則勝物,故宮室可得而居也」(《荀子‧王制》)。因此,荀子肯定人之爲「人」的本質特徵就在於人的理智思慮,而不是在其自然本性。同樣的,人類也就是在實現他的本質特徵,以他的理智思慮來規範他的自然本性之實現時,人才成爲萬物之中最優越的族群「水火有氣而無生,草木有生而無知,禽獸有知而無義,人有氣有生有知亦且有義,故最爲天下貴也」(仝上)。而荀子也強調人所據以規範他自然本性之實現者,就是人類爲其自身所制訂的人文規範,也就是人文世界裡的禮義法度,故言:「今人之性生而有好利焉,順是,故爭奪生而辭讓亡焉;生而有疾惡焉,順是,故殘賊生而忠信亡焉;生而有耳目之欲、有好聲色焉,順是,故淫亂生而禮義文理亡焉。然則從人之性,順人之情,必出於犯分亂理而歸於暴。故必將有師法之化,禮義之道,然後出於辭讓,合於文理而歸於治」(《荀子‧性惡》)。人文規範既是爲限制自然本性的自趨實現而起,所以人文規範就不是來自於人的自然本性,而是來自於人的理智思慮,荀子是言:「聖人積思慮、習僞故,以生禮義而起法度。然則禮義法度者,是生於聖人之僞,非故生於人之性也」(仝上)。

　　荀子雖然與孟子同樣的重視「禮義」,但是二子對於「禮義」的理解與定位卻有所不同。孟子是將「禮義」視爲人類自然本性的體現,爲人所固有,故言:「惻隱之心,仁也;羞惡之心,義也;恭敬之心,禮也;是非之心,智也。仁、義、禮、智,非由外鑠我也,我固有之」(《孟子‧告子上》);而荀子則是將「禮義」視爲人類爲制約其自然本性之自趨實現而制訂的人文規範,非人所固有,而是人由外學所得,故言:「今人之性固無禮義,故彊學而

求有之也；性不知禮義，故思慮而求知之也」（《荀子・性惡》）。不過，既然「禮義」不是人性所固有，何以會有「禮義」的產生？荀子否定這是由於人的道德心性使然，強調「然則生而已，則人無禮義、不知禮義」（仝上）。荀子雖然承認人有愛及同類的天性[13]，但是強調人之有道德意識卻是在內化了人文規範，明辨了是非善惡之後，「學惡乎始？惡乎終？曰：其數則始乎誦經，終乎讀禮；其義則始乎爲士，終乎爲聖人。真積力久則入，學至乎沒而後止也。故學數有終，若其義則不可須臾舍也」（《荀子・勸學》）。因此，荀子認爲道德意識是後於禮義規範而起，故言：「禮者，法之大分，類之綱紀也。故學至乎禮而止矣。夫是之謂道德之極」（仝上）。換言之，荀子也就是主張人是先有道德判準的設定，才有道德意識的形成。

荀子認爲人類之所以要爲其自身設定道德判準，也就是制訂禮義規範，正是出於人類以其心智主動的回應生活世界對於人的挑戰。首先，人類以其心智創造出以人爲主體的人文世界之後，人便藉此人文世界來宰制自然世界，這就是人類對其生活世界所做的第一個層次的主動回應，荀子故言：「天有其時，地有其財，人有其治，夫是之謂能參」（《荀子・天論》）。但是當人以其人文世界來宰制自然世界之後，人又面對了人類自身的自然本性所帶給人文世界的衝擊。這也就是說，人類若不能有效的掌控人之自然本性的自趨實現，那麼因人而起的人文世界也將因人而亡，屆時人又將恢復與自然萬物爭生存的原始情境，荀子故言：「人生不能無群，群而無分則爭，爭則亂，亂則離，離則弱，弱則不能勝物」（《荀子・王制》）。荀子認爲，當人以其理智思慮驚覺到此一

---

13 《荀子・禮論》：「凡生乎天地之間者，有血氣之屬必有知，有知之屬莫不愛其類。」

危機之時，人便又會主動的爲人類自身立法，故言：「離居不相待則窮，群而無分則爭。窮者患也，爭者禍也。救患除禍，則莫若明分使群矣」（《荀子‧富國》）。於是，就有了人文規範的制訂，如荀子所言：「從人之欲，則勢不能容，物不能贍也。故先王案爲之制禮義以分之，使有貴賤之等、長幼之差、知愚能不能之分，皆使人載其事而各得其宜，然後使慤祿多少厚薄之稱，是夫群居合一之道也」（《荀子‧榮辱》）。當人文規範制訂並成爲人文世界中人人所共守的生活準則之後，人就不僅有了道德意識，而且會依此道德意識來規範自身的言行，以維繫人際的和諧，進而也就維持了人文世界的平治與久續，荀子故言：「故古者聖王以人之性惡，以爲偏險而不正，悖亂而不治，是以爲之起禮義、制法度，以矯飾人之情性而正之，以擾化人之情性而導之也。始皆出於治而合於道者也」（《荀子‧性惡》）。所以，人文規範的制訂就是人類對其生活世界所做的第二個層次的主動回應，荀子是言：「天地者，生之始也；禮義者，治之始也；君子者，禮義之始也。爲之、貫之、積重之、致好之者，君子之始也。故天地生君子，君子理天地」（《荀子‧王制》）。

由此可見，荀子雖視人文規範的制訂是爲規範人在人文世界中的具體行爲而起，但是人既然是以他的人文世界來宰制自然世界，所以人文規範的制訂就同時兼具了爲人類自身與爲自然立法的雙重效應，荀子故言：「凡禮始乎悅，成乎文，終乎悅校。故至備，情文俱盡。…天地以合，日月以明，四時以序，星辰以行，江河以流，萬物以昌，好惡以節，喜怒以當。以爲下則順，以爲上則明。萬物變而不亂，貳之則喪也。禮豈不至矣哉」（《荀子‧禮論》）。

但是此觀點卻正與莊子的思想相違，因爲莊子不僅否定人能

爲自然立法，更反對人應爲其自身立法，而言：「毀道德以爲仁義，聖人之過也」（《莊子・馬蹄》）。若換個角度來說，莊子也就是認爲自然已爲人的存在與本質立法，所以人的存在與本質即應符合於自然，故言：「不以心揖道，不以人助天，是之謂眞人」（《莊子・大宗師》）。自然既是人與萬物的最高立法者，因此自然也就是思想與存在的最終判準，莊子故言：「夫道未始有封，言未始有常。爲是而有畛也。…辯也者有不見也。…化聲之相待，若其不相待。和之以天倪，因之以曼衍，所以窮年也。忘年忘義，振於無竟，故寓諸無竟」（《莊子・齊物論》）。

由是可見，莊子就是將眞理的判準定位在天道，也就是自然規律上，故而強調「因是因非，因非因是。是以聖人不由，而照之於天」（仝上）。然而荀子則是將眞理的判準定位在人道，也就是禮義規範，故言：「禮者，治辨之極也」（《荀子・議兵》）。

由此就可區別出，莊子所重視的是人的自然面向，主張的是自然化的人道取向，故言：「無以人滅天，無以故滅命，無以得徇名。謹守而勿失，是謂反其眞」（《莊子・秋水》）；而荀子所重視的則是人的文化面向，並依此而主張人文化的人道取向，故言：「禮者，人道之極也」（《荀子・禮論》）。

爲此，荀子遂評議莊子「蔽於天而不知人」（《荀子・解蔽》）。換言之，荀子認爲莊子就是因爲由「天」觀「人」，所以看不到人的應然取向。莊子雖未直接評議荀子，但是也評議了依荀子成「人」之道而起的蔽端，是言：「中國之君子，明乎禮義而陋於知人心」（《莊子・田子方》）。莊子就是認爲儒者因爲由「禮」觀「人」，所以看不到人的實然眞相。由此相對的評議，我們就可看出，莊子自然化的人道取向是立基在人之爲「人」的實然面，而荀子的人文化的人道取向則是著眼在人之爲「人」的應然面。

　　荀子雖然與孔子同樣的重視人的文化面向，肯定人文化的人道取向，而且也都強調人應受人文規範的制約以自趨向善。但是二子對人為何要遵守人文規範的制約卻有著不同的見解。而此不同見解的分歧，就在於二子對「天命」的相異理解與不同詮釋。

　　孔子將「天」定位為位格神祇，視人之遵守人文規範的制約以自趨向善是上承天命於人之所期，故言：「不知命，無以為君子也；不知禮，無以立也」（《論語・堯曰》）。人雖是外學人文規範，進而將此規範內化為人之本性實現時的制約機制。但是人一旦內化此規範而為自身言行之道德判準時，人就會自趨向善而不會為非，孔子故言：「君子博學於文，約之以禮，亦可以弗畔矣夫」（《論語・雍也》）。故對孔子而言，「君子」就是人之為「人」的理想人格。而使人達成此理想人格的途徑，也就是成「人」之道，即在於使人兼容並蓄的調和其先天的自然本性與後天的文化習性，孔子遂言：「文質彬彬，然後君子」（仝上）。而人之所以有欲遂成此理想人格在人身體現的動機，則是出於回應位格神祇所賦予人的道德使命。因此，孔子視人文化的人道取向就是盡人事以應天命。

　　荀子將「天」定位於自然，視人之制定人文規範以制約人性是人類對其存在處境的主動回應，故言：「勢位齊，而欲惡同，物不能贍則必爭。爭則亂，亂則窮矣。先王惡其亂也，故制禮義以分之，使有貧富貴賤之等，足以相兼臨者，是養天下之本也」（《荀子・王制》）。所以，人一旦經由外學而內化此規範為自身言行的道德判準時，人便會自趨向善並擇善而固執之，荀子故言：「君子知夫不全不粹之不足以為美也，故誦數以貫之，思索以通之，為其人以處之，除其害以持養之。…是故權利不能傾也，群眾不能移也，天下不能蕩也。生由是乎，死由是乎，夫是之謂德操。德操然後能定，能定然後能應。能定能應，夫是之謂成人」（《荀子・

勸學》)。因此，對荀子而言，成「人」之道就是師法禮義而爲君子，「今人化師法、積文學、道禮義者，爲君子」(《荀子·性惡》)。禮義既是對治人之自然本性的制約機制，以使人的自然本性能在合理、合宜的範圍內實現，所以人制訂禮義規範乃至內化禮義規範，就是出自於人自身的理性要求以對人自身的自然本性立法，荀子是言：「以道制欲，則樂而不亂」(《荀子·解蔽》)。所以，荀子視人文化的人道取向就是盡人事以制天命。

若我們再就莊、荀二子對於人之爲「人」的理解與詮釋來作比較，則見莊、荀二子雖然皆是將人之爲「人」的原始起點定位在「自然人」，但是二子又藉由動態的觀點而將成「人」之道作了不同路徑的規劃，以致於二子對於人之爲「人」的完成也給予了迥然相異的定位。莊子主張超越文化對人的形塑，使人復歸爲「自然人」，也就是與自然天道相合的「真人」。故對莊子而言，成「人」之道的起點與終點皆爲「自然人」。但是荀子則主張強化文化對人的形塑，使人成爲「文化人」，也就是與禮義人道相合的「君子」。故對荀子而言，成「人」之道的起點雖爲「自然人」，但是其終點則是「文化人」。然而，莊、荀二子對於人之爲「人」的完成雖然有如此相異的定位，但是因爲莊子以「自然」詮釋「道德」，荀子以「文化」理解「道德」，而二子卻又都同樣的肯定人之爲「文化」的完成即在於體現道德，因此，我們也可以說莊、荀二子皆是將「人」定義爲「道德動物」。

結　論

人類雖然同時居處在由自然與人文所合構的兩層生活世界之中，但是位居上層的人文世界才是人所主要依存的生活世界。因此，人文規範的存在與影響也就成爲人所無法解消的既定事實。

　　莊子人學所期許於人的是「勝物不傷」，也就是要人順應人文規範的要求以應世，使人不會因為對抗人文規範的限制，而喪失了身心的自由；並進而能在主體自覺的導向之下，去完遂人之自然本性的自趨實現，以成就超越身（體）心（知）制限的絕待自由。而荀子人學所期許於人的則是「積靡習染」，也就是要人內化人文規範的要求以處世，使人不僅能依循人文規範的導向以提昇個人的人格尊嚴，同時亦能使人我之間因著人文規範的限制而得和諧共融，從而雙向的遂成了個人的理想人格與人世的正理平治。

　　莊子人學與荀子人學雖是分呈兩相對反的態勢，但是卻也能因著相反相成的聯繫而有利於文化的發展與人生的安定。

　　先就文化的發展而論。荀子人學所呈顯的是就人與文化的互動關係，來論究人對文化傳統的認同與維護；而莊子人學所呈顯的則是就人與自然的互動關係，來建構人對文化傳統的反思與批判。對文化傳統的認同與維護，雖是有助於傳統的延續，但是若無對文化傳統的反思與批判，則此傳統亦將流於僵化，而終至失去其生命力。所以，傳統需要批判，文化才得以發展；文化得以發展，傳統才能重獲生機。

　　再就人生的安定而論。莊子人學強調的是個體的價值，追求的是心靈的自由與逍遙；而荀子人學強調的則是群體的價值，追求的則是人世的和諧與平治。是以，莊子人學雖是化解了人文規範對人性的限制，卻能有助於調適個人處世的外在衝突與內在壓力；荀子人學雖是強化了人文規範對人性的限制，卻也能有助於調適人際相處的實際爭亂與潛在危機。

　　中國的傳統知識份子就在這兩種不同取向的人學思想之中，各取其積極的思想元素，從而交融出「陽儒陰道」的人生態度，使人生處世進退有據而不致於茫然無從。換言之，中國的傳統知

識份子一方面以儒家思想做爲立身處世的基本準則，重視人世的和諧與平治；另一方面又以道家思想作爲個人自處的存在依據，追求心靈的自由與逍遙。於是，進以禮義治世，退則以逍遙自處。如此進退有據，人生也因此而得以維繫其既有的張力。

但是，設若我們逕就莊、荀二子人學的基本訴求以觀此「陽儒陰道」的人生態度，則又不難發現其中所潛伏的內在危機。

固然就人世的政治側面而言，莊子並不如老子一般的主張藉由政治改革的方式來解消禮義規範。所以單就此側面來看，莊子的成「人」之道並不會與荀子的成「人」之道起直接、正面的衝突。但是若就人世的社會側面而言，則見荀子是就人的社會屬性來論究「人」，強調人際關係的整合與個人對社會的義務，因此荀子所主張的成「人」之道就是要強化禮義規範對人的形塑，並使人內化此禮義規範以限制其自然本性的實現，進而使此禮義規範得以成爲個人立身處世的唯一準則；然而莊子則是就人的自然屬性來論究「人」，強調個人主體的自由與個人存在的自主，因此莊子所主張的成「人」之道也就正是要解消禮義規範對人的形塑，使人既能以禮義規範應世，又能不受禮義規範的制約，從而保有其個人的自然本性之自趨實現。換句話說，荀子也就是視禮義規範爲人生處世的應然法則，而莊子則視禮義規範不過是人生處世的遊戲規則。所以就此側面來看，荀子的成「人」之道是要使人成爲社會的參與者，故而有助於社會的整合；但是莊子的成「人」之道則是要使人成爲社會的疏離者，因此會有礙於社會的整合。

人性有複雜、多元的面向呈顯，人世也因此而有複雜、多變的面貌呈現。荀子的人學思想就是期望給予人性實現一個確定的管道，使人際的相處能有一個明確的軌跡可循，如此人我之間才能因之而得以和諧共處於世。所以，荀子人學的優點就在於爲人

世建立了一套明確的道德規範，使人生有了爲善的指標；但是其缺點則在於壓抑了人的自然本性，使人易於物化在人文規範之中，進而成爲人文規範的附屬物。然而，莊子的人學思想則是期望解消任何對人性實現的強制約束，以使每個人都能自由自在的實現其自然本性而活。但是莊子並不是採取積極干涉人世的態度，而是將人世已存的人文規範視之爲人生之中不得不去面對的現實處境，所以莊子仍然尊重每個人自身的選擇，無意也不會去強迫別人接受自己的存在方式與人生信念。因此，莊子人學的優點就不僅在於使人的自然本性得以全幅實現，也在於對每一存在個體的平等尊重；但是其缺點則在於無道德規範以爲人生處世與自處的依據，從而無法確保人際的和諧與人世的平治。因爲人性有爲善與爲惡的雙重可能性，若順諸人性自顯，則勢必無法確保人性的實現必爲善而不爲惡。

爲此，如果「陽儒陰道」的人生態度不是如孔子所說：「天下有道則見，無道則隱」(《論語・泰伯》)一般的作爲人生處世的調適機制，那麼極有可能的會導引出陽奉陰違、表裡不一的處世態度。這或許也可以說明，爲何有許多滿口仁義道德的知識份子，卻盡作貪贓枉法的勾當而不以爲恥。因爲對他們而言，作爲判定羞恥的道德規範不過是據之以應世的遊戲規則而已，並不是他們可以爲之生、爲之死的人生準則。尤有甚者，才智越高的知識份子越是知道如何運用道德說辭來掩飾他的欲望與劣行，藉此以保有他外在的道德美名。

人能建立規範，人也能破壞規範。人之所以要建立規範，是爲對治人性的欲求；但是人之所以會破壞規範，卻也是因爲規範與人性的欲求相違。人性的欲求有爲善與爲惡的兩種面向，荀子即是就其爲惡的面向而肯定規範之於人的必要性，但是莊子則是

就其爲善的面向而否定規範之於人的必要性。不過，人性的欲求既有爲善與爲惡的雙重可能性，而人性的欲求又與人的理智思慮呈顯出相互對反又相互爲用的內在聯繫，由是而使得人在人世中的實際表現也就呈顯出極其複雜又多變的現實面貌。是以，若就人性與人世的互動關係而言，則見莊、荀二子之論雖然都是欲人趨善而避惡，但是實際上卻也都是建基在對人性欲求的有限理解與片面詮釋上。

　　綜合以上論述可知，莊、荀人學的基本差異就是立基在對「人之所是」的不同理解與詮釋上，然後兩者再依其各自的理解與詮釋從而規劃出「人之所應是」的不同路徑。因此，深入探究二子對「人之所是」的不同理解與詮釋及兩者對「人之所應是」的不同規劃，勢必有助於增進我們對「人」之定位與發展能有較整全的認知。但是人既然已是生活在人群社會之中，如何使人的自然本性能夠全幅的實現，而此實現又不會危及人文規範加諸於人的道德訴求，進而使人的自然本性與人文規範都能維持和諧而又均衡的互動與發展，則似乎仍是一個值得我人再深入省思的問題。

《管子》中黃老道家的人學思想

序　言

　　《管子》一書雖是託名春秋時期管仲所著，實際上卻是出於戰國時期齊國稷下學者之手[1]，屬於「齊學」之作。

　　西周時期，周武王封太公於齊，封周公於魯。齊都臨淄（今山東淄博），魯都曲阜（今山東曲阜），兩地自古即爲文化興盛之區。周公以禮治魯，孔子以禮爲教，是有儒家之學興。太公以道治齊，老子以道爲宗，是有道家之學起。儒家之學源於魯，故亦稱「魯學」；道家之學源於齊，故亦稱「齊學」[2]。

　　春秋時期，管仲任卿相於齊，輔佐齊桓公改革齊政，使桓公得以在「尊王攘夷」的口號下，「九令諸侯，一匡天下」[3]，而成爲春秋時期的第一個霸主。及至戰國時期，齊宣王在首都臨淄稷門（今南首門）附近興建學宮，廣召天下遊說之士數千人講學於此，「不治而議論」[4]，遂使稷下學宮成爲戰國時期的學術活動中心。經由稷下學者間的論辯，雖使儒、道、墨、法、陰陽、名、兵、農等諸家之學由對立而趨合流，但是仍以黃老道家之學爲最

1　《中國學術名著提要－哲學卷》，上海市：復旦大學出版社，1992年版，14頁，「先秦兩漢篇－管子」。
2　《漢代哲學》，周紹賢著，台北市：臺灣中華書局，1983年版，9-10頁，「齊學」。
3　《史記・管晏列傳》:「齊桓公以霸，九令諸侯，一匡天下，管仲之謀也。」
4　《史記・田敬仲完世家》:「齊宣王喜文學遊說之士，自如鄒衍、淳于髡、田駢、接予、慎到、環淵之徒七十六人，皆賜列第爲上大夫，不治而議論。」

盛[5]，是爲「稷下學派」。同時由於陰陽家與神仙家皆起於齊，所以戰國時期的「齊學」即以強調「清靜無爲」的黃老道家之學爲主，而兼攝強調「五德終始」的陰陽家之論與強調「養生方術」的神仙家之說[6]。秦漢之際，「齊學」昌盛[7]。西漢時期，漢武帝雖是採納以治《春秋公羊傳》著稱的今文經學大師董仲舒之建議，而以儒學獨尊，但是《春秋公羊傳》亦屬「齊學」之作[8]。及至東漢時期，道教的興起也與「齊學」有關[9]。由是可見，「齊學」對於中國早期的文化發展影響至鉅。

　　是爲戰國時期稷下學者之著作總集的《管子》，原書計有三百八十九篇，經西漢時期劉向校定爲八十六篇，於今留存者則爲二十四卷七十六篇，分爲八類：（一）《經言》九篇，自〈牧民〉至〈幼官圖〉；（二）《外言》八篇，自〈五輔〉至〈兵法〉；（三）《內言》九篇，自〈大匡〉至〈戒〉；（四）《短語》十八篇，自〈地圖〉至〈九變〉；（五）《區言》五篇，自〈任法〉至〈內業〉；（六）《雜篇》十三篇，自〈封禪〉至〈問霸〉；（七）《管子解》五篇，自〈牧民解〉至〈明法解〉；（八）《輕重》十九篇，自〈巨乘馬〉至〈輕重庚〉[10]。該書內容龐雜，既兼融了戰國時期道、法、陰陽、儒等諸家思想，且涉獵了自然與人文等各個領域。其中〈心術〉上下、〈心術〉、〈內業〉四篇，通稱爲《管子》四篇，最能代表戰國

5　《史記‧孟荀列傳》：「慎到趙人，田駢、接子齊人，環淵楚人，皆學黃老道德之術，因發明序其指意。」
6　《漢代哲學》，11頁，「道家」。
7　《秦漢文化史》，韓養民著，西安市：閃西人民教育出版社，1986年版，6-9頁。
8　《經學歷史》，皮錫瑞著，台北市：河洛圖書公司，1974年版，「漢有一種天人之學，而齊學尤甚。《公羊春秋》多言災異，皆齊學也」。
9　《兩漢魏晉之道家思想》，陶建國著，台北市：文津出版社，1986年版，142頁。
10　《中國學術名著提要－哲學卷》，15-16頁。

時期黃老道家的思想[11]。

「道家」之名，始見於司馬談所著之《論六家要旨》，「道家使人精神專一，動合無形，贍足萬物。其爲術也，因陰陽之大順，采儒墨之善，撮名法之要，與時遷移，應物變化，立俗施事，無所不宜。指約而易操，事少而功多」；而「黃老」之名，則始見於司馬遷所著之《史記》，如〈老莊申韓列傳〉：「韓非…喜刑名法術之學，而其歸本於黃老」。《論六家要旨》中所言之「道家」，即指《史記·老莊申韓列傳》中所言的「黃老」之學。是見，「黃老」之學在戰國時期即已有之。「黃」指黃帝，「老」指老子。《史記·孟荀列傳》中稱：「黃帝，學者所共術」，即謂戰國時期之道、法、兵、醫、陰陽等諸家皆喜歸宗於黃帝，以自爲古之道術。其中，尤以道家學者爲甚。因此，「黃老道家」之學實際上即是以老子之學爲宗，託黃帝之名而立，以闡揚老子「清靜無爲，任物自化」的思想。

所謂「人學」，即是以「人」爲研究對象而對「人之所是」所作的詮釋，例如西方人學視「人」爲「理性動物」，而中國人學則視「人」爲「道德動物」。人因其自身的存在，遂有對其自身存在的探問與回答，這就構成了人對「人之所是」的詮釋。回答的內容或有不同，但是所對應的問題則大致上可約化爲三個基本問題，第一個問題是就人的自我定位，來探究「人在宇宙中的地位」，如中國哲學裡的「天人關係」論；第二個問題是就人的自我認知，來探究「人是什麼」，如中國哲學裡的「人性」論與「形神」論等皆屬之；第三個問題則是就人的自我完成，來探究「人應如何爲人」，如中國哲學裡的「聖人」觀與「人道」論等皆屬之。人對「人」

---

11 《中國哲學大辭典》，方克立主編，北京市：中國社會科學出版社，1994年版，617頁，「黃老學派」。

的詮釋，不僅是塑造了人的自我認知，同時也塑造了人的存在方式。因此，探究人對「人之所是」的詮釋勢將有助於瞭解人之為「人」的自我創造歷程。

本文即欲就〈心術〉上下、〈白心〉、〈內業〉四篇為範圍，藉概念分析的方式，以探究《管子》中黃老道家的人學思想，以期瞭解此中對「人之所是」的理解與詮釋。

人為氣化所成之物

春秋時期的老子以「道」論「氣」與「萬物」的生發根源與變化規律，而言：「道生一，一生二，二生三，三生萬物。萬物負陰而抱陽，沖氣以為和」（《老子》第三九章）。「道」是無形無象的自然規律，也是萬物生發的終極根源；由「道」的異化而生「氣」，「氣」是構成萬物的原始物質，由「氣」二分為陰陽，陰陽交感互動而生「萬物」；「萬物」即是氣化所成的自然之物；「德」則是道之生化萬物的自然本性。因此，「萬物」的生發變化，即是因於自然之「道」、依於自然之「德」而形於自然之「氣」，老子故言：「道生之，德畜之，物形之，勢成之。是以萬物莫不尊道而貴德。道之尊，德之貴，夫莫之命而常自然」（《老子》第五一章）。由是可知，老子就是以「自然」作為人之自我認知與自我定位的參照對象，而視「人」為「自然的產物」。

戰國時期《管子》中的黃老道家即以老子的詮釋為理解基礎，以「自然」作為人之自我認知與自我定位的參照對象，強調「夫道者，…冥冥乎不見其形，淫淫乎與我俱生」（《管子·內業》）。然而相異於老子之視「氣」由「道」生，而以「道」為天地萬物的終極根源；《管子》中的黃老道家則視「道」由「氣」生，強調「氣，道乃生」（仝上），故以「氣」作為天地萬物的終極根源，

而言:「下生五穀,上爲列星,…此氣也」(仝上)。萬物都是由「氣」所構成,而「氣之精者」(仝上)則是構成了萬物的生命力,故言:「凡物之精,此則爲生」(仝上)。有「氣」,始有氣化的流行。「道」即是氣化生物的自然規律,是言:「道也者,動不見其形,施不見其德」(《管子·心術上》);「德」則是萬物得自於道的自然本性,故言:「德者,道之舍,物得以生」(仝上)。是故,存在於天地之間、「虛而無形」(仝上)的氣化規律稱之爲「道」,天地之「氣」即是因「道」而化生萬物;內在於萬物之中、「化育萬物」(仝上)的氣化規律則稱之爲「德」,萬物之「氣」即因「德」而有其生成發展。「德」即是「道」的體現,是言:「以無爲之謂道,舍之之謂德,故德之與道無間」(仝上)。《管子》視人因氣化而得的自然本性即是「德」,「德」即是「道」在人身的體現。所以,人在「虛而無形」的「道」中,是言:「道在天地之間也,其大無外,其小無內」(仝上);「虛而無形」的「道」亦在人之中,故言:「夫道者,…冥冥乎不見其形,淫淫乎與我俱生」(《管子·內業》)。人也就是「道」的體現,故言:「虛之與人無間」(《管子·心術上》)。「道」之爲「道」,乃是因「氣」而生,所以黃老道家也就以「氣」論「人」,強調「凡人之生也,天出其精,地出其形,合此以爲人」(《管子·內業》)。天地俱「氣」,「氣」依「道」而化生萬物,故黃老道家即視「人」不僅是爲「自然的產物」,同時也是「氣化所成之物」。相對於有神論之視「人」爲「至上神的受造物」[12],黃老道家對「人」的詮釋所採取的則是無神論的立場。

　　自西周以至春秋時期,因著傳統鬼神信仰對於人之自我認知的影響,時人即多以「天」來指涉被視爲是最高主宰的至上神,

---

12 如董仲舒之《春秋繁露·人副天數》中所言:「天也以歲終之數,成人之身。」

如孔子即言:「知我者,其天乎」(《論語‧憲問》)。老子則援用殷商時期指稱至上神的「帝」之名,來區別自然之「道」與至上神之「帝」的先後次序,而言:「道沖,而用之或不盈;淵兮,似萬物之宗。⋯吾不知其誰之子,象帝之先」(《老子》第四章)。老子如此的詮釋,不僅是將自然置立於至上神之前,以作為萬物生發的終極根源;同時也因著將至上神置立於自然之後,遂使「帝」的概念即同化於「道」的概念之中,從而也就解消了「天」的位格義,而視「天乃道」(《老子》第十六章)。黃老道家就是以老子的詮釋為理解基礎,而將「鬼神」自然化為「氣」的流行,而言:「流於天地之間,謂之鬼神,⋯此氣也」(《管子‧內業》)。換言之,黃老道家即不是以「神」為名詞,以指稱一實存之物;而是以「神」為形容詞,以指稱氣化流行的玄妙,故言:「一物能化謂之神,⋯化不易氣」(《管子‧內業》)。因此,「天」既不指至上神,「道」也不是神意的展現;「天」只是氣化所成之「天」,「道」也只是氣化流行的自然規律。不過,人既與萬物同為「氣化所成之物」,所以人也能因著養「氣」修「道」而能與天地之「氣」相通,故言:「搏氣如神,萬物備存」(《管子‧內業》)。黃老道家的「鬼神」觀已不是傳統宗教信仰中具有神秘力量的位格神祇,所以人也就不需要去求神問卜以論斷吉凶,只需要養「氣」修「道」,人就能自知吉凶禍福,故言:「能無卜筮而知吉凶乎?⋯思之不通,鬼神將通之。非鬼神之力也,精氣之極也」(《管子‧內業》)。黃老道家如是的詮釋,實際上也就是解消了鬼神信仰與占卜巫術的必要性與權威性。

　　老子以「道」論「人」,視人為「自然的產物」,遂將「人」定位為「自然人」;他同時又以「道德」論「自然」,所以視人之為「自然人」,也就是為「道德人」。《管子》中的黃老道家即循此

詮釋而視「自然人」為人之為「人」的原始身份，「自然人」即是「道德人」，故言：「既知其極，反於道德」(《管子‧內業》)。

老子將「人」置入於自然世界之中，就「自然與人的關係」來論斷「人在宇宙中的地位」，強調「人」與「道、天、地」並尊，而言：「道大，天大，地大，王亦大。域中有四大，而人居其一焉」(《老子》第二五章)。黃老道家雖未明言人先天即有其優越的存在地位，但是也肯定人能經由修「道」執「道」的方式，而為萬物的主宰，超然於萬物之上，故言：「執一不失，能君萬物。君子使物，不為物使，得一之理」(《管子‧內業》)。所以，黃老道家仍是肯定人在宇宙中確有其優越的存在地位。但是，人是否能超然於萬物之上，而為萬物的主宰，則仍需要人自身的努力以成之，其關鍵即在於人的「心」。

心為人身之主

在黃老道家的觀點裡，原始物質是先於自然規律而存在，自然規律則是由原始物質的變化而形成；此原始物質即是「氣」，而此原始物質的變化規律即是「道」，故言：「氣，道乃生」(《管子‧內業》)。因此，黃老道家就是以「氣」作為人的生發根源，而視「凡人之生也，天出其精，地出其形，合此以為人。和乃生，不和不生」(《管子‧內業》)。「精氣」即是人生命的來源，而「形氣」則構成人的形體。因此，「人」就是源於「天」的「精氣」與源於「地」的「形氣」相合而生的「氣化所成之物」。

老子雖視「道」在「氣」先，而以「道」作為人與萬物的生發根源，但是老子也不否認人與萬物皆為「氣化所成之物」，故言：「道生一，一生二，二生三，三生萬物。萬物負陰而抱陽，沖氣以為和」(《老子》第三九章)。只不過，老子是以「陰氣」與「陽

氣」之合來論析人與萬物的物質性構成元素。然而，黃老道家對於「人」之存在本質的構成雖是依循老子如是的詮釋而來，卻又較老子的詮釋更趨向於具體性的論斷。黃老道家即以源於「天」的「精氣」，來指涉人的「精神」；並以源於「地」的「形氣」，來指涉人的「形體」。「精氣」與「形氣」雖同爲「氣」，但是是因著來自不同的根源，所以「精神」即不是依從於「形體」而生的附隨現象，而是兩個平行並存又能相互影響的不同實體。「精神」即是無形無象的精神性實體，謂之爲「神」，或「神明」；而「形體」則是有形有象的物質性實體，謂之爲「形」，或「身」。「氣者，身之充也」（《管子‧心術下》），故有形有象的「形體」即是「氣」的體現；「夫道者，所以充形也」（《管子‧內業》），故無形無象的「精神」即是「虛而無形」之「道」的顯現，故言：「神者，至貴也」（《管子‧心術上》）。「道」既然是存在於「氣」中，所以「精神」也就是存在於「形體」之中。因此，黃老道家視「人」之存在本質的構成，即是由「精神」與「形體」所合構而成，也就是「神」、「形」之合，也就是「天」、「地」之合，也就是「道」、「氣」之合。

《管子》中的黃老道家即以「九竅」來指涉「形體」，而以「心」來指涉「精神」，故視「心」是「自充自盈，自生自成」（《管子‧內業》）而又內在於「形」的精神性實體，並以「君臣」關係來比擬「心」與「九竅」的關係，故言：「心之在體，君之位也；九竅有職，官之分也。…耳目者，視聽之官也；心而無與視聽之事，則官得其守分也」（《管子‧心術上》）。「心」之爲「君」，既應是爲「九竅」之主，而不應代替「九竅」以行其自身之職務，更不應當爲「九竅」所反制。唯有「心」的「無爲」，才能使爲「臣」的「九竅」各「緣其理」（《管子‧心術上》），各守其分，各盡其

職，故言：「心處其道，九竅循理」（《管子‧心術上》）；而爲「君」
的「心」也才能因此而「知其情」（《管子‧心術上》），相應爲治，
確保其統率之勢，故言：「人主立於陰，陰者靜。陰則能制陽矣，
靜則能制動矣。故曰靜而自得」（《管子‧心術上》）。因此，黃老
道家即以「心」爲一身之主，而以「無爲而制竅」（《管子‧心術
上》）來作爲「心」的爲「君」之術，而言：「有道之君，其處也，
若無知；其應物也，若偶之，靜因之道也」（《管子‧心術上》）。

　　黃老道家視人「生乃思，思乃知」（《管子‧內業》），「思」與
「知」即是人「心」生而即具的理性功能。人也就是因爲能「思」、
能「知」，所以有求「智」的欲望。然而，黃老道家則排斥人是有
意的實現此欲求，而言：「人皆欲智，而莫索其所以智乎？…求之
者，不得處之者。夫正人無求之也，故能虛無」（《管子‧心術上》）。
一如莊子所謂的「有真人後有真知」（《莊子‧大宗師》），黃老道
家也視「道」在「心」中，是言：「夫道者，…乃在於心」（《管子‧
內業》），所以人只要任「心」中之「道」自顯，人就能獲得真正
的大智慧，故言：「心也者，智之舍也」（《管子‧心術上》）。因此，
黃老道家視人識「道」，不待外求，強調「無以物亂官，毋以官亂
心，此之謂內德」（《管子‧心術下》）。人若能「恬愉無爲，去智
與故」（《管子‧心術上》），人就能使「心」向「道」開放，故言：
「潔其宮，開其門，去私毋言，神明若存」（《管子‧心術上》）。
是故，黃老道家認爲唯有使「心」處於「虛靜」的狀態，人才能
知「道」得「道」，故言：「修心靜音，道乃可得」（《管子‧內業》）。
「道」成萬物，故人能知「道」，也就能以「道」應「物」，遂言：
「聖人…知道之紀，殊形異埶，不與萬物異理。…感而後應，非
所設也；緣理而動，非所取也。…物至則應，過則舍之」（《管子‧
心術上》）。以「道」應「物」，既不失物之情，也不會爲物所制，

故言：「有道之君，其處也，若無知；其應物也，若偶之，靜因之道也」（《管子・心術上》）。因此，由「心」向內識「道」，再以「道」向外應「物」，人才能既不失其自由，又能保有其自主性，而逍遙於人間，爲萬物之主。

由是可知，黃老道家即本其「道在心中」的形上預設，而強調人對於內在於「心」中之「道」的直覺認知。然而正是由於黃老道家強調人之向內的直覺認知，所以側重的焦點即不是外在於人的「天地」，而是內在於人的「心」，故言：「定心在中，耳目聰明，四枝堅固，可以爲精舍」（《管子・內業》）；而其所欲突顯的也就不是「道」之生化萬物的宰制性，而是「人」之不爲物役的自主性，故言：「執一不失，能君萬物。君子使物，不爲物使，得一之理」（《管子・內業》）。因此，黃老道家遂視人的情意欲求有損於「心」，而言：「凡心之刑（形），…其所以失之，必以憂、樂、喜、怒、欲利」（《管子・內業》）。人有情意欲求，就會妨礙「道」的自顯，而對人產生負面的影響，是言：「思索生知，慢易生憂，暴傲生怨，憂鬱生疾，疾困乃死」（《管子・內業》）。所以，黃老道家認爲，「治心」之道即在「去欲」，故言：「虛其欲，神將入舍；掃除不潔，神乃留處」（《管子・心術上》），「能去憂、樂、喜、怒、欲利，心乃反濟」（《管子・內業》）。而「去欲」之道即在「虛靜、無爲」，是言：「彼心之情，利安以寧；勿煩勿亂，和乃自成」（《管子・內業》）。能「去欲」，才能「修心而正形」（《管子・內業》），保持其生命力，「和以反中，形性相葆」（《管子・白心》）；能保持生命力的持續不已，才能使人自身與天地相通，而安存於世，故言：「精存自生，其外安榮。內藏，以爲泉原；浩然和平，以爲氣淵。淵之不涸，四體乃固；泉之不竭，九竅遂通。乃能窮天地，被四海，中無惑意，外無邪菑」（《管子・內業》）。因此，黃老道

家即認爲「去欲」以「治心」，既能保有人之不爲物使的自主性，也能成就人之與「道」合一的大智慧，故言：「去欲則宣，宣則靜矣；靜則精，精則獨立矣；獨則明，明則神矣」（《管子・心術上》）。

但是，人之有情意欲求並不是出於人的自由意願，而是人的自然稟賦，爲人生而即有，同時也是人之生命力的展現。所以，黃老道家所排斥的即不是人生而即有的情意欲求，而是人過度的放縱其情意欲求，使人的生命力耗損，也使人世淪於危亂。是故，黃老道家即由其結果而反溯其原因，遂視「去欲」乃是「治心」、「養生」的必要條件。不過，人的情意欲求既是人之生命力的展現，所以黃老道家雖有「去欲」之議，卻仍是採取了「中」道的作法，而視「節欲之道，萬物不害」（《管子・內業》）。換言之，黃老道家並不是主張「禁欲」，而是主張「節欲」。

凡是以「自然與人的關係」作爲人建構其自我認知與自我定位之參照架構，而視「人爲自然產物」的道家學者，似乎都不可避免的會碰到「情欲」之是否可去的糾結。有人之生，即有生之欲；有人之性，即有人之情。「情」與「欲」，既是人的自然本能，也是人的自然本性，爲人生而即有。所以，不管人的意願如何，人生來就有「情欲」，這就是人與生俱來而無法解消的自然稟賦。設若主張人之爲「人」即應是如其所是的實現其自然本性，而爲「自然人」，如老子所謂「復歸於樸」（《老子》第二八章）的「聖人」，或是莊子所謂「不離於真」（《莊子・天下》）的「真人」。那麼對於自然稟賦的「情欲」，就不應當持否定的態度，而要刻意的去抑制「情欲」的實現，如老子所主張的「無欲以靜」（《老子》第三七章），或如莊子所主張的「無人之情」（《莊子・德充符》）。

然而，正是因爲「情欲」是爲人所有，而「情欲」的實現又常會爲人帶來或利或弊的不確定性影響，因此人爲了能有效的掌

握住對自己行為的控制力，使自己的行為皆能有利於己，遂將「情欲」賦予了負面的價值，視為是妨礙人實現其自主性的先天障礙，而要求自己予以主動的克服之。並且，為了要給予自己一個克制「情欲」的施力點，遂將人的「情欲」與人的「自然本性」相區別，並藉對自然本性的道德性詮釋，而使「情欲」與「本性」成為不相並容的對立概念；再將人的「自然本性」回溯到化成萬物的「自然規律」之中，並由此建構「道」與「德」的詮釋以及兩者之間的相承關係；然後，再將無形無象的自然規律詮釋為自身「靜而不變」的「道」，但是卻是使有形有象之天地萬物「動而變」的終極根源，從而要人效法「道」的「靜」，來克制「情欲」的「動」；於是，人不僅依此詮釋而為自身找到了一個克制「情欲」的施力點，同時也使自己的行為能在自己的掌控之中，而成為自身的主宰。所以，從此思路而建構的詮釋大致都會強調「道」、「德」、「性」、「虛」、「靜」、「忘」、「樸」、「無為」等概念，而主張「循性返道」、「返樸歸真」、「以靜制動」、「以性制情」、「以道制欲」、「以人合天」等論點。以道家老子之學為宗的黃老道家，自然也不例外。

所以，黃老道家視「心」為一身之主，以「道」來「治心」，其目的即是要將人的注意力從外在世界拉回到人的內心世界，使人從內心世界的貞定中，開展出人的自由、自主與獨立，以挺立人的存在價值，故言：「見利不誘，見害不懼，寬舒而仁，獨樂其身」（《管子‧內業》）。

不過，黃老道家雖是為「人」而立言，但是是其方式卻是將「人」置入於「道」中，並藉「道」來貫通人的內、外世界，使人視人之為「人」既是根源於「道」，也應是反歸於「道」，而與「道」合一。然而相異於老子對於文化的否定，《管子》中的黃老道家則是肯定文化是使人節制其情意欲求而與「道」合一的輔助

機制。所以黃老道家視人之爲「人」的終極理想，即是透過「文化人」的中介歷程，以遂成人之爲「道德人」的完滿實現。

人循道以自成其爲人

「氣」雖是構成萬物的原始物質，但是若無氣化的流轉，就不會有「道」的形成，更不會有萬物的化生。所以「氣」本身就具有能動性，而爲萬物之所以有其生命力的根源。人既是因「氣」而生，依「道」而存，因此人也就不僅是爲有其生命力的自然產物，而且也有其生命力的開展歷程，這就是「人生」。隨著人生的開展，人也就有了如何規劃人生的理性需求，從而也就開啓了人的自我創造歷程。正如人創造了文化，也被文化所塑造一般，人在規劃其人生的設計中，人也決定了人自身的存在方式。

道家老子在其爲「人」所做的規劃中，他視人不僅是根源於自然的「自然人」，而且認爲在人生的開展過程裡，人就應是維持其「自然人」的原始身份，以順任自然本性在人生的開顯，所以強調「人法地，地法天，天法道，道法自然」（《老子》第二五章），而要人以「復歸於樸」（《老子》第二八章）的「聖人」作爲人之爲「人」的理想典範。因此，在老子對人生的規劃中，人之爲「人」即應是始終如一的保持其「自然人」的原始身份，以遂成人之自然本性的完滿實現，「常德乃足」（《老子》第二八章）。

至於對人所創造的「文化」，老子則是持否定的態度，認爲人就是因爲離「道」自爲，所以才有文化的創制，故言：「大道廢，有仁義；慧智出，有大僞」（《老子》第十八章）。老子強調文化的創制也就是反映了人與其自然本性疏離，故言：「失道而後德，失德而後仁，失仁而後義，失義而後禮。夫禮者，忠信之薄而亂之首」（《老子》第三八章）。在老子的觀點裡，「自然」是善的根源，

而「文化」則是惡的根源，是言：「天之道，損有餘而補不足；人之道則不然，損不足以奉有餘」（《老子》第七七章）。所以，老子強調人應「歸根復命」，「復歸於樸」，使人順任其自然本性，以實現其自身。

但是在老子所身處的時代裡，文化已然形構了人的存在方式，以致於老子也需要藉由文化所建構的方式來表達其崇尚自然的思想。不過，老子如此的作為卻也正是應了他對於「道」的詮釋，「反者，道之動」（《老子》第四十章）。他就是試圖以文化來解消文化，以政治來解消政治，故言：「絕聖棄智，民利百倍；絕仁棄義，民復孝慈；絕巧棄利，盜賊無有。此三者以為文不足，故令有所屬－見素抱樸，少私寡欲」（《老子》第十九章）。因此，老子遂在開展人的自然面向的同時，也開展了人的政治面向[13]，以致於他的論點能被法家的韓非所吸收，而應用於他所建構的權謀之術中。

到了戰國時期，承襲老子思想而續有發揮的莊子，雖然也肯定人之為「人」即應是始終如一的保持其「自然人」的原始身份，以遂成人之自然本性的完滿實現，故言：「無以人滅天，無以故滅命，無以得徇名。謹守而勿失，是謂反其真」（《莊子‧秋水》）。但是對於已然塑造人之存在方式的「文化」，則是採取「應而不化」的態度，故言：「以刑為體，以禮為翼，以知為時，以德為循。以刑為體者，綽乎其殺也；以禮為翼者，所以行於世也；以知為時者，不得已於事也；以德為循者，言其與有足者至於丘也，而人真以為勤行者也。故其好之也一，其弗好之也一。其一也一，其不一也一。其一與天為徒，其不一與人為徒。天與人不相勝也，

---

13 《漢書‧藝文志》：「道家者流，蓋出於史官，歷記成敗，存亡禍福，古今之道，然後知秉要執本，清虛以自守，卑弱以自持，以君人南面之術。」

是之謂真人」（《莊子・大宗師》）。換言之，莊子即視要恢復人之
自然本性的如實實現，不在乎是否需要解消文化，而在乎人是否
有其主體自覺。人若需要藉由解消文化，才能使人開顯其自然本
性，則顯現的僅是人的相對自由；但是人若能藉由其主體的自覺，
而使自身居處於文化之中，又能不為文化所限，才是真正的顯現
了人的絕待自由，人也才能成為人自身真正的主宰。

　　《管子》中的黃老道家對於「文化」所採取的態度，又與前
述二子不同。黃老道家雖然肯定因「氣」依「道」而生的「自然
人」，即是人之為「人」的原始身份。但是由於人的情意欲求對人
「心」識「道」的妨礙，使人無法與「道」合一。所以，黃老道
家遂視文化創制的目的就在於節制人的情意欲求，以使人靜「心」
反「性」，故言：「凡民之生也，必以正平。所以失之者，必以喜
樂哀怒。節怒，莫若樂；節樂，莫若禮；守禮，莫若敬。外敬而
內靜者，必反其性」（《管子・心術下》）。黃老道家認為人就是以
「樂」制「情」，以「禮」制「樂」，人才能守「禮」以靜「心」，
使「心」返於其「性」，也就是返歸於「道德」，故言：「既知其極，
反於道德」；而人也只要能謹守其「性」，就能使人遂成「道德人」，
故言：「敬守勿失，是謂成德」（《管子・內業》）。正是由於黃老道
家認為文化能有助於人實現其自然本性，所以黃老道家不僅是肯
定「文化」有其存在的必要性，同時也認為人即應由「自然人」
的原始身份轉化為「文化人」，才能遂成人之為「道德人」的完滿
實現。

　　基於黃老道家與老子對於「文化」的看法不同，所以兩者對
於「文化」的詮釋也就有了相當大的差異。老子賦予「文化」負
面的價值，強調「失道而後德，失德而後仁，失仁而後義，失義
而後禮。夫禮者，忠信之薄而亂之首」（《老子》第三八章）；而《管

子》中的黃老道家對於「文化」則給予正面的肯定，強調「義者，謂如處其宜也；禮者，因人之情，緣義之理，而爲之節文者也。故禮者，謂有理也；理也者，明分以諭義之意也。故禮出乎義，義出乎理，理因乎宜者也。法者，所以同出不得不然者也，故殺僇禁誅以一之也。故事督乎法，法出乎權，權出乎道」（《管子·心術上》）。

老子是道家學派的創始者，雖然他的思想是承襲了古之道術[14]，但是由於他以之來批判周文，遂使得他的思想仍有其原創性。然而，身處於百家爭鳴之稷下學宮的黃老道家則是受其他學派的影響，而以道家思想爲核心的去整合其他諸家的思想在其學說之中。所以，黃老道家對於「文化」的肯定與詮釋，也就是吸收了儒、法的思想而來，故而即形成了與老子之立場與詮釋的差異。

不過，黃老道家之爲「道家」，即在於其肯定人之爲「人」仍應是同化於「道」，與「道」合一，以自成爲「道德人」。然而，也因著黃老道家同時肯定了「文化」是使人節制其情意欲求而與「道」合一的輔助機制，所以黃老道家雖視人之爲「人」的原始身份爲「自然人」，而「自然人」也即是「道德人」；但是，黃老道家仍強調人要實現其爲「道德人」，還是需要透過「文化人」的中介歷程，才能遂成人之爲「道德人」的完滿實現。因此，在黃老道家對「人」的詮釋裡，「道德人」既是「人之所應是」，也是「人之所是」。

結　語

「魯學」即爲儒家之學，而儒家之學論「人」，重視的是人的

---

14 《老子》第十四章：「執古之道，以御今之有。能知古始，是謂道紀。」

文化面向，故而以「禮文」作爲建構人之自我認知的參照對象，
視人之爲「人」就應是爲「文化人」，強調「文之以禮樂，亦可以
爲成人矣」（《論語・憲問》）；而人也應當經由「文化人」的中介
而成爲「道德人」，故言：「克己復禮爲仁」（《論語・顏淵》）。「齊
學」即爲道家之學，而道家之學論「人」，重視的則是人的自然面
向，故而以「天道」作爲建構人之自我認知的參照對象，視人之
爲「人」即應是爲「自然人」，強調「復歸於樸」（《老子》第二八
章）；「自然人」也就是「道德人」，故言：「常德乃足」（《老子》
第二八章）。

　　道家以「自然」詮釋「道德」，視「自然」爲至善之本，重視
「人與自然的關係」，強調人的自然屬性與個體自由；而儒家則以
「仁義」詮釋「道德」，視「仁義」爲至善之本，重視「人與他人
的關係」，強調人的社會屬性與人際和諧。因此，兩家雖然都強調
人之爲「人」即應是爲「道德人」，但是兩家所論之「道德人」實
有所區別。

　　《管子》中的黃老道家是以道家的詮釋爲理解基礎，再融合
了儒家的詮釋，而以「自然人」作爲人之爲「人」的原始起點，
繼以「文化人」作爲人之爲「人」的中介歷程，終以「道德人」
作爲人之爲「人」的完滿實現。因此，黃老道家就是將人的社會
屬性納入到人的自然屬性之中，強調「正形攝德，天仁地義，則
淫然而自至」（《管子・內業》）；然後藉個體的自由以遂成人際的
和諧，故言：「上之隨天，其次隨人」（《管子・白心》）。

　　無論是如儒家之視人之爲「人」即應是爲「文化人」，或是如
道家之視人之爲「人」即應是爲「自然人」，還是如黃老道家將兩
種詮釋依「道德人」爲標的來做一整合，都是起自人對「人與文
化」的互動關係的反思中，因著對人之實然形象的認知與期許，

遂有對人之理想形象而作的相異評價與不同詮釋。因此，黃老道家以「道德人」來詮釋「人之所是」，實則即是以「人之所應是」來理解「人之所是」。

《淮南子》中的人學思想

序言：《淮南子》的歷史定位

　　中國學術思想的發展，在先秦時期即已呈顯出由合而分、分而合的變化歷程。此中，造成戰國中、後期諸子百家學說漸趨合流的重要外緣因素之一，即爲齊國稷下學宮的成立[1]；而影響漢代學術發展的陰陽五行思想[2]與黃老道學[3]也皆是興起於這個時期，皆屬於稷下學派。不過，在這個時期之中，最足以反映這種學術合流思潮的重要著作，則爲秦相呂不韋召集門客所編寫的《呂氏春秋》[4]。此後，雖經秦代以法家學說統一天下思想，但是因秦代國祚甚短，致使學術思想又由封閉而轉趨開放。漢代學者有鑑於秦代的速亡，遂欲重振先秦諸子百家學說，並試圖融合各家學說之長，以冀爲漢代的政治統一提供理論上的依據，遂使該時期學

1　稷下學宮爲齊桓公建於齊國首都臨淄附近的一個學術研究場所，由於先後接納了當時各家的學者前往論學，遂成爲戰國中後期最大的學術活動中心，對於戰國後期的學術發展更形成了主導的地位。按《史記・田完敬仲世家》中所載：「齊宣王喜文學游說之士，自如鄒衍、淳于髡、田駢、接予、慎到、桓淵之徒七十六人，皆賜列第爲上大夫，不治而議論，是以齊稷下學士復盛，且數百千人。」稷下黃老學派對於漢初政治思想的形成，具有著直接的影響。
2　陰陽與五行的觀念在殷周之際即已形成，戰國時期之鄒衍將陰陽五行思想加以融合，並運用到宇宙與人事的詮釋上，而成爲陰陽家之代表人物。陰陽五行的思想發展至漢代，與災異之說並行，而逐漸轉向到對天人感應的詮釋上。
3　黃老之學始於戰國而盛於漢初之際，其思想之源流除以道、法思想爲主外，並兼容了儒、墨、名、陰陽等諸家思想；而其思想的特色則在於融法入道，主張恩威並施以鞏固政權，遂爲漢初的政治思想提供了理論上的指引。
4　《呂氏春秋》雖一向被視爲是先秦雜家的代表之作，但是實際上該書也是以道家無爲學說爲核心的兼採了儒、墨、名、法、陰陽等諸家思想，以圖爲政治的大一統提供理論上的依據。

術思想的特徵即顯現而為融合先秦諸子思想以自成一家之言的綜合型態。此中最具代表性的兩部重要著作，一為漢初儒生董仲舒所作的《春秋繁露》[5]；另一即為淮南王劉安集合其賓客與方士所合著的《淮南子》[6]。《淮南子》又稱《淮南鴻烈》，書中匯集儒、墨、名、法與陰陽等諸家思想以歸之於道，為西漢道家思想的代表鉅著。

《淮南子》一書雖與同時期之董仲舒所著的《春秋繁露》一樣的是融合諸家思想以自成一家之言的學術鉅著，但是《淮南子》是以道家思想為宗，而《春秋繁露》則是以儒家思想為本，由是而成西漢時期儒、道兩家思想的代表。不過，由於漢武帝對董仲舒的青睞，致使儒家思想自此定為一尊，成為漢代的官方哲學；而以道家思想為宗的《淮南子》則淪為非主流思想，長期受到冷落。然而，《淮南子》一書不僅是融合了先秦諸子對於與人有關之各種問題的深刻反省，同時也反映了漢初道家學者對於「人之所是」與「人之所應是」的理解與詮釋。因此，本文即欲以《淮南子》一書來探究內蘊其中的人學思想，以期呈顯漢初道家學者對於人之自我認知、自我實現到自我完成，所提供的一種詮釋模式。

5　《春秋繁露》是董仲舒融合儒家與陰陽等諸家思想，為闡發「春秋大一統」思想而作的一部帶有神道設教色彩的著作。

6　《淮南子》，「全書分為二十一篇。一、原道訓，闡述道的觀念，並以道說明宇宙演化過程；二、俶真訓，論述道的歷史變化；三、天文訓，考究天象及其變化；四、地形訓，考察地理及其變化；五、時則訓，論敘四時律曆；六、覽冥訓，探索社會歷史；七、精神訓，闡述養生之道；八、本經訓，論說聖王德澤；九、主術訓，論述聖王之道；十、繆稱訓，說明稱謂的使用；十一、齊俗訓，研究習俗的差異與統一；十二、道應訓，用史事闡明道；十三、氾論訓，敘說治亂規律；十四、詮言訓，討論如何治國保身；十五、兵略訓，談論軍事；十六、說山訓和十七、說林訓，彙集箴言；十八、人間訓，論世間禍福；十九、脩學訓，詳論治學；二十、泰族訓，說天地變化之道；要略，總敘全書」。請參考《中國學術名著提要・哲學卷》，潘富恩主編，上海市：復旦大學出版社，1992 年版，146-147 頁。

　　任何一個時代的思想家對於「人」的理解與詮釋，大致都會受到主、客觀因素的影響，以致於形成帶有其特定時、空背景的人學思想。西漢時期的人學思想，亦不例外。就客觀因素而言，該時期的思想家們不僅同受陰陽五行思想的影響，以致於同納陰陽五行於其各自對「人」的理解與詮釋中；他們並且也同受政治求統的環境影響，以致於使其各自對「人」的理解與詮釋皆是以遂成政治的「大一統」為標的。再就主觀因素而言，西漢時期的學術發展雖然是以融合先秦諸子學說為主，但是各思想家們又各有所宗，以致於形成西漢人學思想的不同脈絡。其中之一是以董仲舒為首，以儒家思想為核心，以有神論為主軸，以開顯人之宗教面向為宗旨的宗教人學思想；而另一則是以《淮南子》一書為首，以道家思想為核心，以無神論為主軸，以開顯人之自然面向為宗旨的自然人學思想。所謂「自然人學」，即是以人的自然面向切入，以論析「人之所是」與「人之所應是」的人學詮釋理論。

　　《淮南子》一書不僅是在主觀視域上，主動的選取了自黃老道家的觀點來理解與詮釋人的存在與本質；同時在客觀資料上，《淮南子》一書也大量的吸收了先秦諸子的思想與當時的科學知識，以作為其論析的佐據。因此，《淮南子》一書雖與先秦老莊道家一樣的是開顯人的自然面向，但是兩者對於人的自然面向之詮釋卻還是有所不同。如先秦老莊道家是就本體論的角度來開顯人的自然面向，而《淮南子》則是就宇宙論的角度來開顯人的自然面向；先秦老莊道家側重的是思辨性的言詮，而《淮南子》則側重的是實證性的論析；先秦老莊道家重視人的體道，而《淮南子》則重視人的治世等。不過，由於《淮南子》一書為集體創作，所以論點並不全然一致。因此，本文即試圖依其核心思想，以條理其主要理念，進而重構出《淮南子》人學思想之大要，並從而據

此以反思漢初道家學者對人的理解與詮釋。（註：下述引文若引自
《淮南子》一書，即不列其書名，而僅旁註其篇名。）

道氣成人—人的自我認知

　　《淮南子》雖與先秦道家一樣的是由人的自然面向來開顯人
的本質所是，但是兩者對於人之自然面向的理解與詮釋卻還是有
所不同。先秦道家側重的是形上的思辨，而《淮南子》則側重的
是形下的證驗。因此，就《淮南子》而言，人的自然面向就是人
之由「道」與「氣」合成的生物面向。

　　《淮南子》將人與萬物視為是同源於「太一」的不同產物，
而言：「洞同天地，渾沌為樸；未造而成物，謂之太一。同出於一，
所為各異。有鳥有魚有獸，謂之分物。方以類別，物以群分。性
命不同，皆形於有。隔而不通，分而為萬物，莫能及宗」（〈詮言
訓〉）。「太一」即指「道」與「氣」未分之體，而「虛霩」則指道
氣始分之境，故言：「道始生於虛霩，虛霩生宇宙，宇宙生氣」（〈天
文訓〉）。因此，《淮南子》視萬物與人同源於「太一」，同出於「虛
霩」，同生於「道」與「氣」之合。「太一」即是自然，而「道」
與「氣」即是自然的兩面；「道」是自然的精神面，而「氣」則是
自然的物質面。不過，由於《淮南子》將物質性的「氣」定位於
由精神性的「道」而出，從屬於精神性的「道」，所以在《淮南子》
中，「道」即是萬物之所以生發的終極根源，而「氣」則是使萬物
有其形象變化的最初元質。氣由道生，道由氣顯；道、氣相合，
萬物化生。此中，靜態之「道」就是萬物的生命之理；而動態之
「氣」則是此生命之理的具體表現，也就是顯現而為萬物生生不
息的生命力。萬物雖是由「道」與「氣」之合而有生，但是因「道」
為不可見的精神性規律，而「氣」則成可見的物質性形象，因此

《淮南子》即依成形之「氣」而來說明人與萬物的不同,「古未有天地之時,惟象無形。⋯有二神混生,經天營地,⋯於是乃別為陰陽,離為八極,剛柔相成,萬物乃形。煩氣為蟲,精氣為人」(〈精神訓〉)。

人雖是稟精氣而生,但是總歸還是氣化所成之物,所以人也是物,《淮南子》即言:「譬吾處於天下也,亦為一物矣」(仝上)。人與萬物既同為氣化所成之物,故就形上本體而言,人與萬物原為一體,同為道的體現,《淮南子》故言:「一范人之形而猶喜,若人者,千變萬化而未始有極也」(〈俶真訓〉)。因此,《淮南子》視人與萬物雖有形氣之別,卻無價值優劣可議,遂言:「我亦物也,物亦物也。物之與物也,又何以相物也」(〈精神訓〉)。《淮南子》既將人在宇宙中之地位,定位在「自然生物」的身份上,因此該書對於人的理解與詮釋也就側重於對此面向的開顯。

《淮南子》視人是由「形、氣、神」三要素所合構而成,而言:「形者,生之舍也;氣者,生之充也;神者,生之制也。一位失,則三者傷矣」(〈原道訓〉)。「氣」既是道之體現而成的生命力,又是人之成形的最初元質,因此《淮南子》即視「氣」使人有生;氣化成形,「形」使人有體;體立神存,「神」即使人心為人身之主,故言:「心者,形之主也;而神者,心之寶也」,「以神為主者,形從而利;以形為制者,神從而害」(仝上)。所以,該書實際上是依形神關係而來說明人之本質的靜態結構,並依氣的動態變化而來解析使人存在的生命活力。

在形神關係上,《淮南子》視人的形神本諸天地之氣所為,而言:「夫精神者,所受於天也;而形體者,所稟於地也」(〈精神訓〉)。因此《淮南子》也就依此而肯定人的形神即與天地之氣相類相通,故言:「以陰陽之氣相動也,⋯故精誠感於內,形氣動於天。⋯天

之與人，有以相通也」（〈泰族訓〉），「故頭之圓也象天，足之方也
象地；天有四時、五行、九解、三百六十六日，人亦有四肢、五
藏、九竅、三百六十六節；天有風雨寒暑，人亦有取與喜怒。故
膽爲雲，肺爲氣，肝爲風，腎爲雨，脾爲雷，以天地相參也，而
心爲之主」（〈精神訓〉）。

　　《淮南子》這種將人作自然化詮釋，以呈顯天人一體的理解，
雖是與先秦道家之論相一致；但是由於《淮南子》亦將「陰陽五
行」與「天人感應」思想一併納入到此種詮釋之中，遂使《淮南
子》之論即與先秦道家之論相區別。不過，也正由於《淮南子》
的詮釋中涵攝了「天人感應」思想，以致於使得該種視人爲自然
之具體反映的詮釋模式，實際上卻是出於將自然作擬人化詮釋的
企圖。換言之，《淮南子》也就是以人爲主體的去比附「自然之所
是」，再從而反證「人之所是」。

　　這種基於將自然作擬人化詮釋的企圖，以肯定天人之間確有
其相互感應之理的論析，不僅是出現在以道家思想爲本的《淮南
子》一書中，也同樣出現在以儒家思想爲據的《春秋繁露》一書
中。不過，由於前後二書的形上預設不同，以致於二書雖同有天
人感應之論[7]，卻仍導出了無神論式與有神論式的兩種不同詮釋模
式。此中，《淮南子》一書不僅是將人的終極根源定位於自然之道，
並且同時否定了位格神祇的存在，因此，《淮南子》一書遂依人的
自然面向而開展出無神論式的人學詮釋模式；然而，《春秋繁露》
一書雖是包容了自然與人的直接聯繫，但是由於該書試圖以神道

7　《春秋繁露·天人三策》：「國家將有失敗之道，而天乃先出災害以譴告之；
　不知自省，又出怪異以警懼之；尚不知變，而傷敗乃至。以此見天心之仁愛
　人君，而欲止其亂也。」

設教的方式來主導政治的一統[8]，因此，《春秋繁露》一書遂將人的終極根源定位於位格神祇的先在，並從而依人的宗教面向而開展出有神論式的人學詮釋模式。故就《淮南子》而言，人即是「自然人」；但是就《春秋繁露》而言，人即不只是「自然人」，同時也是「宗教人」。

《淮南子》既視人爲氣化所成的自然產物，因此對於人的生死問題也就依自然的角度來作解析，視人的生死不過是天地之氣的聚散變化而已，故言：「精神，天之有也；而骨骸者，地之有也。精神入其門，而骨骸反其根，我尙何存」（〈精神訓〉）。天地之氣聚，則人生而有形，故有我之存；天地之氣散，則人亡而無形，故無我之在。因此，人的「生」就不過是一氣由無形而有形的偶然變化，而人的「死」也就不過是一物由有形而無形的徹底歸無。人的存在與否既然是因著氣的聚散變化而定，所以人就不是一個必然的存在物，故有生死的變化。人之生死的變化，不過是一氣變化的不同形態，所以人雖有生死，但是氣卻不會因此而有本質的變化，《淮南子》故言：「生生者未嘗死也，其所生則死矣；化物者未嘗化也，其所化則化矣」（仝上）。因此，人的存在就不過是一氣變化的暫時狀態而已，是言：「吾生之比於有形之類，猶吾死之淪於無形之中」（仝上）。

然而，人是個會發問的存在之物，總是在尋求其存在的意義，以試圖解開其存在之謎。但是《淮南子》卻明白的表示：「天道玄默，無容無則，大不可極，深不可測；尙與人化，知不能得」（〈主術訓〉）。這也就是說，人只是自然所成之果，非成就自然之因，所以人是無法以其有限的理智，來理解人之所以有其生死的究竟

---

8 《春秋繁露・深察名號》：「天生民性，有善質而未能善，於是爲之立王以善之，此天意也。…王承天意，以成民之性爲任者也。」

意義，故言：「吾安知夫剌灸而欲生者之非惑也，又安知夫絞經而求死者之非福也。或者生乃徭役也，而死乃休息也。天下茫茫，孰知之哉」（〈精神訓〉）。不過，人終究是個已然的存在，所以《淮南子》視人之所以存在乃是與萬物同然的是出於自然的無爲所致，而言：「霜雪雨露，生殺萬物，天無爲焉」（〈詮言訓〉）。「無爲」，非不作爲，而是無所爲而爲。換言之，人的生死既是出於自然「無爲」的結果，因此，人的存在也就沒有其先在的價值與內在的目的可言，故言：「其生我也，將以何益？其殺我也，將以何損？..然則吾生也物不以益眾，吾死也土不以加厚，吾又安知所喜憎利害其間者乎」（〈精神訓〉）。人的存在既無其先在的價值與內在的目的，所以人的存在也就成了荒謬而又虛無的存在。

不過，值得注意的是，《淮南子》於此要突顯的不是存在的虛無，而是要透過存在的虛無來開顯出生命的自由。正是因爲「道」的「無爲」使人的存在並無稟賦任何內在的目的，所以，人的存在也就相應的是無定向制限的自由，故言：「唯無所向者，則無所不通」（〈氾論訓〉）。所以，就人的存在而言，人就應是生而自由的。再就人的本質而言，人既是根源於「道」，而「道」本身又涵具了成就一切的可能性，「道者，一立而萬物生矣。…若無而有，若亡而存。萬物之總，皆閱一孔；百事之根，皆出一門。其動無形，變化若神」（〈原道訓〉），所以「道」本身即是自由的、開放的，「道…可以弱，可以強；可以柔，可以剛；可以陰，可以陽；可以窈，可以明；可以包裹天地，可以應待無方」（〈道應訓〉）；人既是「道」的體現，所以人也就應是自由的、開放的，《淮南子》故言：「是故聖人者，能陰能陽，能弱能強，隨時而動靜，因資而立功。物動而知其反，事萌而察其變，化則爲之象，運則爲之應，是以終身行而無所困」（〈氾論訓〉）。

　　《淮南子》也就是預設了人若能如其所是的實現人所根源於
「道」的自然本性，人就能自發性的開顯人的自由與開放。但是，
事實上，《淮南子》也承認人已因著人類文化的建制，而使人背離
了他原有的自然本性，所以人也因此而失去了他原有的自由與開
放，故言：「衰世之學，不知原心反本，直雕琢其性，矯拂其情，
以與世交。故目雖欲之，禁之以度；心雖樂之，節之以禮；趨翔
周旋，詘節卑拜；肉凝而不食，酒澄而不飲；外束其形，內總其
德；鉗陰陽之和，而迫性命之情，故終身爲悲人」（〈精神訓〉）。
因此，《淮南子》認爲於今只有透過主體自覺的返性體道，才能使
人自主的開顯其原有的自由與開放，是言：「故聖人將養其神，和
弱其氣，平夷其形，而與道沉浮俛仰，恬然則縱之，迫則用之。
其縱之也若委衣，其用之也若發機。如是，則萬物之化無不遇，
而百事之變無不應」（〈原道訓〉）。由是可知，《淮南子》的人學思
想即是要人由「自然人」而爲「自由人」，故言：「聖人之學也，
欲以返性於初，而遊心於虛也」（〈俶真訓〉）。

返性體道－人的自我實現

　　《淮南子》視人是「道」的體現，而言：「身者，道之所托」
（〈齊俗訓〉）。「道」在人身的體現即成人的自然本性，故言：「以
道原人之性」（〈繆稱訓〉）。所以人的自然本性就是得自於「道」
的「德」，是言：「得其天性，謂之德」（仝上）。換言之，《淮南子》
即是以「自然」論「道德」，以「道德」論「人性」，因此人的自
然本性也就是人的道德本性。「道」既是萬物之所以生化的終極根
源，所以「道」即是最高的善。人的自然本性既是「道」在人身
的體現，所以人的自然本性也就是至善之性，故言：「心反其初，
而民性善」（〈精神訓〉）。因此，按照《淮南子》的觀點，人就應

是自發性的實現其自身的自然本性以自善,故言:「古之人同氣於
天地,與一世而優遊。當此之時,無慶賀之利、刑罰之威,禮義
廉恥不設,毀譽仁鄙不立,而萬民莫相侵欺暴虐,猶在混冥之中」
(〈本經訓〉)。

　　事實上,在先秦時期,對人之自然本性爲善或爲惡即已有不
同的評議,從而也引發了對人文規範之應否制定的不同論斷。如
儒家之孟子即認爲人性本善,並視道德仁義即是出於人的自然本
性[9],但是人因受物欲所誘而致放失其本性,故須制定人文規範以
使人復歸其自然本性的如實實現[10]。而儒家的荀子則認爲道德仁
義不是出於人的自然本性[11],而人的情欲才是人的自然本性,但
是若順諸人的自然本性於人世的實現,就會造成人世的衝突危亂,
所以人需要制定人文規範以限制人之自然本性[12]。但是道家的老
莊則認爲人的自然本性就是道德本性,也就是至善之性,所以視
人若順諸自然本性的自發性實現即能爲善,故而反對人之制定人
文規範以限制人之自然本性的如實實現[13]。基本上,《淮南子》是
依從先秦道家之論而肯定人性自善,故而反對人之制定人文規範

9　《孟子・告子上》:「惻隱之心,人皆有之;羞惡之心,人皆有之;恭敬之心,
　　人皆有之;是非之心,人皆有之。惻隱之心,仁也;羞惡之心,義也;恭敬
　　之心,禮也;是非之心,智也。仁、義、禮、智,非由外鑠我也,我固有之。」
10　《孟子・離婁上》:「仁之實,事親是也;義之實,從兄是也。智之實,知
　　斯二者弗去是也;禮之實,節文斯二者是也;樂之實,樂斯二者。」
11　《荀子・性惡》:「禮義者,是生於聖人之僞,非故生於人之性也。」
12　《荀子・性惡》:「故古者聖王以人之性惡,以爲偏險而不正,悖亂而不治,
　　是以爲之起禮義、制法度,以矯飾人之情性而正之,以擾化人之情性而導之
　　也。始皆出於治而合於道者也。」
13　《莊子・馬蹄》:「夫至德之世,同與禽獸居,族與萬物並,惡乎知君子小
　　人哉!同乎無知,其德不離;同乎無欲,是謂素樸;素樸而民性得矣。及至
　　聖人,蹩躠爲仁,踶跂爲義,而天下始疑矣;澶漫爲樂,摘辟爲禮,而天下
　　始分矣。…毀道德以爲仁義,聖人之過也。…及至聖人,屈折禮樂以匡天下
　　之形,縣跂仁義以慰天下之心,而民乃始踶跂好知,爭歸於利,不可止也,
　　此亦聖人之過也。」

以限制人之自然本性的如實實現，而言：「率性而行謂之道，得其天性謂之德。性失然後貴仁，道失然後貴義。是故，仁義立而道德遷矣，禮樂飾則純樸散矣，是非形則百姓眩矣」（〈齊俗訓〉）。不過《淮南子》較諸先秦道家老莊對人之所以制定人文規範之論，則猶有較為詳盡且持平的論議。

《淮南子》本諸黃老道學之融法入道的立場，而視人文規範之所以制定乃是基於人世變遷的實際需要所致，故言：「夫仁者，所以救爭也；義者，所以救失也；禮者，所以救淫也；樂者，所以救憂也」（〈本經訓〉）。由於《淮南子》視人世的發展是漸趨背離自然的退化，所以認為人文規範的制定就是為遏阻此種退化的繼續發展，而言：「逮至衰世，人眾財寡，事力勞而養不足，於是忿爭生，是以貴仁。仁鄙不齊，比周朋黨，設詐諝，懷機械巧故之心，而性失矣，是以貴義。陰陽之情，莫不有血氣之感，男女群居雜處而無別，是以貴禮。性命之情，淫而相勝，以不得已則不和，是以貴樂。是故，仁義禮樂，可以救敗」（仝上）。不過，弔詭的是，人雖然是建立了人文規範以防堵人性的繼續惡質化，卻也是因著人文規範的制定遂使人不能如其所是的實現其自然本性，是言：「道散而為德，德溢而為仁義，仁義立而道德廢矣」（〈俶真訓〉）。所以，《淮南子》即強調：「是故，仁義禮樂，可以救敗，而非通治之至也」（〈本經訓〉）。

《淮南子》之所以認為人文規範不足以通治，是因為它是人為控制人之自然本性的實現而起的外部控制機制，是言：「孔墨之弟子，皆以仁義之術教導於世，然而不免於僻。身猶不能行，又況乎所教乎！是何則？其道外也」（〈俶真訓〉）。既然人之為「人」即在於人的自然本性，所以《淮南子》認為任何試圖以他律來控制人之自然本性實現的作為，都將是徒勞無功，故言：「夫釋大道

而任小數，…不足以禁姦塞邪，亂乃逾滋」（〈原道訓〉）。因此，《淮南子》主張治世的準則就應是以適性、養性爲依歸，使人人皆能順其本性而活，故言：「通性之情者，不務性之無以爲；通命之情者，不憂命之無所奈何；通於道者，物莫不足滑其調。…原天命，治心術，理好憎，適情性，則治道通矣」（〈詮言訓〉）。《淮南子》也就是認爲人人若皆能順其本性而活，不僅在上者無事，在下者自由，而且天下必歸平治。是以，《淮南子》強調通治之道即是取消他律、順諸自律的無爲之治，而言：「已雕已琢，還反於樸。無爲爲之，而合於道；無爲言之，而通乎德；恬愉無矜，而得於和；有萬不同，而便於性」（〈原道訓〉）。

《淮南子》認爲會影響人之自然本性是否如實實現，以致於須待主體自律以自作調控的三個內在因素即爲「欲、知、情」三者。其中，「欲」爲最，而「知」從之，「情」則相隨於二者而動。三者雖皆出於「性」，但是若不加以自制，則又會妨礙了人性的如實自顯，而生危害。此種爲害於人影響最大的，即是使人爲物所役，而致淪喪了人的主體性，使人不復爲「真人」。

一、就「欲」之爲害而言，《淮南子》強調「人性安靜，而嗜欲亂之」（〈俶真訓〉），「耳目淫於聲色之樂，則五臟動搖而不定矣。五臟動搖而不定，則血氣滔盪而不休矣。血氣滔盪而不休，則精神馳騁於外而不守矣」（〈精神訓〉）。不過，人之有欲既然是出自人的自然本性，所以《淮南子》也不贊成禁欲，故言：「迫性閉欲，以義自防也。雖情心郁殪，形性屈竭，猶不得已自強也，故莫能終其天年」（仝上）。《淮南子》所強調的只是返性節欲，使欲適足以養性即可，故言：「不貪無用，則不以欲用害理；欲不過節，則養性知足」（〈詮言訓〉）。而節欲之道，即在「使耳目精明玄達而無誘慕，氣志虛靜恬愉而省嗜欲，五臟定寧充盈而不泄，精神內

守形骸而不外越」（〈精神訓〉）。

由是可見，《淮南子》之所以認爲「欲」爲大害，並非因爲「縱欲而失性」（〈齊俗訓〉），而是因爲人欲使人心外逐，終爲物役，而不復其自主性，人遂因而自陷在不可預知的危難中，故言：「精神馳騁於外而不守，則禍福之至雖如邱山，無由識之」（〈精神訓〉）。所以，《淮南子》視人之以「欲」養生，適足以害生，而言：「五色亂目，使目不明；五聲譁耳，使耳不聰；五味亂口，使口爽傷；趣舍滑心，使行飛揚。此四者，天下之所養性也，然皆人累也。…夫惟能無以生爲者，則所以修得生矣」（仝上）。「故聖人不以人滑天，不以欲亂情」（〈原道訓〉），如此才能使人因自律而復顯其性，復歸自主，故言：「聖人不以身役物，不以欲滑和。是故，其爲歡不忻忻，其爲悲不啜啜，萬方百變，消搖而無所定，吾獨以慷慨遺物，而與道同出。是故，有以自得之也」（仝上）。

二、就「知」之爲害而言，《淮南子》強調「人生而靜，天之性也；感而後動，性之害也；物至而神應，知之動也。知與物接，而好憎生焉；好憎成形，而知誘於外，不能反己，而天理滅矣」（仝上）。人之有「知」，一如人之有「欲」，都是出於人的自然本性；但是當人的心智與物相接而動時，人的心智就會受欲望的指引而外逐於物，遂生機巧之心；一旦機巧之心起，人就會依從其智，而非依從其性，故言：「嗜欲連於物，聰明誘於外，而性命失其得」（〈俶真訓〉）。所以，智起而僞生，僞生而性失，故言：「立仁義，脩禮樂，則德遷而爲僞矣。及僞之生也，飾智以驚愚，設詐以巧上。…能愈多，而德愈薄矣」（〈本經訓〉）。

由是可見，《淮南子》論「知」之爲害，不只是就人會爲其智僞所形塑，而反對人之用智；更是就人會因外求知物，而使人心受制於物與對物之知，從而使人失去其本性的清明與自主，是言：

「亡精於中，而言行觀於外，此不免以身役物矣。夫趨舍行僞者，爲精求於外也。…其所守者不定，而外淫於世俗之風，…內以濁其清明」（〈俶真訓〉）。所以，《淮南子》強調「是故聖人內脩其本，而不外飾其末。保其精神，偃其智故，漠然無爲而無不爲也」（〈原道訓〉）。人不以心智成知，才能任道自顯，而有真知，故言：「棄智則道立」（〈詮言訓〉）。所以，《淮南子》認爲聖人治世之首要任務即應是使自己有智而不用，是言：「至人之治也，掩其聰明，滅其文章，依道廢智，與民同出於公。約其所守，寡其所求，去其誘慕，除其嗜欲，損其思慮。約其所守則察，寡其所求則得」（〈原道訓〉）。在上者不以智治國，在下者即不會用智以應，那麼人人就都可以依其本性而活。

三、就「情」之爲害而言，《淮南子》強調「夫喜怒者，道之邪也；憂悲者，德之失也；好憎者，心之過也；嗜欲者，性之累也。人大怒破陰，大喜墮陽，薄氣發瘖，驚怖爲狂，憂悲多恚，病乃成積，好憎繁多，禍乃相隨」（〈原道訓〉）。人之有「情」，一如人之有「知」、有「欲」一樣的是出於人的自然本性；而且也和「知」與「欲」一樣的是受外物的刺激而動，並受制於外。因此，當人心與外物相接時，不僅「知」與「欲」同出，「情」也會相隨而發。相對於「欲」而言，「情」正足以強化所求；相對於「知」而言，「情」則適足以蒙蔽真知。所以《淮南子》特別重視對「情」的自制，而言：「無所喜而無所怒，無所樂而無所苦，萬物玄同也」（仝上）。只有當人能超脫因外在刺激而起的情緒反應時，人才能達到真正的至樂，故言：「能至於無樂者則無不樂，無不樂則至極樂矣」（仝上）。這種無樂之樂，即是清靜恬愉之樂，也即是適性之樂，《淮南子》故言：「靜漠恬澹，所以養性也；和愉虛無，所以養德也。外不滑內，則性得其宜；性不動和，則德安其位。養

生以經世，抱德以終年，可謂能體道矣」（〈俶真訓〉）。

由是可見，《淮南子》論「情」之為害，還是在乎人之是否能為人自身的主宰，自為的去實現其自然本性，且又不會為其性動之「情」所傷。因此，《淮南子》強調只有體道者才能超越情緒的干擾而順性自顯，自為主宰，故言：「體道者，不哀不樂，不喜不怒；其坐無憂，其寢無寐，物來而名，事來而應」（〈繆稱訓〉）。事實上，人生的許多煩惱與磨難皆是因有情而起，能化有情於無情，以任性命之情，才真是解開人生苦惱的有效途徑，故言：「達於道者，反於清靜；究於物者，終於無為。以恬養性，以漠處神，則入於天門」（〈原道訓〉）。

因此，綜合而言，《淮南子》雖然主張人應任性自顯，以遊於天地之間而為人，但是也明白人性之中確有某些因素的易於外鑠，會對本性的實現產生負面的效應，以致於引發人為其自身制定人文規範，遂使人自役於人文規範之下，遮蔽了人性的如實自顯。因此，《淮南子》便針對人文規範之所以制定的根本原因處入手，藉由主體對此種干擾自然本性如實實現的內在因素的自主性調節，使人能自主的掌握其存在的自由，而暢達於天地之間，故言：「所謂真人者，性合於道也。故有而若無，實而若虛。處其一，不知其二；治其內，不識其外。明白太素，無為復樸。體本抱神，以遊於天地之樊，茫然仿佯於塵垢之外，而消搖於無事之業」（〈精神訓〉）。

由此就可看出，《淮南子》對於人之為人的基本定位，不僅是視人為「自然人」，同時也肯定人天生就是「自由人」。如今是因為人文的宰制，才使人由「自然人」而為「文化人」。相對於儒家之視「文質彬彬的君子」為人的理想人格而言，「文化人」正是人之為「人」的理想形象；但是相對於道家之視「返樸歸真的真人」

為人的理想人格而言,「文化人」卻正是人之為「人」的扭曲變形。
因此《淮南子》人學思想的宗旨就在使已受文化形塑的「自然人」,
自覺自主的超脫其既有文化的制限,復歸其自然本性的如實自顯,
而自為的恢復其「自然人」、「自由人」的原始身份,故言:「聖人
之學,欲以返性於初,而遊心於虛也。達人之學也,欲以通性於
遼廓,而覺於寂寞也」(〈俶真訓〉)。

遊世為人－人的自我完成

　　《淮南子》視人之為「人」,就應是在其人生歷程中確保其為
「自然人」的原始身分。換言之,《淮南子》也就是將「人之所是」
定位於「自然人」,並將「人之所應是」也定位於「自然人」。「人
之所是」指人之為「人」的起點,而「人之所應是」則指人之為
「人」的終點。因此,在《淮南子》的人學思想裡,人只有一種
身份,也應只有一種身份。

　　不過,事實上,《淮南子》所面對的時代已不是人與禽獸雜處
的原始時代,而是一個已然為文化所形塑的西漢時代。即令是《淮
南子》一書的作者們也是藉由文化的傳播工具來闡述其理念,以
圖開顯人的自然面向,以提供人之為「人」的另一種成「人」模
式。因此,在《淮南子》的人學思想裡,人的自然性與文化性,
就成了兩個相互衝突又彼此聯繫的主要範疇;而人的個體性與社
會性,也就成了決定前兩個範疇之關係的關聯性範疇。《淮南子》
就是以人的個體性為基點,而試圖將人由其文化性復歸其自然性,
以遂成人的本性實現;但是《淮南子》也同時以人的社會性為考
量,而保留與人之文化性的等距關係,以使人能安然自處於世,
而又不致為文化所傷,故言:「故聖人體道反性,不化以待化,則
幾於免矣」(〈齊俗訓〉)。

　　在先秦的道家思想中，老子是企圖藉由政治的改革，以徹底的解消文化對人的形塑[14]；但是莊子則是承認文化對人的影響至深，所以採取與文化保持適當的關係，以維繫個人的自由不傷[15]。由於《淮南子》基本上是反映了漢初黃老道學之融法入道的思想，所以在其人學思想上即呈現了較為明顯的莊子之「虛己遊世」[16]的觀點，而視人之為「人」的完成仍可以是在已為文化所形塑的社會之中進行。

　　在莊子的人學思想中，莊子是要人先由「無己」而「有己」的將自身從文化的形塑之中解放出來，以恢復人自主性的自由[17]；然後再由「有己」而「無己」的藉由自然本性的如實實現，而將自身消融於「道」的大化流行之中，以獲得人心靈絕待的自由[18]。《淮南子》人學思想的舖陳，大致與莊子相同，只是對文化的形構與內涵著墨較多。

　　若就結構的分析上來看，《淮南子》雖然是從人的自然面向上來論析與人有關的各種問題，但是在對人的政治問題上《淮南子》採取的是以老子思想為主；而在人的社會問題上，《淮南子》所採

14　《老子》第十九章：「絕聖棄智，民利百倍；絕仁棄義，民復孝慈；絕巧棄利，盜賊無有。此三者以為文不足，故令有所屬－見素抱樸，少私寡欲。」
15　《莊子・大宗師》：「以刑為體，以禮為翼，以知為時，以德為循。以刑為體者，綽乎其殺也；以禮為翼者，所以行於世也；以知為時者，不得已於事也；以德為循者，言其與有足者至於丘也，而人真以為勤行者也。故其好之也一，其弗好之也一。其一也一，其不一也一。其一與天為徒，其不一與人為徒。天與人不相勝也，是之謂真人。」
16　《莊子・山木》：「人能虛己以遊世，其孰能害之。」
17　《莊子・秋水》：「知於道者必達於理，達於理者必明於權，明於權者不以物害己。…言察乎安危，寧於禍福，謹於去就，莫之能害也。故曰，天在內，人在外，德在乎天。知天人之行，本乎天，位乎得；蹢躅而屈伸，反要而語極。…故曰，無以人滅天，無以故滅命，無以得徇名。謹守而勿失，是謂反其真。」
18　《莊子・大宗師》：「古之真人，不知說生，不知惡死。其出不訢，其入不距。翛然而往、翛然而來而已矣。不忘其所始，不求其所終；受而喜之，忘而復之，是之謂不以心揖道，不以人助天，是之謂真人。」

取的則是以莊子思想為主。所以，莊子「虛己遊世」的觀點，即成為《淮南子》處理社會問題的主要依據，而其目的則是為使人在人世之中完成人之為「人」的理想。

《淮南子》對於自然與人文作了如下的說明：「所謂天者，純粹樸素，質直皓白，未始有與雜糅者也；所謂人者，偶差智故，曲巧偽詐，所以俯仰於世人，而與俗交者也」（＜精神訓＞）。人雖是自然的產物，稟受自然的條件而生；但是當人以其心智創造出屬人的文化之後，人即在其生活世界之中營造出以人為主體的文化世界。人不僅透過他所創造出來的文化世界，來宰制他所從出的自然世界；人並透過他所創造出來的文化世界，來形構人對其自身的自我認知，以致於使人在其原有的自然本性之外，又形成了人的文化習性，遂使得人性的實現即兼涵了自然性與文化性，而人也不復為「自然人」，《淮南子》故言：「人之性無邪，久湛於俗則易。易而忘本，合於若性」（＜齊俗訓＞）。

人雖然透過文化，而形構出人為其自身所設定的理想形象；並藉由政治教化的方式，使人人都按照人所設定的模式來實現其自身之所是。但是，人之所以能創造文化，是出於其心；所以，人之能復歸自然，也可以是由其心所決定。創造文化是基於人心的理智作為，而復歸自然則是出於人心的意志抉擇。因此，意圖使人復歸自然的《淮南子》即側重於對人心之意志抉擇的把握，而強調人的自主性與自由性，是言：「天下之要，不在於彼而在於我；不在於人而在於我」（〈原道訓〉）。每一個存在的人，都是一個個體的我；而每一個個體的我，都能自主的決定自己要如何走完自己的人生《淮南子》雖然是提供了一種人之為「人」的成「人」模式，但是也不否認人世之間已然存在著其他形態的成「人」模式。不過，《淮南子》並不要求人人都要遵守該書所提供的這套模

式，因爲任何的要求都會造成人自身的負累，也都是相反於《淮南子》人學的基本理念，是言：「魚相忘於江湖，人相忘於道術。古之真人，立於天地之本，中至優遊，抱德煬和，而萬物雜累焉，孰肯解構人間之事，以物煩其性命乎」（〈俶真訓〉）。所以《淮南子》只是提供了有心想復歸自然的人一套可行的模式，而這套模式也不致使遵行它的人會遭致人世的排斥，故言：「循天者，與道遊；循人者，與俗交」（〈精神訓〉）。《淮南子》也就是認爲人可以兼顧「與俗交」及「與道遊」，兩者並不是絕對的相互衝突。

「與俗交」就是按人間的遊戲規則來玩人間的遊戲，而又不會爲人間的遊戲所傷，也不會爲人間的遊戲規則所擺佈，進而維繫了自身的超然與自由；「與道遊」則是順諸自然本性的自發性實現，使自己能如其所是的實現自己最真實的本性，進而成爲真正的自己。當人兼顧「與俗交」及「與道遊」時，人就能在人間遊戲之中，活出最真實的自己，又能玩出最成功的遊戲，《淮南子》故言：「得道之士，外化而內不化。外化所以入人也，內不化所以全其身也。故內有一定之操，而外能詘伸、羸縮、卷舒，與物推移，故萬舉而不陷」（〈人間訓〉）。不過，要能做到如此，就必須「知天之所爲，知人之所行，則有以任於世矣。知天而不知人，則無以與俗交；知人而不知天，則無以與道遊」（仝上）。

事實上，當人能夠自由自在的玩人間遊戲時，他就已超脫了人世成員的身份，而在心靈的世界裡與「道」冥合，所以不僅人間的世事不足以干擾其心性，縱使屬於人間的形體也不足以束縛其心性的自由，此時的「有己」即如「無己」，《淮南子》故言：「人能虛己以遊於世，孰能訾之」（〈詮言訓〉）。因此，就《淮南子》而言，當人與「道」冥合而致超脫了「人」的身份時，人才是真正的達到了人之爲「人」的完成，而爲「真人」，故言：「能

反其所生，若未有形，謂之真人。真人者，未始分於太一者也」
（仝上）。

結論：《淮南子》人學思想的反思

《淮南子》中的人學思想，基本上仍是在反映先秦道家老莊
對「人」之理解與詮釋的觀點，同時再加上其他諸家思想與當時
科學知識的融合，而形成有別於先秦道家人學的詮釋模式。因此，
《淮南子》的人學思想可謂是代表了漢初道家對於「人之所是」
與「人之所應是」的一種詮釋模式。

就《淮南子》將人納入到宇宙生成的結構之中，視人的形神
俱爲自然的體現，並反映著自然之所是的觀點而言，此種論述角
度實際上是依據自先秦即已成形的「天人一體」之觀點而來，所
以該書對於人之爲「人」的完成即定位在「性合於道」（〈精神訓〉）
的「天人合一」論點上。這也就是說，《淮南子》對於「人之所是」
與「人之所應是」的理解與詮釋，正是相應於該書對於天人關係
的理解與詮釋。換言之，該書以「天人一體」的觀點來定位「人
之所是」，因此視人之爲「人」的起點即是人之爲「自然人」的原
始身份；並以「天人合一」的觀點來定位「人之所應是」，因此視
人之爲「人」的終點即是人之應爲「自然人」的理想形象。所以，
從形上學的視域切入探究《淮南子》的人學思想，即可把握到該
書爲何會作出如是的理解與詮釋。

不過，就該書所提供的成「人」模式而言，此中確實可就「與
俗交」（仝上）的部份作現代意義的轉化，而使人開放性的吸收人
間的各種知識，以「與俗交」，以「遊於世」（〈詮言訓〉）。當然，
這還是得先能把握住「與道遊」（〈精神訓〉）的基本訴求，才能「遊
無極之野，登太皇，馮太一，玩天地於掌握之中」（仝上）。否則

人似乎還是很難超越人間的種種束縛,而僅是心嚮往之而已。

朱熹理氣論中的人學思想

序　言

　　宋明理學之集大成者－朱熹，雖是以理氣論作爲其學說的基礎，但是究其實旨則仍是在建立人對「人之所是」的理解與詮釋，及依此理解與詮釋所作出對「人之所應是」的規劃與導向。爲此，朱熹遂藉助「理」與「氣」的對比概念來說明人的存在結構，並藉助「理」與「欲」的對立概念來規劃人的自我完成。然而，朱熹雖然是對人的存在結構作了如是的二元化詮釋，但是對於人的存在根源則仍是視之爲與天地萬物同源，即同源於「天理」。因此，就本體論的角度而言，「天理」就是使一切存在之所以可能的終極原因；但是就認識論的角度而言，「天理」則是人藉由對客體的經驗認知與對主體的先驗直觀所最終識得的絕對真理。換言之，朱熹也就是認爲人雖然是因著「天理」而得以存在，但是人卻是經由外學與內省的雙向認識過程，才得以揭示出先天即內存於心的「天理」之全貌。而人也就是依其自身對「天理」的認知，乃導引出人對「人之所是」的理解與詮釋，及相應而作的對「人之所應是」的規劃與導向，最後即循此導向以完遂人之爲「人」的最終滿全。

　　因此，朱熹的理氣論雖然是對人與天地萬物之得以存在所作的形上理解與詮釋，但是其宗旨卻是在試圖爲「人是什麼」作一終極性的解答，及對「人應如何」作一理想性的規劃。所以，就

此而觀，即見朱熹實是以其人學思想來構建其理氣論，並依此而
開展出其以「人」爲研究主體的哲學體系。

本文即欲就作爲朱熹哲學之基礎的理氣論，來探究內蘊其中
的人學思想[1]。本文之各節將依兩個部份試作探究，其一是探究朱
熹理氣論中的人學思想，其二則是探究朱熹之人學思想對構建其
理氣論的影響。

理－人的超驗面向

相對於佛教之否定世界的真實性而言，儒家則是肯定世界的
真實性。儒家也就是認爲這世界是真實存在，所以我們對這世界
的認知才有意義。因此，在儒家學者之中，遂發展出多種對此世
界之理解與詮釋的不同模式，朱熹的理氣論即是其中一種。

朱熹藉由「理」與「氣」兩個概念來解說萬物之所以存在的
本質結構，「天地之間，有理有氣。理也者，形而上之道也，生物
之本也；氣也者，形而下之器也，生物之具也。是以人物之生，
必稟此理，然後有性；必稟此氣，然後有形」（《文集》卷五十八）。
這即意謂著朱熹認爲凡物之存在，必含「理」具「氣」，然後有「性」
與「形」。

不過，他也強調一物之存在，雖然必是由「理」與「氣」之
合而成，缺一不可；但是「理」與「氣」實爲二物，而不是構成
單一實體的部份元素，故言：「所謂理與氣，此決是二物。但是在
物上看，則二物渾淪不可分開各在一處，然不害二物之各爲一物
也」（《文集》卷四十六）。因此，使一物之得以存在的本質，就

---

1 本文的思考角度，不是重在研議朱熹的理氣論中說了什麼，而是在探究他爲
  何如此說。筆者以爲，由朱熹立論的動機處來作探究，勢將有助於我們去瞭
  解朱熹之所以構建其理氣論的主要目的：使人成聖。

必爲二元化的結構型態。換言之，一物的存在都必是由「理」與「氣」這兩個不同的實體所合構而成。所以，「理」與「氣」之間即存在著不離不雜的微妙關係。

然而，「理」與「氣」之合雖是能解釋萬物之得以存在的本質結構，但是「理」與「氣」終究是兩個不同的實體，所以這種解釋仍不足以說明萬物之所以存在的終極原因。因此，朱熹就針對「理」與「氣」之間的關係再詳加說明：「未有天地之先，畢竟也只是理。…有理，便有氣流行，發育萬物」（《語類》卷一）。他也就是藉由萬物之所以生發的動態歷程，來確立「理」爲萬物之所以存在的最終基礎，故言：「有此理，便有此天地；若無此理，便亦無天地、無人、無物，都該無載了」（仝上）。朱熹即視「理」爲萬物之所以生發與所以存在的終極原因，故言：「有是理，便有是氣，但是理是本」（《文集》卷四十六）。「理」既是萬物之所以存在的第一因，所以，朱熹也就以「理」作爲他構建其理氣論的核心概念。

「理」雖是萬物之所以存在的第一因，但是它終究是「形而上之道」，爲萬物之所以生發與存在的抽象原理，卻不能單獨形成具體的存在之物，朱熹是言：「未有物而已有物之理，然亦但是有其理而已，未嘗實有是物也」（仝上）。因此，「理」只是提供了萬物之所以存在的可能性。然而，「氣」之存在亦是因「理」而生，是言：「有是理，後生是氣」（《語類》卷一）；「氣」之動靜也是因「理」而成，是言：「動而生陽，亦只是理；靜而生陰，亦只是理」（仝上）。所以，朱熹即視「理」不僅是使一切存在之所以可能的形上基礎，同時也是使一切存在之所以生發的必然規律。

朱熹視人爲萬物中的一員，又視人與天地萬物皆同源於「理」，所以將「理與人」之間的關係即視同「理與物」之間的關係。但

是，人與萬物雖然同樣是分受一理，然而兩者卻又實有不同，朱熹故言：「以其理而言之，則萬物一原，固無人物貴賤之殊；以其氣而言之，則得其正者通者爲人，得其偏且塞者爲物。是以或貴或賤，而有所不能齊者，蓋以此也」（《語類》卷四）。朱熹也就是認爲人與萬物之不同處即在兩者的稟氣有所不同，人因稟氣之正，所以爲天地間之最貴者。但是，因爲朱熹視「氣」爲一消極性的限制因素，不能作爲積極性的種類原理，所以他強調人物之別的終極原因，還是在於因稟氣之限而呈顯的「理」有所不同，故言：「然其氣雖有不齊，而得之以有生者，在人物莫不皆有理。雖有同而得之以爲性者，人則獨異於物。故爲知覺爲運動者，此氣也；爲仁義爲禮智者，此理也。知覺運動，人能之，物亦能之；而仁義禮智，則物固有之，而豈能全之乎？…以氣言之，知覺運動，人物若不異；以理言之，則仁義禮智之稟，非物之所能全也。…所以見人之爲貴，非物之所能」（仝上）。人物之別的終極原因既在於人得性理之全，所以朱熹視人天生即是萬物中之最優越的族群，而言：「人爲最靈，而備有五常之性」（《文集》卷五十九）。人既爲萬物之靈，所以人在宇宙中也就佔有其核心的地位，朱熹故言：「人生天地之間，稟天地之氣，其體即天地之體，其心即天地之心」（《中庸或問》卷三）。

　　人既是因得性理之全而爲天地間之最貴者，而人所稟受的性理又是源於天理，如朱熹所言：「天道流行，付而在人，則爲仁義禮智之性」（《語類》卷六）。所以，此「天理」即應涵具道德性，故言「天理只是仁義禮智之總名；仁義禮智便是天理之件數」（《續近思錄》）。再者，人既是是因「天理」而稟具其本性，所以朱熹視人天生即有其道德本性，而言：「德性者，吾所受於天之正理」（《四書章句集注・中庸章句》）。

我們或可就人對「天理」的認知，來反省朱熹對此「天理」的道德性詮釋之義。朱熹既然肯定「天理」是先於人而存在，並且是人之所以存在的超驗基礎，所以「天理」也就不是人的經驗認知所能直接認知的對象。但是，朱熹又強調「天理」實存，並且是人之為「人」的根本，而言：「人有此身，便有所以為人之理，與生俱來，乃天之所付」（《文集》卷六十三）。所以，人雖不能藉由經驗檢證「天理」的存在，但是也不能依此而否認「天理」的存在，因為人之所以有其經驗認知也是基於「天理」所成，故言：「人之始生，得於天也。既生此人，則天又在人矣。凡語言、動作、視聽，皆天也」（《語類》卷十七）。因此，朱熹認為人對「天理」的認知就不是去創造一個想像的對象物，而是去發現內在於人自身的真實本體。

「天理」既是等待人去發現與認知的超驗實體，故人對「天理」的認知與詮釋即應無損於「天理之所是」；相對的卻是反應出詮釋者期望於「天理之所是」。朱熹在其對「天理」的詮釋中，不僅視「天理」為萬物之所以生發的自然規律，同時也視「天理」亦為人之所以有其道德本性的先驗基礎，是言：「凡人之言語、動作、思慮、營為，皆氣也，而理存焉。故發而為孝悌忠信、仁義禮智，皆理也」（《語類》卷五）。由此就可看出，朱熹實是欲為人世的道德規範尋求一個不容置疑的超越根據，所以才賦予了「天理」一個道德性的詮釋，而將「天理」詮釋為人之所以有其道德規範的形上基礎，故言：「禮是那天理自然之理。」（《語錄》卷四十一）。換言之，朱熹也就是以人為核心的去理解「天理之所是」，並以他對人性的期許去詮釋「天理之所是」，而言：「父子有親，君臣有義，雖是理如此，亦須是上面有箇道理教如此始得」（《語類》卷二十五）。所以在他對「天理」的詮釋中，就不僅賦予「天

理」之自然義，也賦予「天理」之道德義。

由是即見，朱熹之所以構建其理氣論的主要目的，不是爲說明天地萬物之所以生發與存在的最終原因，而是爲說明「人之所是」與「人之所應是」的形上依據。換言之，朱熹其實是在爲「人」立論，而非爲「天」立說。因此，筆者以爲，朱熹就是依其人學思想而去構建他的理氣論，所以人性問題也就成爲朱熹理氣論中的核心議題。

理在氣中－人的存在結構

人對「天理」的理解與詮釋是後於人的存在，換言之，人也就是因著其已然的存在，然後才會去探問其所從來。但是當人已然存在時，人就必然是一個具體存在之物，而不是使存在之所以可能之理。所以，朱熹雖視「理」是使人之存在所以可能的形上基礎，但是也強調必須有「氣」使之具體化後，人才能具顯爲一實存之物，故言：「天地之間，有理有氣。理也者，形而上之道也，生物之本也；氣也者，形而下之器也，生物之具也。是以人物之生，必稟此理，然後有性；必稟此氣，然後有形」（《文集》卷五十八）。因此，凡物之存在，必爲「理」與「氣」之合，缺一不可，故言：「天下未有無理之氣，亦未有無氣之理」（《語類》卷一）。所以，相對於一存在之物的本質而言，「理」與「氣」是同時存在，不可分離。

但是，朱熹也承認「理」與「氣」二者實有不同，故言：「所謂理與氣，此決是二物。但是在物上看，則二物渾淪不可分開各在一處，然不害二物之各爲一物也」（《文集》卷四十六）。這也就是說，朱熹認爲「理」與「氣」不是構成一物之本質的部份性元素，而是兩個性質不同的單一實體。因此，他將「理」與「氣」

視爲是構成一物之本質的二元化存在結構，強調「其性其形，雖不外乎一身，然其道器之間分際甚明，不可亂也」(《文集》卷五十八)。

既然「理」與「氣」是兩個單一實體，那麼兩者之間就應有一個更爲根源性的終極實體。朱熹認爲這個終極實體不是無，而是有；他並視此終極之有即是「太極」，強調「太極只是天地萬物之理。在天地言，則天地中有太極；在萬物言，則萬物中各有太極。未有天地之先，畢竟是先有此理」(《語類》卷一)。此「太極」即是先於萬物而存，又內於萬物而在的「天理」。所以，「天理」就是兼具超越性與內在性的終極實體。有此終極實體的存在，才有「氣」的生發，故言：「有是理，後生是氣」(仝上)。所以，朱熹視「理」就是「氣」之所以存在的形上基礎，而言：「有理，便有氣流行，發育萬物」(仝上)。但是朱熹雖然認爲「氣」由「理」來，可是他又強調「理」也在「氣」中，而言：「然理又非別爲一物，即存乎是氣之中。無是氣，則是理亦無掛搭處」(仝上)。因此，他遂將萬物之所以生發的動態歷程即詮釋爲：理生氣，理氣合而生萬物。

「理」是形而上的抽象原理，因此，「理」即是使一切存在之所以可能的形上基礎。然而，「理」卻仍是需要「氣」的協助，才能使此可能性過渡到現實，而成爲具體實存之物。因此，凡是具體實存之物，都必定是由「理」與「氣」的合構而成。「理」成物性，而「氣」成物形；「理」、「氣」合構，萬物因而存在，人也亦然。

人與萬物雖是同源於「天理」，因而具有相同的本質；但是人因其與萬物的「稟氣」不同，所以透過形氣而顯現的「天理」也就有所不同，人有人性，物有物理。再者，凡人雖皆具相同的人

性,但是也會因「稟氣」的不同而有個別的差異。所以,實際顯現於人身的就不是「天理」的原貌,而是透過「稟氣」之限而呈顯的部份性「天理」,是言:「人生而靜以上,即是人物未生時,只可謂之理,說性未得。此所謂在天曰命也。纔說是性時,便已不是性者,言纔謂之性,便是人生以後,此理已墮在形氣之中,不全是性之本體」(《語類》卷九十五)。朱熹雖然認爲具體人性與「天理」有別,但是此無礙於「天理」之內存於人而爲人的應然本性。因此,他遂將人性區分爲二,一爲源於「天理」的「天命之性」,也就是凡人所同具的共同本性;一爲基於「稟氣」而有的「氣質之性」,也就是各人所獨具的個性。不過,他也強調一如「理」在「氣」中,由「氣」而顯;「天命之性」也在「氣質之性」中,由「氣質之性」而見。所以,「氣質之性」即是受氣稟所限而顯的「天命之性」;無「天命之性」,也即無「氣質之性」,故言:「大抵人有此形氣,則是此理始具於形氣之中而謂之性。纔說是性,便已涉乎有生而兼乎氣質,不得爲性之本體。…要人就此上面見得其本體,元未嘗離,亦未嘗雜耳」(仝上)。

「天命之性」即是「天理」,也就是人之爲人的本然之性,不可變;「氣質之性」雖是天生註定,但是因氣之清濁可變,所以朱熹認爲「氣質之性」亦可變。因此,他遂主張人依然可以藉由後天的努力來變化氣質,以恢復其本然之性,使「天理」得顯,故言:「人性本善而已,才墮入氣質中,便薰染得不好了。雖薰染得不好,然本性卻依舊在,全在學者著力」(仝上)。由此可見,朱熹雖是將人性做二元劃分,但是他仍是以「天命之性」作爲人性之本體,並視人性本善,而言:「本然之性,只是至善」(仝上)。所以,他雖然承認人有善惡之別,但是視惡的根源是在於「氣質之性」,而不是在於「天命之性」,而言:「其氣質雖善惡不同,然

極本窮源而論之，則性未嘗不善也」(仝上)。因此，人之爲惡即非出於「天理」所爲。

因此，朱熹認爲「人之所是」即是在於其「天命之性」，而不是在於其「氣質之性」，故言：「其所以然，莫不源於天命之性」(《論語或問》卷八)。人若順其「天命之性」而發，自然能成就仁義禮智之德，故言：「凡人之言語、動作、思慮、營爲，皆氣也，而理存焉。故發而爲孝悌忠信、仁義禮智，皆理也」(《語類》卷五)。所以，朱熹強調人雖生而即具形氣，但是仍應以「天理」爲依歸，而言：「夫口之欲食，目之欲色，耳之欲聲，鼻之欲臭，四肢之欲安逸，如何自會恁地？這固然是天理自然，然理附於氣，這許多卻從血氣軀殼上發出來。故君子不當以此爲主，而以天命之理爲主」(《語類》卷六十一)。因此，朱熹認爲「人之所應是」即應是實現其「天命之性」，以合於「天理」，故言：「道心如仁之於父子，義之於君臣，禮之於賓主，智之於賢者，聖人之於天道，若以爲命已前定，任其如何，更不盡心，卻不可。蓋有性存焉，須著盡此心，以求合乎理，始得」(仝上)。

筆者以爲，在朱熹對「人性」的理解與詮釋上，仍值得我們再作反思。朱熹將人的本質作二元結構的分判，視人是因理氣之合而生而在。他並因此而將人性也作了同樣的二元分割，一爲純然天理的「天命之性」，一爲天理受氣稟所限而顯的「氣質之性」。他視「天命之性」，純善；而「氣質之性」，則是有善有惡。

朱熹此種對「人性」的詮釋與孟子的思想實有不同，而且更爲周全。孟子對於「人性」的詮釋上雖有大體、小體之別，但是對於人之爲惡的根源卻是將之詮釋爲人心受外物所誘而致，所以

視惡的根源不在於人性，而在於環境[2]。但是朱熹則是將人之爲惡的根源歸究於人與生俱來的「氣質之性」，也就是人天生即具的實然之性，所以他認爲人天生即有善惡之別。然而他也強調，實然人性雖有善惡，但是卻無礙於本然之性爲善，所以他仍認爲人性本善。

朱熹此種對「人性」的詮釋，雖較孟子更能說明人之爲惡的究竟根源，但是他仍然與孟子一樣的賦予了「人性」一個道德性的詮釋，而視源於「天理」的「天命之性」即是純善，故言：「在天地言，則善在先，性在後；…在人言，則性在先，善在後」（《語類》卷五）。所以，他也同樣主張人性本善。

在朱熹的詮釋裡，人性之善是因「天理」爲善；但是若就其所以作此詮釋而觀，則見朱熹似是爲確立人性爲善，故將「天理」詮釋爲「善」，以作爲人性之善的形上依據，故言：「天以陰陽五行化生萬物，氣以成形，而理亦賦焉，猶命令也。於是人物之生，因各得其所賦之理，以爲健順五常之德，所謂性也」（《四書章句集注・中庸章句》）。因此，朱熹若不是已先在的肯定人性爲善，他似乎也不會賦予「天理」以道德意涵，而只須將「天理」解釋爲萬物之所以生發與所以存在的自然規律即可。故由此可知，朱熹不是在其理氣論的基礎上，去建立其人性論；相反的，他卻是在其人性論的預設上，去建構起他的理氣論。

再者，就朱熹對「心」的理解與詮釋上，筆者也認爲有值得商榷之處。朱熹認爲「心」非「性」，但是「心」是「性」之所以開顯之處，而言：「性是心之道理，心是主宰於身者。四端便是情，是心之發見處。四者之萌皆出於心，而其所以然者，則是此性之

---

2 《孟子・告子》：「富歲子弟多賴，凶歲子弟多暴。非天之降才爾殊也，其所以陷溺其心者然也。」

理所在也」（《語類》卷五）。朱熹遂有「心統性情」之說，以突顯人心自為主宰的自主性與自由性，故言：「此心之靈，其覺於理者，道心也；其覺於欲者，人心也」（《文集》卷五十六）。此中，朱熹就如他對「性」所作的詮釋一般，他也將「心」作二元分割，一為依從義理的「道心」，一為依從情欲的「人心」；他並將此二元再歸約為一元，強調「心之虛靈知覺，一而已矣。而以為有人心道心之異者，則以其或生於形氣之私，或原於性命之正，而所以為知覺者不同」（《中庸章句序》）。他認為人只有一心，但是之所以會有二心之別，乃是因天生的「氣質之性」影響「心」的覺知與欲求，所以才會有此二心之別，也就是有所謂善惡之分，故言：「心是動底事物，自然有善惡」（《語類》卷五）。朱熹既以「天命之性」為人性的本然，所以他也就以「道心」為人心之本然，強調「人心生於血氣，道心生於天理。人心可以為善，可以為不善；而道心則全是天理矣。…道心則是義理之心，可以為人心之主宰，而人心據以為準者也」（《語類》卷六十二）。所以，朱熹雖然認為人心固有其自為主宰的特性，但是也強調人心亦應依循「天理」，從其「天命之性」而為，如此方是人生的應然之道。

在朱熹對「性」的詮釋上，他雖然肯定人天生即有善惡之別；但是他仍然在對「心」的詮釋上，給予人一個向善的契機，使人能有改過遷善的希望。

若我們就朱熹立論的次第而觀，即見他的人心論是依從他的人性論而來；而他的人性論又是依從於他的理氣論而立。但是，若我們換就他之所以立論的動機與目的來作反思，則見他實是以他的人性論為核心，向外構建他的理氣論，向內構建他的人心論。換言之，朱熹也就是已先肯定人性本善，然後再藉理氣論來為此肯定確立一個不容置疑的形上依據，並藉人心論而為此肯定構建

一個自為主宰的內在定位，最後再依各論點間的交互關係來確證人性本善。因此，在朱熹的「理」、「性」、「心」三個概念裡皆含具道德意涵，以期突顯人為道德主體，使人視遵守人世的道德規範即是作為道德主體之人的自發性行為。

筆者認為，朱熹其實是由他對「人之所應是」的預設，而來建構他對「人之所是」的理解與詮釋。因此，他對「人之所應是」的詮釋，就不是由他對「人之所是」的理解與詮釋所歸結而來；相反的，他之所以對「人之所是」作出如是的理解與詮釋，只是為證成他對「人之所應是」的預設而已。而他之所以要如此舖陳其立論之次第，筆者以為，主要是為影響人對他自身之所是的自我認知，使人從自我認知處即認同人世的道德規範，進而使人視人性的自我實現即體現在人世道德規範的實踐上，從而使人以遵循人世的道德規範為人生之道的依歸。

格物致知－人的認知歷程

在朱熹的理氣論中，萬物之所以生發與存在的形上序列為：理生氣，理氣合而生萬物；但是人對「天理」的認知序列則為：人以其心識物，由識得物之形氣，進而識得物之性理，終而識得「天理」。因此，雖就物之存在而言，「理」與「氣」是同時存在，並無先後之分；但是就物之所以存在而言，則是「理」在先，「氣」在後；但是若就人對「天理」的認知而言，則是「氣」在先，而「理」在後。

朱熹雖視人心之中本已涵具「天理」，但是也視人因其氣稟所限而未能識得此內在於心而為人之本性的「天理」，所以乃有「格物致知」論以說明人認知此「天理」的路徑與過程。不過，由於朱熹視人與萬物皆同源於「天理」，所以他在說明人之認知此「天

理」的過程中，即同時兼顧外學與內省的兩條路徑。

朱熹以「人心莫不有知，而天下之物莫不有理」(《四書章句集注・大學章句》)為前提，強調人心有知覺，而天下萬物則皆有其理則，所以視人能以其知覺去認知天下萬物之理，而言：「以一人之心，而於天下萬物之理，無不能知」(《大學或問》卷二)。朱熹也強調人心之知不是止於認知萬物之理即可，而是要深究使萬物之所以有其理的「天理」，故言：「一草一木，與他夏葛冬裘，渴飲飢食，君臣父子，禮樂器數，都是天理流行。…見得透徹後，都是天理」(《語錄》卷四十一)。他就是認為「天理」是絕對的真理，所以，對「天理」的認知才是人之認知的最終指向。

人心有知，即人的「能知」；而「天理」為人之認知的最終對象，即是「所知」。但是朱熹認為人之所以能知的終極原因還是在於「天理」，而言：「先有知覺之理，理未知覺。氣聚成形，理與氣合，便能知覺」(《語類》卷五)。所以，「天理」就是人之所以有其能知的先驗基礎。不過，「天理」雖是人之所以能知的先驗基礎，卻又是人之能知所要認知的對象，也就是人的「所知」。因此，朱熹認為人之「所知」即在人的「能知」內，藉由人的「能知」而得顯現，故言：「道理固本有，用知方發得出來；若無知，道理何從而見」(《語類》卷十七)。所以，他強調人對「天理」的認知，實際就是人對其自性的認知，而言：「大凡道理皆是我自有之物，非從外得。所謂知者，便只是知得我底道理」(仝上)。

朱熹視人心之中雖已涵具「天理」，但是因氣稟所限遂使「天理」不得全顯， 因此人也不能盡識人心中已然全具的「天理」，故言：「以一人之心，而於天下萬物之理，無不能知；以其稟之異，故於真理或不能窮也。理有未窮，故其知有不盡」(《大學或問》卷二)。人既然是因天生氣稟所限而不能盡識「天理」，所以人心

之中雖已本具「天理」，人心也能認知「天理」，但是終不能直觀本心以見「天理」，而是需要藉助於參照萬物之理來揭示人心中之理，以使此理彰明於心，故言：「即凡天下之物，莫不因其已知之理而益窮之，以求至乎其極，至於用力之久，而一旦豁然貫通焉，則眾物之表裡精粗無不到，而吾心之全體大用無不明矣」(仝上)。

所以就朱熹而言，人的認知行為即不是去增加新知，而是去揭示已知，故言：「及既格之，便覺彼物之理為吾心素有之物。夫理在吾心，不以未知而無，不以既知而有」(《文集》卷十)。惟此已知之理是處於遮蔽狀態，故需要藉助認知行為來使之開顯出來，是言：「推極我所知，須要就那事物上領會。致知是自我而言，格物是就物而言。若不格物，何緣得知」(《語類》卷十五)。故就此而觀，「格物」是外學「天理」的路徑，而「致知」則是內省「天理」的路徑。兩者雖有不同，但是皆是在尋求對「天理」的認知。

朱熹既已強調人與萬物皆同源於「天理」，也同受氣稟所限以致於「天理」呈顯的程度各有不同，所以人對「天理」的認知行為即呈顯為雙向的開顯，一則開顯內存於認知主體的「天理」，一則開顯同樣內存於被認知客體的「天理」。因此，就此角度而言，「格萬物之理」、「致吾心所知之理」與「窮究天理」實為一事，故言：「格物、致知，只是窮理」(《文集》卷五十一)。由此可知，朱熹視「天理」不僅是人之所以能知的超驗基礎，同時也是人以其「能知」所知的絕對真理。

人既是藉由參照萬物之理來揭示心中已存的「天理」，所以朱熹認為萬事萬物之理皆可作為吾心所據以反思「天理」的依據，而言：「若其用力之方，則或考之事為之著，或察之念慮之微，或求之文字之中，或索之講論之際。便于身心性情之德，人倫日用

之常，以至天地鬼神之變，鳥獸草木之宜。自其一物之中，莫不有見其所當然而不容己，與其所以然而不可易者」（《大學或問》卷二）。筆者以爲此中所透顯的即是，朱熹實是主張人應向其生活世界開放，並藉由對其生活世界的瞭解中，依物之所以然之理以應物，依人之所當然之則以自處。

朱熹既視天理兼具超越性與內在性，故就超越性的角度而言，人與其生活世界都是由「天理」而來；若就內性性的角度而言，則「天理」即在人與其生活世界之中。所以，朱熹即認爲人若能識得「天理」，即能順諸「天理」而安身立命於世，故言：「天理在人，終有明處。大學之道，在明明德。謂人合下便有此合德，雖爲物欲掩蔽，然這些明底道理未嘗泯絕。須從明處漸漸推將去，窮到是處，吾心亦自有準則」（《全書》卷七）。

由是觀之，即見朱熹於其格致之論所要揭示的不是萬物之所據以生發的自然規律，也不是萬物之所資以存在的形上本體，而是人之所循以處世的道德規範，故言：「人入德處，全在致知、格物」（《語類》卷十五）。

朱熹認爲「天理」既是人之本性的超驗基礎，因此他視人對其本性的認知也就是對「天理」的認知，而言：「故知吾性，則自然知天矣」（《語類》卷六十）。人性既是根源於「天理」，因此朱熹即先藉由理氣之論賦予「天理」與「人性」以道德性的詮釋，強調「仁義禮智四字，一般皆性之德，乃天然本有之理，無所爲而然者」（《文集》卷四十二），如此即使「天理」與「人性」皆成爲人世道德規範的形上依據；然後再藉由格致之論將此道德性詮釋形塑爲人的自我認知，強調「此心之靈，其覺於理者，道心也；其覺於欲者，人心也。…人心生於血氣，道心生於天理。人心可以爲善，可以爲不善；而道心則全是天理矣。…道心則是義

理之心，可以爲人心之主宰，而人心據以爲準者也」（《語類》卷六十二），從而使人依此自我認知來確立其自我實現的方向，故言：「本心以窮理，而順理以應物，如身使臂，如臂使指。其道夷而通，其居廣而安，其理實而行自然」（《文集》卷六十七）。如此一來，則不待禮文的教化或刑罰的禁止，人就會自動自發的去遵守人世的道德規範，並且視之爲「天理」之自然，「人性」之所當然。所以，朱熹格致論的宗旨不是爲知而知，實係爲德而知，故言：「明德是自家心中具許多道理在這裡，本是箇明底物事，初無暗昧，人得之則爲德」（《語類》卷十四）。

故就此而觀，筆者以爲朱熹的格致之論仍是以人爲主體，爲人立論，以期爲人的存在之道指出應然的方向，故言：「能盡其心之全體而無不盡者，必其能窮夫理而無不知者也。既知其理，則其所從出亦不外是」（《四書章句集注・孟子章句》）。由此可知，格致之論即是朱熹由其對「人之所是」的理解與詮釋，轉入對「人之所應是」的規劃與導向之樞紐。不過，因爲朱熹對「人之所應是」已有其先在的預設，所以格致之論也就成爲朱熹藉以形塑人對「人之所是」的理解與詮釋之入手處。

存理去欲－人的自我完成

若就朱熹思想之得以形成的外緣因素來看，宋代初期即已形成以「排拒佛老，復興孔孟儒學」爲宗旨的哲學思潮，而朱熹也就是生長在這樣一個重視道德規範的文化氛圍之中。雖然朱熹早年熱衷於佛學，但是後來受二程洛學的影響，而承續了時代思潮的走向，並爲此道德規範的內在化提供了更爲有力的詮釋與定位。再就其思想之得以形成的內在因素而觀，他也是先認同了此道德規範，所以才會以此道德規範爲主軸的去融通周（周敦頤）、張（張

載）、二程（程顥、程頤）的思想，從而建構起他深具道德意涵的理氣論。

因此，在朱熹的理氣論中，雖是對「天理」與「人性」都分別作了相當縝密的詮釋，但是最後還是歸於單一指向，即是人應依其「天理」而爲善，故言：「人性本無不善，而其日用之間，莫不有當然之則，則所謂天理也。人若每事做得是，則便合天理。天人本只一理」（《語類》卷十七）。

朱熹雖視「天理」至善；但是對「人性」與「人心」的詮釋上，則以其慣用的一分爲二的思考模式，將人的「性」與「心」皆各自分劃爲二元結構，從而有善惡之別。「人性」之善者爲源自天理的「天命之性」而其惡者則是根源於天理而爲稟氣所限的「氣質之性」；「人心」之善者爲依從天理的「道心」，而其惡者則爲依從人欲的「人心」。「人欲」源於「氣質之性」，「氣質之性」則源於形氣所致。但是朱熹既視「氣」是由「理」而生，所以他認爲歸源於形氣的「人欲」雖是間接的根源於「天理」，但是終非「天理」，故言：「熹竊以謂人欲云者，正天理之反耳。謂因天理而有人欲則可，謂人欲亦是天理則不可。蓋天理中本無人欲，惟其流之有差，遂生出人欲來」（《文集》卷四十）。因此，朱熹遂將「天理」與「人欲」對立起來，視爲兩相排斥的概念，強調「至若論其本然之妙，則惟有天理而無人欲。是以，聖人之教必欲其盡去人欲，而復全天理也」（《文集》卷三十六）。朱熹既以「天理」爲善，所以視與天理相對反的「人欲」即爲惡，因而主張人應「存天理」而「去人欲」，使「天命之性」在人身得以全幅開顯，故言：「古之聖賢從本根上便有惟精惟一功夫，所以能執其中，徹頭徹尾，無不盡善」（仝上）。「聖賢」即是儒家學者所同尊的人之理想

形象，並是孔子視爲人之自我實現所能達至的最高境界[3]。若要使人達到此種理想的境界，朱熹認爲唯有使人專一於「天理」，「存理去欲」，方能使人實現其道德本性，而終至於聖賢之境。

筆者以爲，朱熹對「人之所應是」已有其道德性的期許與理想性的規劃，也就是承續先秦儒家對理想人格的定位：有道德的「君子」，乃至於道德達其滿全的「聖人」。所以，朱熹視人即應是向「君子」以致於「聖人」的方向發展其自身，以終至於成爲道德成全的「聖人」。因此，朱熹爲使人認同其對「人之所應是」的先在預設，便對「人之所是」作出了道德性的詮釋，使人之成爲有德的「聖人」即爲人性的本然之理、應然之則，故言：「道心如仁之於父子，義之於君臣，禮之於賓主，智之於於賢者，聖人之於天道，若以爲命已前定，任其如何，更不盡心，卻不可。蓋有性存焉，須著盡此心，以求合乎理，始得」（《語類》卷六十一）。所以，朱熹主張實現人的道德本性，即是實現「天理」，而言：「人有此身，便有所以爲人之理，與生俱來，乃天之所付」（《文集》卷六十三）；實現天理，也就是人之爲人的成人之道，「故聖人立教，俾人自易其惡，自至其中而止矣」（《語類》卷四）。

由是可知，朱熹之所以主張「存理去欲」，不是依從其對「人之所是」所作之理解與詮釋的推論而來；相反的，這主張正是依從其對「人之所應是」所作之先在預設而來的必然結論。舉例而言，朱熹以「性即理」來詮釋「人之所是」，而陸九淵則以「心即理」來詮釋「人之所是」；但是兩者卻同樣主張「存理去欲」，同樣強調人之道德行爲的自發性。由是可見，「存理去欲」的主張，也就是人應謹守道德規範的主張，乃是朱熹爲落實其對「人之所

---

3 《論語・子張》：「君子之道，焉可誣也。有始有卒者，其唯聖人乎。」

「應是」的先在預設而作的規劃與導向。換言之，朱熹也就是先在的認爲人本應如此，但是爲證成人何以應當如此時，他遂提出了理氣論以爲之論據。所以，朱熹理氣論的主旨不是爲回答「人是什麼」，而是爲證成「人應如何」。

結　論

　　宋明理學的宗旨即在復興儒學，重新確認道德規範之必要性，並重新確立道德規範的權威性。因此，朱熹的理氣論雖是對人與天地萬物之所以存在而作的形上理解與詮釋，但是其爲論的目的則是在試圖依其對「人應如何」所作的理想性規劃，而爲「人是什麼」作一終極性的解答。由此角度而觀，我人即可發現朱熹實是依從先秦孟子對人之本質的定義[4]，而視人天生即具道德本性，因此強調人生之道即在於實現其道德本性而爲有德的君子。換言之，朱熹也就是依從先秦孟子對人之本質的定義，而視「人」爲「道德動物」。

　　是故，我人由此可知，朱熹實是以其人學思想來構建其理氣論，並依此而開展出其以「人」爲研究主體的哲學體系。

4　《孟子・公孫丑》：「無惻隱之心，非人也；無羞惡之心，非人也；無辭讓之心，非人也；無是非之心，非人也。惻隱之心，仁之端也；羞惡之心，義之端也；辭讓之心，禮之端也；是非之心，智之端也。人之有是四端也，猶其有四體也。有是四端而自謂不能者，自賊者也。」

王陽明心學中的人學思想

序　言

　　宋明時期，心學派的發展由陸九淵開其端，至王陽明而臻高峰。陽明學說以「致良知」爲其核心，以「知行合一」爲其宗旨。本文之目的即在探究內蘊於陽明學說之中，作爲陽明構建其理論體系之基礎的人學思想。所謂「人學」，即是探討「人之所是」與「人之所應是」等以「人」爲研究主題的學問。由於中國哲學本即側重在對與「人」有關之各種問題的探討，因此本文即是依此認知來尋索陽明心學中，王陽明對於「人之所是」與「人之所應是」的理解與詮釋；而本文的舖陳則是欲就王陽明的「良知」說，來反思他爲何如是說，並進而從中重構出他的人學思想之全貌。

　　王陽明，名守仁，字伯安，浙江餘姚人，生於明憲宗成化八年（公元一四七二年），卒於明世宗嘉靖七年（公元一五二九年）。曾築室故鄉陽明洞中，自號陽明子，故世稱「陽明先生」。於今傳世之《陽明全書》，亦稱《王文成公全書》，共計三十八卷，爲其生平者述的總匯。（下述引文皆引自《陽明全書》，故僅列其篇名，而不另註其書名）。

　　王陽明文武兼備，德智兼修。他不僅對安定明朝時局頗有戰功，對重建明代道德思想亦卓有貢獻。陽明早年信奉朱熹理學，亦曾潛心探究佛學，然皆不得其要領。後經「龍場悟道」之影響，遂轉向陸九淵的心學，而成爲明代心學的集大成者。

陽明本欲從朱熹理學中的「格物窮理」之說入手，以圖契悟做聖賢之道。但是因格竹之思，猶不解聖賢之道，遂對朱熹之學起疑，而欲另闢蹊徑。及至明正德初年，陽明被貶謫貴州龍場，他才由艱困的環境中，悟得聖賢之道，始自本心良知，不待外求於物。陽明即依此體悟，遂離朱入陸，並建立了他的心學思想體系。

陽明心學中所欲契悟的聖賢之道，即是他所認同的人之為「人」的應然之道，也就是他對「人之所應是」的理想與規劃；而他所據以契悟聖賢之道的本心良知，則是他所肯定的人之所以為「人」的本然之性，也就是他對「人之所是」的理解與詮釋。

不可諱言的，人是個已然存在的實體，而人對他自身之存在的詮釋，雖不能改變人已然存在的本質，卻也能反映出人對他自身之存在的期許。因此，各個思想家對人之存在與本質雖有不同的詮釋，卻也反映出人的存在方式即在於人的自我詮釋。人就是藉由對他自身之存在與本質的詮釋，來定位人的自我覺知，並從而規劃人之自我實現的方式，終至於遂成人的自我完成，而為其理想之人。換言之，人就是按照他對「人之所是」的詮釋，來規劃「人之所應是」的完成，以使人在其人生歷程中而為「人」。作為陽明心學之基礎的陽明人學，也正是代表了一種人之自我詮釋的模式。為瞭解陽明人學對人之存在與本質的理解與詮釋，筆者以為我們就應當從他的「良知」說入手，以便就他對人之自我覺知的論析，來反思他對「人之所是」的理解與詮釋。

天理良知：人的自我覺知

自先秦以至宋明，對天人關係的論議未曾或歇。但是無論是釋「天」為位格神，或是自然，或是道德的根源，都是人對於已

然存在的宇宙，試圖給予一種根源性的合理詮釋。然而，無論是何種詮釋，都是人的詮釋。這也就是說，「天」是什麼，由人決定。而人所據以判定「天」是什麼的依據，不在他的耳目官能，而是在他的心，如陽明所言：「人者，天地萬物之心也；心者，天地萬物之主也。心即天」（〈答季明德〉）。人也就是依照他的心知，來判定「天之所是」。

人之能以他的心知認識事物，是因為事物存在於人之前，而為人的認識客體。但是人對於認識客體的認識，不是訴諸感官經驗，而是訴諸理智思慮。感官經驗僅是提供理智思慮的訊息，以作為理智認識的直接對象。換言之，理智所認識的不是外在事物，而僅是感官經驗所提供的資料訊息，陽明即言：「目無體，以萬物之色為體；耳無體，以萬物之聲為體；鼻無體，以萬物之臭為體；口無體，以萬物之味為體」（〈傳習錄〉）。理智由認識此經驗訊息，遂產生出知識。因此，知識的產生，不僅由理智所決定，而且內在於理智之中。中國哲人嚮以「心」來稱謂理智，所以人心即是人類知識的來源，也是人類知識蘊藏之處。因此，陽明即言：「無心外之物，無心外之理」（仝上）。

既然人的理智認識不及於外在事物，而僅及於內在的經驗訊息，因此人所認識的事物也僅是此內在經驗中的事物，故陽明即言：「身之主宰便是心，心之所發便是意，意之本體便是知，意之所在便是物。意在於事親，即事親便是一物；…意於視聽言動，即視聽言動便是一物」（仝上）。人之所以有此內在經驗中的事物，不是由感官所決定，而是由心，如陽明之言：「心者，身之主宰。目雖視而所以視者，心也」（仝上）。人的認識雖是由人身與人心的合作而成，但是若無人心使人身產生知覺，則亦無認知過程之起，因此人心即是人的認識主體，陽明即言：「心不是一塊血肉，

凡知覺處便是心。如耳目之知視聽，手足之知痛癢，此知覺便是心」（仝上）。由於人心是非物質性的精神實體，因此由此精神實體所形成的內在經驗中之事物即不具物質性，亦不佔有空間，而僅爲抽象的形式，如陽明之言：「物者，事也。凡意之所發必有其事，意所在之事謂之物」（〈大學問〉）。人心即是以此內在經驗中的抽象事物，以作爲他的認識對象，遂有認知過程相應而起。因此，就陽明而言，人的認識只是認識人心中之物，故其言：「天下之物本無可格者，其格物之功，只在身心上做」（仝上）。

然而，凡物之存在，必有使其存在的本質，此本質也就是使該物所以存在之理。既然是人心使內在經驗中之事物得以形成，因此也就是人心使此心中之物有理，如陽明之言：「此心在物，則爲理」（仝上）。所以，陽明即依其對心物關係之定位而強調：「夫物理不外於吾心，外吾心而求物理，無物理矣」（〈答顧東橋書〉）。既然萬事萬物之理皆是我心之予，所以陽明亦言：「天下之事雖千變萬化，而皆不出此心之一理，然後知殊途而同歸，百慮而一致」（〈博約說〉），「吾心之良知，即所謂天理也」（〈答顧東橋書〉）。

由此可知，陽明不僅視人心爲人的認識主體，同時也視人心爲天地萬物之所以存在的終極本體，故言：「言心，則天地萬物皆舉之矣」（〈答季明德〉）。人心既爲天地萬物之所以存在的終極本體，所以天地萬物即是依人心而存，故言：「我的靈明，便是天地鬼神的主宰。…天地鬼神萬物離卻我的靈明，便沒有天地鬼神萬物了」（〈傳習錄〉）。我的靈明，即是我的心。因此，對陽明而言，人心即是宇宙的中心，遂言：「充塞天地中間，只有這個靈明」（仝上）。

不過，陽明既視「心外無物」（〈與王純甫〉），何以又言：「人只爲形體自間隔了」（〈傳習錄〉）呢？究竟此「形體」是在心之外，

抑或是在心之內呢？陽明對此問題的回答，是就人的認知層面而言。

就認知層面而言，陽明以為人之知其有「形體」，乃是人之心意使然，故言：「凡意之所用，無有無物者。有是意，即有是物；無是意，即無是物矣」（仝上）。所以，人之知有其「形體」，實際上是指人有「形體」概念之知。而人也就是藉由其心意所成的「形體」概念來區別人與天地萬物的不同，所以此「形體」概念也即是內在於人心之中。然而，當「形體」概念一旦形成，並與「人」概念相連，就形成個別、獨立的「我」概念。人心即因有了「我」概念，遂形成「我」與「非我」的對立評比，以致於使「我」與天地萬物相間隔，也使「我」與他人相分離。因此，就認知層面而言，陽明所謂的「人只為形體自間隔了」（仝上），指的即是概念的區分，而非實體的區別，故言：「大人者，以天地萬物為一體者也。其視天下猶一家，中國猶一人焉。若夫間形骸而分你我者，小人矣」（〈續篇〉）。既然一切的概念都是由人心所形成，並且也都是內在於人心之中，所以人之認知天地萬物，實際上即是認知人心所形成的概念而已，陽明故言：「故格物者，格其心之物也，格其意之物也，格其知之物也」（〈答羅整庵少宰書〉）。陽明也就是依照他對人之認知的理解，而來定位人的自我覺知。

若按照朱熹的理氣論而言，「天理」是天地萬物之所以生發與變化的終極原因與唯一原理[1]。人既是因「天理」而生，因稟氣而存，所以朱熹視人即是因「天理」而有人性，因稟「氣」而有人

---

1 《朱子語類》卷一：「未有天地之先，畢竟也只是理。有此理，便有此天地；若無此理，便亦無天地、無人、無物，都該無載了。有理，便有氣流行，發育萬物。」

形[2]。換言之,「理」與「氣」都是先於人而存在,同為不受人的主觀意識所決定的形上原理與原始物質。然而,人雖是因「天理」而有人性,但是人之有人性是在其成為人之時而有,故「天理」在人身的顯現即會因個人稟氣清濁的影響而有明暗之別,以致於形成各人不同的「氣質之性」[3]。既然「氣質之性」亦為「天理之性」的顯現,所以朱熹肯定人仍能透過對「氣質之性」的瞭解,而認知到作為「氣質之性」之基礎的「天理之性」[4]。「天理之性」即是凡人皆具的共同本性,也是人人生而即具的自然本性,因此人人都能透過自我反省的方式而直觀到此先天既存的「天理之性」[5]。但是為求證於人所覺知到的確實是「天理之性」,而非「氣質之性」,朱熹便強調人仍需要外學的歷程以檢證內省所知[6]。因此,朱熹將人的自我覺知劃分成兩條互補的路徑,也就是視內省與外學雙修,「道問學」與「尊德性」並進[7]。不過,朱熹也強調「道問學」之目的既是為「尊德性」,所以,外學之用意也仍是在為使人更能明確的認知其與生俱來的「天理之性」。

---

2 《朱文公文集》卷五十八:「天地之間,有理有氣。理也者,形而上之道也,生物之本也;氣也者,形而下之器也,生物之具也。是以人物之生,必稟此理,然後有性;必稟此氣,然後有形。」

3 《朱子語類》卷四:「性者,萬物之天人一體原。而氣稟則有清濁,是以有聖愚之。」

4 《朱文公文集》卷六十一:「人生而靜是未發時,以上即人物未生時,不可謂性;才謂之性便是人生以後,此理墮在形氣之中,不全是性之本體矣。然其本體又未嘗外此,要人即此而見得其不離於此耳。」

5 《四書章句集注‧孟子章句》:「能盡其心之全體而無不盡者,必其能窮夫理而無不知者也。既知其理,則其所從出亦不外是。」

6 《朱文公文集》卷四十四:「夫天生蒸民,有物有則。物者形也,則者理也。形者,所謂形而下者也;理者,所謂形而上者也。人之生也,固不能無是物矣,而不明其理,則無以順性命之正而處事之當。故必即是物以求之。知求其理矣,而不至夫物之極,則物之理有未窮,而吾之知亦未盡,故必至其極而後已。此謂格物而至於物則物理盡者也。物理皆盡,則吾之知識廓然貫通,無有蔽礙,而意無不誠,心無不正矣。」

7 《朱文公文集》卷六十三:「涵養必以敬,而進學則在致知。此兩言者,如車兩輪,如鳥兩翼,未有廢其一而可行可飛者也。」

　　王陽明和朱熹一樣的肯定人之為人的真實本性是在人的「天理之性」，但是他單就顯現於人心中的「天理」而論人的自我覺知，故言：「良知是天理之昭明靈覺處，故良知即是天理」（〈答顧東橋書〉）。「天理」既是已先驗的存在於人心之中，所以他視學問之立不過是人心體認「天理」後的記述而已，遂言：「六經者，吾心之紀籍也」（〈稽山書院尊經閣記〉）。因此，他強調人的自我覺知即是直接體認「良知」，故言：「知是心之本體，心自然會知。…見孺子入井，自然知惻隱，此便是良知，不假外求」（〈傳習錄〉）。「良知」既是人的先驗之知，故不待外學，只須內省即可，是言：「今必曰窮天下之理，而不知反求諸其心。則凡所謂善惡之機、真妄之辨者，舍吾心之良知，亦將何所致其體察乎」（仝上），「人惟其不知至善之在吾心，而用其私意以揣摸測度於其外，以為事事物物各有定理也。是以昧其是非之則，支離決裂。人欲肆而天理亡」（〈續篇〉）。陽明也就是認為「吾心之良知，即所謂天理也」（〈答顧東橋書〉）。因此他視人只須要透過對人心「良知」的直觀，即能識得「天理」；識得「天理」，也就是識得人之所以為「人」之理，故言：「有孝親之心，即有孝親之理；無孝親之心，即無孝親之理。…理豈外於吾心邪」（〈傳習錄〉）。由於陽明所偏重的是對人之為「人」之理的認知，而非對物之為「物」之理的認知，所以他反對朱熹之由外學的路徑來認識「天理」，而言：「朱子所謂格物云者，在即物而窮其理也。即物窮理，是就事事物物上求其所謂定理者也。是以吾心而求理於事事物物之中，析心與理為二矣。…見孺子之入井，必有惻隱之理。是惻隱之理果在於孺子之身歟？抑在吾心之良知歟？以是例之，萬事萬物之理，莫不皆然，是可以知析心與理為二非矣」（仝上）。

　　人的自我覺知，即是人發現其自身為人，並從而肯定其自身

存在的意義、價值與尊嚴。事實上，無論是朱熹還是王陽明，都已是先在的肯定了人因有「天理」而自有其存在的意義、價值與尊嚴。只不過，兩人是分就兩個不同的形上預設來論析人的自我覺知，以致於形成對人之自我覺知之路徑的不同詮釋。朱熹是就「天理」既超越又內在於人心的觀點，而強調外學與內省並進；而王陽明則是就「天理」僅內在於人心的觀點，而強調人的自我覺知唯內省一途。由是可知，王陽明是就認識論的角度以開展他對「人之所是」的理解與詮釋，而朱熹則是就形上學的角度來開展他對「人之所是」的理解與詮釋。因此，兩者雖然對於「人之所是」有相同的理解與詮釋，但是卻也因立論基礎之不同，遂衍生出人之自我覺知的兩種不同路徑。

　　設若我們單就人的認識層面而言，人的一切認識都是在人的心中進行，並留存於人的心中，因此陽明之論確有其可取之處。不過，王陽明將人的一切知識都視為是人天生即有的「良知」，則是對人之認知作了過度的推衍。人對其自身所是的詮釋，雖是由其對自身所是的理解而來。但是人之所以需要作此理解與詮釋，則是因為人不僅是生活在他的心靈世界裡，他還同時生活在一個不受他心靈所操控的客觀世界裡。所以，人只是藉由理解與詮釋來構建他與此客觀世界的關係，並藉由理解與詮釋來安排他在此客觀世界裡的定位。人的詮釋，只能對已然的過去提出一種可能的解釋，但是不能據此即斷定已然的過去就是如此。因此，人的詮釋雖能創造人的未來，但是卻不能決定人的過去。換言之，人可能是如此，但是不必然是如此。不過，若從陽明對人之自我覺知的定位上來看，不難發現他受宋明思潮之取向的影響，而以孟子道德心性之學為宗，遂視人之所以為「人」，就在於人有道德良知，故言：「良知者，孟子所謂是非之心，人皆有之者。是非之心，

不待慮而知，不待學而能，是故謂之良知，是乃天命之性，吾心之本體，自然靈昭明覺者也」（〈大學問〉），「自聖人以致於凡人，自一人之心以達於四海之遠，自千古之前以致於萬代之後，無有不同，是良知也者，是所謂天下之大本也」（〈書朱守乾〉）。「良知」既是人生而即具的「天命之性」，因此，陽明即視「人」天生即是「道德動物」。換言之，陽明也就是依「人先天即是道德動物」的觀點，來定位人的自我覺知，故言：「無善無惡心之體，有善有惡意之動；知善知惡是的良知，爲善去惡的是格物」（〈傳習錄〉）。

致良知：人的自我實現

王陽明既將人的自我覺知定位在人對其「天理良知」的直觀上，而視人之所以爲「人」即在於人天生即具「天理良知」。所以，陽明也就視人之爲「人」的自我實現就在於實現人的「天理良知」，以開顯人所本有的道德性，故言：「良知良能，愚夫愚婦與聖人同。但是惟聖人能致其良知，而愚夫愚婦不能致」（〈傳習錄〉）。

王陽明也如其他儒家學者一般的視「聖人」乃人之爲「人」的理想形象與最高境界，但是他也強調人之所以能爲「聖人」即在於「致知」所成，故言：「聖人無所不知，只是知個天理；無所不能，只是能個天理。聖人本體明白，故事事知個天理所在，便去盡個天理」（仝上）。

由是可知，陽明所謂的「知」，即非指如先秦荀子所謂的「積僞」所知，而是如先秦孟子所謂的「盡性」所知，是言：「夫學問思辨篤行之功，雖其困勉至於人一己百，而擴充之極至於盡性知天，亦不過致吾心之良知而已」（仝上）。換言之，陽明所謂的「知」，即指人生而即具的「天理良知」，也就是人對其道德本性的先驗之知，故言：「天命之性，純粹至善。其靈昭不昧者，此其至善之發

見，是乃明德之本體，而即所謂良知者也。至善之發見，是而是焉，非而非焉」（〈續篇〉）。「天理良知」既是人之道德本性的實現，因此陽明視「聖人」即是人之自我實現的最終完成，而言：「聖人之所以爲聖，只是其心純乎天理而無人欲之雜」（〈傳習錄〉）。因此，陽明認爲若人人皆能把握到「天理良知」的自我實現，則人人皆可爲「聖人」，故言：「所以爲聖者，在乎純天理而不在才力也，故雖凡人而肯爲學，使此心純乎天理，則亦可爲聖人」（仝上）。

既然人人皆同具「天理良知」，但是何以不是人人都能爲「聖人」？是什麼原因妨礙了人去實現他的「天理良知」，以致於使他不能爲「聖人」呢？王陽明對此，則是分就本體論與認識論兩條路徑來作解析。

首先，就本體論的路徑而言，陽明視人雖生而即具道德本性，但是人心又會受「私欲」之蔽，致使「天理」不彰，以致於阻礙了「天理良知」的自我覺知與自我實現，故言：「人心本自說理義，…惟人欲所蔽所累，始有不說」（〈傳習錄〉）。在陽明對「心」的論析裡，視「心」不但是有知，亦有情與意。人心之知固爲良知，但是心知之發即有情意。發而循私，即有私意；發而見情，情順私意而固執，即有私欲。人心之知若循「良知」而發，即得其正；若循「私意、私欲」而發，即失其正。得其正者，「天理」昭明；失其正者，「天理」不彰。「聖人」之心循其「良知」而發，故道德自顯；「然在常人，不能無私意障礙。所以須用致知格物之功，勝私復理」（仝上）。因此，「天理良知」雖爲人人所同具，但是能依其「天理良知」而實現其道德本性之人，即爲「聖人」；反之，則爲凡人。凡人既因受「私欲」之蔽，以致於阻礙了其「天理良知」的自我覺知與自我實現，所以「須學以去其昏蔽」（〈答陸原靜〉）。去其昏蔽，即是去其「私欲」，以存「天理」，故陽明

即言：「學是學去人欲、存天理。從事於去人欲、存天理，則自正」（〈傳習錄〉）。因此，陽明一方面肯定人之爲惡，是因於人受私欲之蔽所致；另一方面也肯定人雖生而有純善的本性，但是因人有「私欲」之患，故仍需要求學以「去欲存理」，使心意之所發皆得其正，故言：「學者學聖人，不過是去人欲而存天理耳」（仝上）。

再就認識論的路徑而言，王陽明雖視人須學以「去欲存理」，但是他不是要人徒學「聖人」之文，而不知「聖人」之本，是言：「後世不知作聖人之本是純乎天理，卻專去知識才能上求聖人。⋯故不務去天理上著工夫，徒蔽精竭力從冊子上鑽研，名物上考索，形跡上比擬。知識愈廣而人欲愈滋，才力愈多而天理愈蔽」（〈傳習錄〉）。陽明也就是認爲，聖人所著之經籍不過是以其心體認「天理良知」後的記述，所以經籍之文不過是「聖人」體道後的結果，而非「聖人」所以體道之本，但是人若「只是在文義上穿求，故不明」（仝上）。「聖人」既是以其心體道，所以人之爲學也即應是學「聖人」體道之本，而從自身的本心出發，以體認內在於本心的「天理良知」，故言：「凡明不得，行不去，須反在自心上體，當即可通。蓋四書五經不過說這心體，這心體即所謂道心體明即道明，更無二，此是爲學頭腦處」（仝上）。因此，陽明外學之教不是在教人習頌經籍文字，而是在促發個人的良知自覺，是言：「理一而已矣，心一而已矣，故聖人無二教，而學者無二學。博文以約禮，格物以致其良知，一也」（〈‧文錄〉），「心即理也，此心無私欲之蔽，即是天理，不須外面添一分」（〈傳習錄〉）。由是可見，陽明一如先秦孟子一般的強調爲學不過是在求其放失的「本心」，以使「天理」自顯，「好古敏求者，好古人之學，而敏求此心之理耳。心即理也。學者，學此心也；求者，求此心也」（仝上）。換言之，陽明也就是認爲，人之爲學即應是直觀其「本

心」之「天理良知」,以去其心知之蔽,如此才能遂成人之道德良知的自我覺知與自我實現,故言:「今焉既知至善之在吾心,而不假於外求,則志有定向,而無支離決裂錯雜紛紜之患矣」(〈續篇〉)。

由於陽明論學旨在學聖賢之道,以遂成人之道德本性的自顯,因此他不重視對客觀物理的認知,而僅強調對於主體「良知」的自覺,是言:「良知亦自會覺,覺即蔽去,復其體矣」(〈傳習錄〉)。所以在對人之生活世界的認知上,陽明的格致之論即與朱熹相異。此間之相異,不僅是在認識對象的定位上有所不同,即使在格致的先後次第上亦有所相逆。

朱熹視「天理」不僅超越物理與性理而獨存,且又內在於物理與性理之中,為天地萬物與人的共同本體。因此,朱熹論「格物致知」之道,即以「格物」在先,而「致知」在後,以明「格物」之旨在「致知」。朱熹所謂「格物」即指即物而窮其理。此中所格之物,為客觀實存之物;而所窮之理,則為內在於物理中之「天理」。「格物窮理」的目的,不是在窮究一一事物之理,而是在藉對物理與性理的比較,以認識作為性理之基礎的「天理」,這就是「致知」。「致知」者,即是體認內在於人之本性的「天理」。所以,朱熹雖視「天理」即是人之為「人」的應然之理,但是為求其認知之明確,所以他仍強調人應以外學輔助內省,使人能正確的把握到「天理」,進而全顯其「天理之性」。

陽明雖然也視「天理」即是人之為「人」的應然之理,但是他認為「天理」俱足於心,故僅內在於心。因此,物之有理也即非因外在「天理」使然,而是內在「天理」使物有理,故言:「吾心之良知,即所謂天理也。致吾心良知之天理於事事物物,則事事物物皆得其理矣」(〈答顧東橋書〉)。由於陽明是側重就「心」

論「物」，就「心」言「理」，所以他所謂之「物」即指內在於人心中之事事物物的概念，而非指具體存在的客觀事物。既然人心中之事事物物的概念是因心意而起，所以陽明即視人應以其「天理良知」以定斷事事物物之所是，故言：「致知格物者，致吾心之良知於事事物物也。…是合心與理而爲一者也」（仝上）。因此，就陽明而言，所謂「致知」即指「致吾心之良知」，所謂「格物」即指「事事物物皆得其理」。若就實質意義言，「致知」、格物同爲一事；但是若就邏輯先後分，則「致知」在先，而「格物」在後。不過，陽明論「格致」的實旨，不是爲說明事事物物的本質從何而來，而是爲說明人對事事物物的態度應是如何，是言：「格者，正也。正其不正，以歸於正之謂也。正其不正者，去惡之謂也；歸於正者，爲善之謂也。夫是之謂格」（〈大學問〉）。人心雖有先驗的「天理良知」，但是意念之發卻有順與不順之別。順「良知」而發以及於事事物物者，即得「天理」之正，爲善；不順「良知」而發以及於事事物物者，即失其正，爲惡。因此，陽明論析「致知格物」之道，也就是爲使人心皆能順其「天理良知」而發，以自顯人所本據的道德之性，故言：「格物…是去其心之不正，以全其本體之正。但是意念所在即要去其不正，以全其正，則無時無處不是存天理／即是窮理。天理即是明德，窮理即是明明德」（仝上）。故對陽明而言，「格物」、「致知」、「誠意」、「正心」，乃至「明明德」，俱爲一事，皆爲人之自我實現的途徑。

由此，我們就可以很明顯的看出，陽明不僅是將「天理良知」視爲是絕對真理，他同時也將「天理良知」視爲是人生而即具的道德規範、無上律令。人既天生稟賦此無上的道德律令，人就應在他的存在歷程中實現此道德律令，這就是人生的存在義務。再者，人之所以有此無上的道德律令，既是因人天生的道德本性，

所以人之遵行此道德律令即是在實現人之爲「人」的本性而爲
「人」。因此，陽明不僅視「人」天生即是「道德動物」，而且視
人生的存在責任即應是使人經由自我實現而自成「道德人」。所
以，「致良知」的目的也就是使人經由自我實現而爲「道德人」。

知行合一：人的自我完成

陽明既視人天生即稟「天理良知」，而具道德律令，所以他視
人生而即知人生行事的絕對準則，是言：「禮也者，理也；理也者，
性也；性也者，命也。維天之命，於穆不已，而其在於人也，謂
之性；其粲然而條理也，謂之禮；其純然而粹善也，謂之仁；其
截然而裁制也，謂之義；其昭然而明覺也，謂之知；其渾然於其
性也，則理一而已矣」（〈文錄〉）。但是陽明也強調徒然「知」而
不「行」，仍然不能算是真知，故言：「真知即所以爲行，不行不
足謂之知」（〈傳習錄〉）。所以，陽明論析人的自我實現，就不僅
是注意到如何去恢復人的「良知」本體，同時也注意到如何去體
現人的「良知」本體於人的存在歷程中，是言：「知是行的主意，
行是知的功夫；知是行之始，行是知之成。若會得時，只說一個
知，已自有行在；只說一個行，已自有知在」（仝上）。

由於朱熹論「格致」、論「知行」都是依其理氣論的立場，而
兼攝對主體之心靈世界與客觀之外在世界的雙向論析，因此他所
論的「格致」、「知行」即關涉到人與其生活世界的具體關係。然
「而，陽明論「格致」、論「知行」則是就其「心即理」的觀點，
攝「理」歸「心」，而獨重對主體之心靈世界的單向論析。因此，
陽明所論的「格致」、「知行」即非直接關涉到人與其生活世界的
具體關係，而是在「思想指導行爲，行爲體現思想」的基本預設
下，直接切入到對主導行爲之生發的思想層面之把握，而言：「只

心有未純，往往悅慕其所爲，要來外面做得好看，卻與心全不相干。分心與理爲二，其流至於伯道之僞而不自知。故我說個心即理，要使知心理是一個，便來心上做工夫，不去襲義於外，便是王道之真，此我立言宗旨」（仝上）。

由是可知，陽明所謂之「行」即非指具體顯現於外的實際行爲，而是指導致實際行爲之所以生發的心知意念，是言：「必有欲行之心，然後知路。欲行之心即是意，即是行之始」（仝上），故「一念發動處，便是行了」（仝上）。換言之，陽明論「行」，不是重其行爲的效果，而是重其行爲的動機，故言：「知善者必行善，知惡者必行惡」（仝上），「未有知而不行者。知而不行，只是未知」（仝上）陽明於此也就是預設了人的行爲動機就已決定了人的行爲效果，所以要使人爲善，體現其道德本性，就應是使人之行爲動機合於其「天理良知」，故言：「爾那一點良知，是爾自家的準則。爾意念著處，他是便知是，非便知非，更瞞他一些不得。爾只要不欺他，實實落落依他做去，善便存，惡便去，他這裡何等穩當快樂！此便是格物的真訣，致知的實功」（仝上）。因此，陽明的「格物致知」之論，即在他的「知行合一」之論中得到落實，是言：「知至者，知也；至之者，致知也，此知行之所以一也」（〈陸原靜書〉）。既然陽明是就「格物致知」之論來論析人之道德本性的自我實現，因此，他也是就「知行合一」之論來論析人之道德本性的自我完成，而言：「致知在實事上格。如意在於爲善，便就這件事上去爲；意在於去惡，便就這件事上去不爲。去惡固是格不正以歸正；爲善則不善正了，亦是格不正以歸正也。如此則吾心良知無私欲蔽了，得以致其極；而意之所發，好善去惡，無有不誠矣。…如此格物，人人便做得。人人皆可以爲堯舜，正在此也」（〈傳習錄〉）。

　　據此而知，陽明的「知行合一」論，基本上即已先在的肯定
了人的行為動機不僅決定了人的行為效果，同時也保證了人的行
為效果必如其行為動機。設若我們反諸陽明立論的形上預設，即
不難發現他何以作此先在的肯定。在陽明的形上預設中，他不僅
是就「心」言「理」，而且是就「心」論「物」，所以他便將人的
生活世界納入到人的心靈世界之中，並在人的心靈世界之中去論
析人的自我實現與人的自我完成，故言：「今焉於其良知所知之善
者，即在意之所有之物而實去之，無有乎不盡；於其良知所知之
惡者，即其意之所在之物而實去之，無有乎不盡。然後物無不格，
而吾良知之所知者，無有虧缺障蔽，而得以及其至矣」（〈續篇〉）。

　　然而，不可否認的，陽明雖是突顯了人不僅是認知主體，也
是道德主體；但是由於他並未正視人與其生活世界的具體關係，
以致於他只能證成人為道德主體，故視人應該有道德行為，但是
他卻不能因此而保證人在其生活世界之中就必然有具體的道德行
為。因此，他之所以認為人能知善，就必能行善，實是出於他的
主觀信念，而非出於對具體事實的客觀分析。事實上，不僅知善
而不行善的人比比皆是，縱使行惡而猶不以為惡的人也不為少數。
設若我們深入探究人之所以有其惡行而猶不以為惡的原因，即不
難發現我們所判定的惡行，是就人與其生活世界的具體關係中而
作分判；但是在行為者本身的心知意念之中，他仍會給其行為一
個合理化的詮釋而視之為善，所以他不以為惡，也不覺得可恥。
由此可知，陽明對於「人性」的論析似乎過於樂觀，而對於知行
關係的論析也似乎過於簡略。

結論：對陽明人學的反思與批判

　　人之所以要對其存在與本質尋求一個合理的解釋，是因為人

已然存在，而且也希望知道人爲何存在。因此，人便藉由自我詮釋的方式，不僅說明人爲何存在，同時也說明人應如何存在。由於人對其自身之所是與其所應是的自我詮釋，是出於人的理智思慮所得，所以不同的人即會因思慮角度的不同而作出不同的詮釋。

　　陽明心學所把握到的即是人對於其生活世界的認知，乃至於對人自身之存在與本質的認知，俱在人心之中，因此他就「心」論「理」，就「心」論「物」，就「心」論「人」。然而，他忽略掉人對其自身之所是與其所應是的自我詮釋，雖是出於人的心知所得，並內存於人心之中；但是人之所以採取如是的自我詮釋，卻也是受制於詮釋者本身的主觀信念所致。所以，像陽明論「人」，視人天生即具「天理良知」，天生即爲「道德動物」，天生即能判定實踐行爲的是非善惡，都是基於他主觀認同孟子的道德心性之學後，遂從孟子的角度觀「人」，所以才會對「人之所是」與「人之所應是」作此如是的詮釋與規劃。但是，有所開顯，就會有所遮蔽。陽明觀「人」的角度即已有所選取，並視之爲理所當然之理，自然使他排除了其他的觀點，而單就他所見之人來詮釋「人之所是」，並依此而規劃「人之所應是」。

　　事實上，人性之複雜絕非單一觀點所能盡視，須從多維角度共同觀照，才有可能盡觀其實，從而對「人之所是」作出如實的解釋，並依之而對「人之所應是」作出周全的規劃。不過，也正因人性之複雜是顯現在人與其生活世界的互動之中，所以人是否能對「人之所是」作出如實的解釋，並依之而對「人之所應是」作出周全的規劃，則仍有待質疑。所以，陽明人學雖然僅是提供我們對於「人之所是」與「人之所應是」的一種合理化詮釋，但是我們仍然可以據之以作爲我們認知「人之所是」與「人之所應是」的一個參考點。至於，人倒底是什麼，以及人究竟應該是如

何，或許只有到人類的存在與發展走到了盡頭，我們才能知道那最初問題的最終答案吧！

論譚嗣同的人學思想

序　言

在這個世界上，「人」大概是最難理解的一種生物。他能發現問題，解決問題，然後再製造新的問題。只要有「人」的存在，就會有問題的產生。人藉由發問，發現了自身的存在；又藉由回答，而塑造了自身的存在。人便在「問」與「答」的循環過程裡，開展了人類「自我創造」的歷史。換言之，人是人自身的主宰，人決定了人自身的歷史。

在西方哲學中，視人藉以發問與回答的是人的「理智」；但是在中國哲學中，則視人藉以發問與回答的是人的「心」。中國人即視問題的產生，出於「心」；問題的解決，也根源於「心」。因此，清末力倡「變法維新」的譚嗣同[1]在其所著的《仁學》一書中就強調：「緣劫運既由心造，自可以心解之」，遂以「仁」釋「心」，以「以太」釋「心力」，藉「心」的道德屬性與動態功能，以作爲化解人世問題的終極依據，故有「以通爲第一義」的「仁學」之建構。（註：凡引自《仁學》一書中之引文，即不再附列其書名。）

譚嗣同的「仁學」就是以「愛」爲念，以「破」爲方，以「通」

---

1 譚嗣同(1865~1898)，湖南瀏陽人，字復生，號壯飛，又號華相眾生等。譚氏不僅文武兼備，且極富救國濟民之熱情。甲午戰後，譚氏憤於中國的積弱不振，遂在瀏陽創立學社，以圖興學報國。光緒二十四年，譚氏因參與戊戌變法而遇害，以至壯志未酬而身先死。譚氏之思想極其龐雜，但是統彙而以「仁」爲核心，故以「仁學」名之。《仁學》一書不僅是譚氏思想的代表之作，也是維新變法的宣言之書。後人將譚氏之著作，彙編爲《譚嗣同全集》。

爲其要旨，藉「心」的自覺，以「衝決網羅」，使人由內而外的挺立人的主體性與存在價值，而使天下歸「仁」。因此，譚嗣同的「仁學」也可以說是中國近代的「新心學」。

本文即欲藉「概念分析」的方式，而就譚嗣同與先哲對於「心」與「仁」之詮釋的比較，來一探譚嗣同的理解基礎與詮釋企圖，既資論究「心靈自覺」與「仁的體現」在譚嗣同「仁學」中的關聯性與其實旨要義，亦期能揭示內蘊在其「仁學」中的人學思想。

「心」的釋義

在中國哲學的範疇體系中，「心」是最重要也是最根本的一個範疇，不同的時代、不同的學派、不同的學者對於「心」都有相當程度的關切，也分別作出了相應於其理解的不同詮釋，從而也開展出「心」的多元面向，而豐富了「心」的意涵。

在對於「心」的諸多詮釋中，大致可分爲下列幾種類型：

（一）視「心」爲形體的主宰，如戰國時期的《管子》之言：「心之在體，君之位也」（《管子・心術上》）；如秦漢之際的《黃帝內經》之言：「心者，五藏六府之大主也，精神之所舍也」（《黃帝內經・靈樞》）；如西漢時期的董仲舒之言：「心者，氣之君也」（《春秋繁露・循天之道》）；《淮南子》之言：「心者，形之主也」（《淮南子・精神訓》）；如南宋時期的陸九淵之言：「心於五官最尊大」（《象山全集・與李宰書》）；如明代的王守仁之言：「心者，身之主也」（《王文成公全集・答顧東橋書》）；如清代的王夫之之言：「一人之身，居要者，心也」（《尚書引義》）等皆屬之。

（二）視「心」爲思慮的官能，如戰國時期的孟子之言：「心之官則思」（《孟子・告子》）；荀子之言：「心有徵知，徵知則緣耳而知聲可也」（《荀子・正名》）；墨子之言：「使人之心，助己思慮」

（《墨子・尙同》）；莊子之言：「心困焉而不能知」（《莊子・田子方》）；《管子》之言：「心也者，智之舍也」（《管子・心術上》）；如南北朝的范縝之言：「心爲慮本」（《梁書・范縝傳》）；如清代的黃宗羲之言：「心以思爲體」（《孟子師說》）等皆屬之。

（三）視「心」爲知覺的官能，如南宋時期的張載之言：「合性與知覺，有心之名」（《正蒙・太和》）；朱熹之言：「心者，人之知覺，主於身而應於事者也」（《朱文公文集・大禹謨傳》）；如明代的王守仁之言：「心不是一塊血肉，凡知覺處便是心」（《傳習錄》）等皆屬之。

（四）視「心」具有知、情、意等功能，如西漢時期的董仲舒之言：「心有哀樂喜怒，…心有計慮」（《春秋繁露・人副天數》）；如南宋時期的張載之言：「心統性情」（《張載集・語錄》）；朱熹之言：「心者，一身之主宰；意者，心之所發；情者，心之所動；志者，心之所之」（《朱子語類》）；如明代的羅欽順之言：「有心必有意，心之官能思，是皆出於天命之自然，非人之所爲也」（《困知記續錄》）等皆屬之。

（五）視「心」爲道德的主體，如戰國時期的孟子之言：「仁義禮智根於心」（《孟子・告子》）；《禮記》之言：「善惡皆在其心」（《禮記・禮運》）；陸九淵之言：「仁，人心也。心之在人，是人之所以爲仁，而與禽獸草木異焉者也」（《象山全集・學問求放心》）；如清代的王夫之之言：「天下之義理，皆吾心之固有」（《讀四書大全說》）等皆屬之。

（六）視「心」爲行爲的主體，如戰國時期的荀子之言：「心者，形之君也，而神明之主也。出令而無所受令，自禁也，自使也，自奪也，自取也，自行也，自止也。…是之則受，非之則辭」（《荀子・解蔽》）；如明代的王守仁之言：「一念發動處，便即是

行」(《傳習錄》)等皆屬之。

　　(七)視「心」爲宇宙的根源,如魏晉時期的王弼之言:「樸之爲物,以無爲心也」(《老子道德經注》);如隋代的智顗(天台宗)之言:「心是諸法之本」(《法華玄義》);如唐代的玄奘(唯識宗)之言:「由假說我、法,有種種相轉,彼依識(心)所變」(《成唯識論》);神秀(禪宗)之言:「一切諸法,唯心所生」(《觀心論》);如南宋時期的邵雍之言:「萬化萬事生乎心也」(《皇極經世・觀物》);陸九淵之言:「宇宙便是吾心,吾心即是宇宙」(《象山全集・雜說》);如明代的王守仁之言:「心者,天地萬物之主也。心即天」(《王文成公全集・答李明德書》);如清代的黃宗羲之言:「盈天地間,皆心也」(《明儒學案・序》)等皆屬之。

　　由上述類型可見,在歷代學者的詮釋中,不僅爲「心」建構起含攝智(理智)、情(情感)、意(意志)的系統結構,並且也爲「心」賦予了形上屬性(超自然屬性)、生理屬性(自然屬性)、道德屬性(社會屬性)與主宰義、認知義、功能義、根源義、主體義和本體義,同時還爲「心」賦予了能動性、自主性、自覺性等特徵,遂使「心」的意涵益形豐富。

　　譚嗣同在其《仁學》一書中,以「仁」釋「心」,強調「仁爲天地萬物之源,故唯心,故唯識」。「仁」即是「心」,「心」即是宇宙的根源,萬物的本體。「人心」既是「仁」的顯現,所以天地萬物與人也都在「人心」之中,譚嗣同故言:「仁之至,自無不知」。「仁」遂兼指「根源之心」與「人心」,而涵具前述諸義。

　　譚嗣同以「仁」釋「心」,乃是依儒家孟子對於「心」的詮釋爲其理解基礎,如見《孟子・告子》中所言:「仁,人心也」;以「心」來詮釋「天地萬物之源」,則是依佛教對於「心」的詮釋爲其理解基礎,如見《觀心論》中所言:「一切諸法,唯心所生」。

譚嗣同也就是以佛教思想爲本，而採調和佛、儒思想的方式來構建其「仁學」之說。因此，「仁學」雖貌似儒家之論，卻實是佛教唯識之說，以「心」爲宗。

譚嗣同認爲，有「心」，即有「心力」，而言：「心之力量，雖天地不能比擬。雖天地之大，可以由心成之、毀之、改造之」(《上歐陽瓣彊師書》)。「心」指天地萬物之本源，而「心力」則指使天地萬物之得以生發、互通的動力，是言：「天地萬物由之以生，由之以通」。「心」是就其靜態言，爲體；而「心力」則是就其動態言，爲用。體用不二，同謂之「仁」，故言：「仁，一而已」。譚嗣同就是以「仁」來兼攝「心」與「心力」二義。

譚嗣同並以「以太」來詮釋「心力」，強調「以太也，電也，…借其名以質心力」，「指出所以通之具」。譚嗣同之所以會藉「以太」來詮釋「心力」，乃是爲使此「心力」之說更具客觀性與說服力，遂藉西方物理學中被視爲是電磁波之傳播媒介的「以太」[2]來爲之名，強調「遍法界，虛空界，眾生界，有至大之精微，無所不膠粘，不貫洽，不莞絡，而充滿一物焉。目不得而色，耳不得而聲，口鼻不得而臭味，無以名之，名之曰以太。…以太之用之至靈而可徵者，於人身爲腦。…人知腦氣筋通五官百骸爲一身，即當知電氣通天地萬物人我爲一身也」。「心力」是屬於精神性的力量，但是藉由「以太」的中介，譚嗣同逐能以物質性的「腦氣」來解釋「心力」的動態性功能，從而也就顯現了「天地萬物人我」本爲一體、相互可通的特徵。

2　參見《大不列顛百科全書》第十七冊，80頁，〈以太〉：「19世紀物理學理論中認爲普遍存在的物質，它在電磁波的傳播過程中起媒介作用，…以太曾被假想爲透明、無重量、無磨擦阻力，而且用化學或物理實驗都不能探測，並滲透所有的物質和空間」。

　　「以太」是「心力」，「心力」是「仁」，所以譚嗣同即以「通」
釋「仁」，而言：「仁以通爲第一義」。此中所謂的「通」，不僅指
各部份的平等聯繫，如其言：「通之象爲平等」；更是指將各部份
整合爲一，見其言：「通之義，以『道通爲一』爲最渾括」。

　　譚嗣同並衍伸「以太」之能「通天地萬物人我爲一身」的特
性，藉「以太」來整合古今中外的諸家學說爲一，而言：「以太，
其顯於用也，孔謂之『仁』，謂之『元』，謂之『性』；墨謂之『兼
愛』；佛謂之『性海』，謂之『慈悲』；耶謂之『靈魂』，謂之『愛
人如己』、『視敵如友』；格致家謂之『愛力』、『吸力』，咸是物也。
法界由是生，虛空由是立，眾生由是出」。譚嗣同也就是認爲，各
家學說雖然各有不同，卻都歸宗爲一，同爲「以太」的體現，也
就是同爲「仁」的體現。他逐以「仁」爲本，來統攝各家學說，
從而即使「仁」成爲各家思想之總名。

　　而「仁」在譚嗣同的詮釋中，又兼攝了「心」與「心力」二
義，故視「以太」的本體即是「心」，而「以太」的顯現即是「心
力」。因此，譚嗣同強調：「學者第一當認明以太之體與用，始可
與言仁」。如此就使得「仁學」不僅成爲諸家學說的基礎，同時也
能整合諸家學說於一體，譚嗣同故言：「凡爲仁學者，於佛書當通
《華嚴》及心宗、相宗之書；於西書當通《新約》及算學、格致、
社會學之書；於中國當通《易》、《春秋公羊傳》、《論語》、《禮記》、
《孟子》、《莊子》、《墨子》、《史記》及陶淵明、周茂叔、張橫渠、
陸子、王陽明、王船山、黃梨洲之書」。

　　譚嗣同以「仁」來統攝各家學說，不僅反映了他以道家對於
「道」的詮釋爲其理解基礎，強調「道通爲一」；同時也反映了他
受內蘊於傳統文化中，以「和」爲貴，強調「概念整合」的思維

模式之影響[3]。所以他視各家學說中所用之名都不過是「就世俗所已立之名,藉以顯仁之用,使眾易睦耳,夫豈更有與仁並者哉」,諸名與「仁」並無本質上的差異。「仁」為總名,也是唯一之名,「一切入一,一入一切」。

譚嗣同視「人心」即是「靈魂」,強調「自事其心也,即自事其靈魂也」。譚嗣同並將「靈魂」視做與「仁」、「智」同義,而言:「智慧生於仁」,「靈魂,智慧之屬也」。譚嗣同就是以「靈魂」來突顯人的德性與智性,並將之視為是人之所以異於禽獸且優於禽獸的本質特徵,「太古初生,先有蠢物,後有靈物。物既日趨於靈,然後集眾靈物之靈而為人」。正是因為人有「靈魂」,所以人獨能自覺其「心」之「仁」。

譚嗣同也就「靈魂」與「體魄」的關係,來批判「鬼神信仰」與「偶像崇拜」。譚嗣同認為,「鬼神」乃是「人心」所造的精神性產物,為「人心」的自我投射,而不是真有外在於人的位格性實體,故言:「事鬼神者,…自事其心也」。然而,人卻將此精神性的產物賦予具像化的「體魄」,是言:「事鬼神者,…偏妄擬鬼神之體魄,至以土木肖之」,遂使人即自陷於「偶像崇拜」之中而不自覺其荒謬。所以,譚嗣同視中國之所以充斥著荒誕不經的迷信思想,就在於人對於具形可見之「體魄」的執著所致,而言:「泥於體魄,中國一切誣妄禍溺,殆由是起矣」。

譚嗣同認為「體魄,業識之屬也」,與「鬼神」同為「人心」的自我投射。但是,當人一旦執著於「體魄」,「人心」便會蔽塞

---

3 文化的核心在哲學,西方哲學重視由果溯因的線性思考,強調「概念的分析」;而中國哲學則重視循環反覆的圓形思考,強調「概念的整合」。兩者之間的差異也與雙方的民族性有關,西方重視的是個體的自由,所以偏重於個別的觀照;而中國則重視的是人際的和諧,所以偏重於系統的整合。

而「不通」，一切問題便隨之而起。因此，他要人藉「靈魂」的自覺，「轉識成智」，使「人心」復其「通」。「人心」得其「通」，「仁」才得以復顯於「人心」，故「通則必尊靈魂」。所以對人而言，「靈魂」的價值遠高於「體魄」。

人的詮釋，不僅能影響人對人自身與對其生活世界的認知，也能因此而影響人的存在方式。譚嗣同就是藉由將「體魄」的概念攝入到「靈魂」的概念之中，以使人從思維概念的扭轉裡，改變對人自身乃至對人之生活世界的認知，從而也就能改變人的存在方式。因此，譚嗣同即言：「我之心力，能感人使與我同念，故自觀念之所由始」。譚嗣同遂就思想的改造入手，來推展他的「維新變法」主張。

譚嗣同所倡導的「維新」思想，實際上就是一種「心靈改革」，故言：「孔曰：『革其故，鼎其新。』又曰：『日新之謂盛德。』夫善至於日新而止矣。⋯孔曰：『改過』，佛曰：『懺悔』，耶曰：『認罪』，新之謂也。孔曰：『不已』，佛曰：『精進』，耶曰：『上帝國近爾矣』，新而又新之謂也」。因此，「維新」即「革新」，也就是「革心」。「革心」即是「心靈改革」，也就是「革除舊思想，建立新思維」。

有「心」，即有「心力」；「心」為天地萬物的本源，「心力」即是「成乎日新之變化」以使天地萬物生生不息的動力。「心」是不生不滅，所以「心力」也是不生不滅。但是天地萬物既是「心力」所生，所以天地萬物即有其生滅，「方生方滅，息息生滅」。因此，就「心力」本身而言，「心力」不變，「恆動」不已；但是就「心力」的功能而言，「心力」則會使天地萬物不斷生滅、不斷更新，是言：「天地以日新，生物無一物不瞬新也」。譚嗣同遂視天地萬物乃至於人，都是處在一個「日新又新」的動態過程裡，

生生不息，「恆動」不已。因此，譚嗣同即以「新」釋「仁」，強調「天以新爲運，人以新爲主」，視人唯有「日新又新」的奮進不已，才能生生不息。

不過，譚嗣同又循其「道通爲一」的思維模式，而欲破除「生」與「滅」、「新」與「舊」的對立，遂視「旋生旋滅，即滅即生」，「生固非生，滅亦非滅」，「不生與不滅平等，則生與滅平等，生滅與不生不滅亦平等」，「生近於新，滅近於逝；新與逝平等，故過去與未來平等」。如此的詮釋就使得原本屬於直線前進的動態發展模式，逆轉而爲循環無端的圓形運動模式，「生」與「滅」、「新」與「舊」的差異也就因此而被解消；「生」即是「滅」，「新」即是「舊」，「變」也就是「不變」。因此，譚嗣同遂在《上歐陽瓣薑師書》中稱：「變法又適所以復古」。

譚嗣同破除「生」與「滅」之對立的論析，實是以佛教對「心」的詮釋爲其理解基礎，如見《大乘起信論》中所言：「心生滅者，依如來藏故，有生滅心。所謂不生不滅與生滅和合，非一非異，名爲阿黎耶識」。譚嗣同也就是認爲，若無「生」之名，即無相對立的「滅」之名而起，所以兩者既相依存又相區別；但是，「生」與「滅」既然同爲「心力」的顯現，所以兩者實爲一體。「新」與「舊」是依「生」與「滅」而立，「生」與「滅」是如此，「新」與「舊」也是一樣。

譚嗣同在《仁學》一書中雖然援用了許多科學知識來作論證，但是實際上他還是以佛教思想爲本，而傾向於客觀唯心論的觀點。此處對於「生」與「滅」、「新」與「舊」所作的論斷，僅是就概念上解消其歧義，而非指「生」與「滅」、「新」與「舊」實際無別。否則，他的「維新」之論也就無法成立。

「仁」的釋義

譚嗣同以「仁」兼攝「心」與「心力」，而言：「仁，一而已；凡對待之詞，皆當破之」。因此，在譚嗣同對「仁」的詮釋裡，「仁」不僅涵攝了與「心」同然的形上屬性（超自然屬性）、生理屬性（自然屬性）、道德屬性（社會屬性）與主宰義、認知義、功能義、根源義、主體義和本體義，以及能動性、自主性、自覺性等特徵之外，同時也涵攝了「心力」所能達臻的境界義，故言：「仁者寂然不動，感而遂通天下之故」。由是可知，譚嗣同就是以「仁」為其核心概念，而建構起他的「仁學」之說。然而，譚嗣同的「仁學」雖然與儒家孔子所倡導的「仁」學同樣是以「仁」為核心概念，但是兩者又實有所區別。

先秦儒家孔子以「仁」立說，強調「克己復禮為仁」（《論語‧顏淵》）。不過，孔子不是就人的本然人性論「仁」，而是就塑成人的普遍人性來論「仁」。換言之，孔子並不認為人人皆有普遍同然的本然人性[4]，而是認為透過禮文的教養可以塑造出人人同然的普遍人性。因此，孔子視人必待「博文約禮」的文化教養之後，人才能成為具有「仁」性的君子，故言：「文質彬彬，然後君子」（《論語‧雍也》）；而能全盡其「仁」性的君子，才能使自身達到「博施濟眾」的崇高境界而為「聖人」，是言：「博施於民，而能濟眾，…必也聖乎！」（《論語‧雍也》）。由是可知，孔子就是以「博施濟眾」的「聖人」作為人之為「人」的理想典範，並由之而開啓了儒家「內聖外王」之道，強調「克己復禮為仁。一日克己復禮，天下歸仁焉」（《論語‧顏淵》）。

孟子承襲孔子的「仁」學，卻從本然人性起論，強調「君子

---

4 《論語‧陽貨》：「性相近也，習相遠也。唯上知與下愚不移。」

所性，仁義禮智根於心」（《孟子‧盡心》），視「仁」爲人與生俱來的「道德本性」。但是，孟子也強調此生而即具的「仁」性僅是處於潛能狀態，因此需要有一實現的過程以使其過渡到現實狀態，故言「夫仁，亦在熟之而已矣」（《孟子‧告子》）。孟子強調人之爲「人」就應是實現此生而即具的「仁」性，是言：「仁也者，人也。合而言之，道也」（《孟子‧盡心》）。孟子即由是而開出了儒家的「內聖」之學。

荀子則是從孔子對「禮文」教養之重視而作反思，強調「從人之性，順人之情，必出於犯分亂理而歸於暴。故必將有師法之化，禮義之道，然後出於辭讓，合於文理而歸於治」（《荀子‧性惡》）。荀子於是就本然人性在人世中實現所產生的衝突效應，而否認人有與生俱來的「道德本性」。因此，荀子視人之爲「人」而有其「仁」性，乃是內化「禮義法度」之「僞」所致，強調「學惡乎始？惡乎終？曰：其數則始乎誦經，終乎讀禮；其義則始乎爲士，終乎爲聖人。真積力久則入，學至乎沒而後止也。故學數有終，若其義則不可須臾舍也。爲之，人也；舍之，禽獸也」（《荀子‧勸學》）。荀子也即由此而開出了儒家的「外王」之學。

孟、荀二子對於孔子所論的爲「仁」之道雖有不同的理解與詮釋，但是對於孔子對「仁」的詮釋則有一致的共識。孔子以「愛」釋「仁」，視「仁」即是「愛人」[5]；孟子亦言：「仁者愛人」（《孟子‧離婁》），荀子也說：「仁，愛也，故親」（《荀子‧大略》）。譚嗣同即循孟子的思路，而就本然人性論「仁」，以「愛」釋「仁」，強調「以太有相成相愛之能力，故曰性善也」。換言之，譚嗣同肯定人生而即具能「相成相愛」的「仁」性。

5　《論語‧顏淵》：「樊遲問仁？子曰：愛人。」

　　譚嗣同並反對宋明儒家將「天理」與「人欲」對立，他認為「天地間仁而已矣，無所謂惡也。惡者，即其不循善之條理而名之，用善者之過也。…天理，善也；人欲，亦善也」。「天理」與「人欲」，既然同為「仁」的顯現，因此同為「善」。

　　「仁」既兼攝「心」與「心力」，所以「仁」既是人之為「人」的起點，也是人之所以為「人」的動力。但是對於人之為「人」的完成，譚嗣同則捨棄儒家之為「聖人」的觀點，而採道家莊子之為「神人」[6]的觀點，而言：「今人靈於古人，人既日趨於靈，亦必集眾靈人之靈，而化為純用智、用靈魂之人，…可以住風，可以住空，可以飛行往來於諸星諸日，雖地球全毀，一無所損害」。

　　譚嗣同雖於《仁學》一書中採用了進化論的觀點，而視人是由物種的進化而來，強調「太古初生，先有蠢物，後有靈物。物既日趨於靈，然後集眾靈物之靈而為人」；但是，由於他又強調「日新又新」的動態宇宙觀，致使他對人之為「人」的完成所作的詮釋，就已是超出對現實存在之「人」的肯定，而是設想為與「仁」合一的「超人」。這雖是合於譚嗣同對「仁」的詮釋，卻與先秦儒家諸子對人之為「人」的詮釋與期許相異。

　　譚嗣同十分重視「心力」的動態功能，強調「仁以通為第一義」。「通」既是「仁」，所以視「仁與不仁之辨，於其通與塞。…通者如電線四達，無遠弗屆，異域如一身也」。因此，「苟仁，自無不通。亦惟通，而仁之量可完。由是自利利他，而永以貞固」。譚嗣同也就是認為唯有「通」，才能遂成「仁」的完滿境界。因此，譚嗣同相當強調去「塞」成「通」，主張「通則仁」，故有「衝決

---

6 《莊子‧齊物論》：「至人，神矣！大澤焚而不能熱，河漢沍而不能寒，疾雷破山、風振海而不能驚。若然者，乘雲氣，騎日月，而遊乎四海之外，死生無變於己，而況利害之端乎。」

網羅」之議。

「衝決」，即是「破」，也就是「解消」；「網羅」，即是「執」，也就是使「心」不得其「通」的「蔽礙」。因此，譚嗣同認為要實現「仁」，即要「衝決網羅」，故言：「網羅重重，與虛空而無極；初當衝決利祿之網羅，次衝決俗學若攷據、若詞章之網羅，次衝決全球群學之網羅，次衝決君主之網羅，次衝決倫常之網羅，次衝決天之網羅，終衝決佛法之網羅」。

譚嗣同以「衝決佛法之網羅」為終，就是因為他是依據佛教「破執」的觀點，而視所有「網羅」本為「人心」所造，皆當「破」除之。當「執」已「破」，「破執」之「執」也就應當「破」除之。故當其他「網羅」皆已「破」除之後，「佛法之網羅」也應隨之而「破」。「破執」之「執」已「破」，「故衝決網羅者，即是未嘗衝決網羅」。

譚嗣同就是以「破」為方，來解消一切對待之詞的差異性，使同歸於「仁」，以顯現「仁」的唯一性，故言：「仁，一而已；凡對待之詞，皆當破之」。有「對待」之「破」，才會有「平等」之立，故言：「通之象為平等」。「平等」即是破異存同，譚嗣同是言：「殊則不復同，而不害其為同，…百則不復一，而不害其為一」。能「平等」，即能成「通」，故言：「平等者，致一之謂也。一則通矣，通則仁矣」。所以，「仁」的體現，必以「平等」為前提。

人與人既然同為「仁」的體現，所以人與人之間也即應是處於「平等」的地位而能互「通」。但是由於人又以「人心」，自造了屬於個人自有的「意識世界」，遂使人與人之間即形成了相對的阻隔，譚嗣同即言：「自有眾生以來，即各各自有世界。各各之意識所造不同，即各各之五識所見不同。…世界因眾生而異，眾生非因世界而異」。「意識世界」既是出於「人心」所造，所以因人

而異；但是人本身不是出於「意識世界」所造，所以凡人皆同。但是，當人一旦建構了「意識世界」，人便會依人所建構的「意識世界」來認知其所生存的「實在世界」，人遂自陷在「意識世界」所形構的「重重網羅」之中而不自覺。如此，不僅是使「仁」不能透過「人心」而得以開顯，更是使「人心」與「人心」之間相隔而「不通」，故而即導致了「人」的存在困頓與「人世」的衝突爭亂。

為此，譚嗣同遂要人先解消「人心」的動「念」，使「意識世界」無由形構，人際的「平等」才能得以落實，而復其「通」，故言：「今求通之，必斷意識；欲斷意識，必自改其腦氣之動法。外絕牽引，內歸易簡。簡之又簡，以致於無，斯意識斷矣。意識斷，則我相除；我相除，則異同泯；異同泯，則平等出；至於平等，則洞澈彼此，一塵不隔，為通人我之極致矣」。換言之，譚嗣同也就是要人中止理智的運作，使人由對外在事物的認知逆轉回對內在本性的直覺，以使「仁」能得以在「人心」之中重行開顯，而「人心」也才能「通天地萬物人我為一身」。因此，譚嗣同雖言：「通有四義：中外通，⋯上下通、男女內外通，⋯人我通」，但是仍以「人我通」為其核心，而側重於人際關係的平等對待與和諧融通，遂言：「蓋心力之實體，莫大於慈悲。慈悲則我視人平等，而我以無畏；人視我平等，而人亦以無畏」。

譚嗣同既視「以太有相成相愛之能力」，又視「慈悲為心力之實體」，所以他就以「愛」釋「慈悲」，以「慈悲」釋「仁」。譚嗣同也就是認為，人若能開顯其「慈悲」之「心」，以「愛」來「通人我」，自能「平等」待人，而使天下歸「仁」。換言之，「慈悲」即能使人「平等」相待，和諧共融，而同歸於「仁」的體現。

譚嗣同雖是以「愛」釋「仁」，但是他對於「愛」的詮釋，又

與先秦儒家的詮釋有所不同。孔子論「仁」，雖有「泛愛眾」之義，但是仍以「孝」爲本，而肇始於「等差之愛」，遂有「親疏」之別，故言：「弟子入則孝，出則弟；謹而信，泛愛眾；而親仁」（《論語‧學而》）。孟子就是將「等差之愛」視爲是「人性」的自然流露，故言：「孩提之童，無不知愛其親者；及其長也，無不知敬其兄也。親親，仁也；敬長，義也」（《孟子‧盡心》）；然而荀子則是將「等差之愛」歸入「禮文」的明確分判，而言：「禮者，貴賤有等，長幼有差，貧富輕重皆有稱者也」（《荀子‧富國》）。

譚嗣同基本上是傾向於孟子的觀點，而反對荀子的制度化主張，強調「親疏生分別。分別親疏，則有禮之名。自禮明親疏，而親疏於是乎大亂。…仁則自然有禮，不特別爲標識而刻繩之」。譚嗣同就是認爲，發諸「仁」的「愛」應是任其自然的流露，而不應予以制度化。一旦制度化爲「名教」，即會形成外在「名教」與內在「人性」的對立，而使人「不仁」。

譚嗣同認爲「名」是人有意創造的制約機制，而言：「名者，由人創造，上以制其下，而不能不奉之」；並且認爲「名」無必然性，是言：「名忽彼而忽此，視權勢之所積；名時重而時輕，視習俗之所尚」。所以，譚嗣同視「名教」既不是道德的無上判準，更不是永恆不變的絕對真理。但是當「名教」一旦深植「人心」之後，「名教」就會被人視爲是永恆不變的絕對真理，而具有無上的權威性。於是，「名教」不僅宰制了人的思想，也塑造了人的存在方式。因此，譚嗣同即言：「俗學陋行，動言名教，敬若天命而不敢渝，畏若國憲而不敢議。…數千年來，三綱五倫之慘禍烈毒，由是酷矣。君以名桎臣，官以名軛民，父以名壓子，夫以名困妻，兄弟朋友各挾一名以相抗拒，而仁尚有存焉者得乎」。隨著「名教」的分判，人際逐由「平等」淪爲「不平等」，個人也由「自由」淪

爲「不自由」，於是人際失「和」，個人失「真」，人遂「不仁」。因此，譚嗣同批評「名教」不是成「仁」之教，反是「不仁」之教，故言：「二千年來君臣一倫，尤爲黑暗否塞，無復人理，…賴乎早有三綱五倫字樣，能制人之身者，兼能制人之心」，「君臣之禍亟，而父子夫婦之倫遂各以名勢相制爲當然矣，此皆三綱之名之爲害也」。

　　若就譚嗣同對「名教」的批判而觀，即見他是以道家莊子對「禮文」的批判爲其理解基礎，如見《莊子・繕性》中所言：「及唐虞始爲天下，興治化之流，澆淳散朴，離道以善，險德以行，然後去性而從於心。心與心識知而不足以定天下，然後附之以文，益之以博。文滅質，博溺心，然後民始惑亂，無以反其性情而復其初。…故曰，喪己於物，失性於俗者，謂之倒置之民」。譚嗣同也就是將莊子對「禮文」的批判，轉化爲他對「名教」的批判，而視「名之所在，不惟關其口，使不敢昌言；乃并錮其心，使不敢設想」。譚嗣同認爲人便是在「名教」的制約之下，失去了他的自主性，也失去了他的存在尊嚴，而成爲「名教」的附屬品。

　　莊子雖然反對「禮」，但是也反對「仁」，而言：「毀道德以爲仁義，聖人之過也。…屈折禮樂以匡天下之形，縣跂仁義以慰天下之心，而民乃始踶跂好知，爭歸於利，不可止也，此亦聖人之過也」（《莊子・馬蹄》）；然而，譚嗣同則是反對訴諸「名教」的「禮」，卻不反對源出於「仁」之「禮」，故言：「禮與倫常皆原於仁」。因此，譚嗣同仍是以「仁」爲核心來反對「名教」，故與先秦道家之學還是有所區別。

　　譚嗣同對於「愛」的詮釋，更傾向於墨家所作的詮釋，是言：「兼愛一語…墨學中之最合以太者也」。墨家論「愛」，反對「親疏」之別，強調「無等差之愛」，故言：「若使天下兼相愛，愛人

若愛其身，猶有不孝者乎？…視人身若其身，誰賊？…視人家若其家，誰亂？…視人國若其國，誰攻？…若使天下兼相愛，國與國不相攻，家與家不相亂，盜賊無有；君臣父子，皆能孝慈，若此則天下治。故聖人以治天下爲事者，惡得不禁惡而勸愛」（《墨子‧兼愛》）。譚嗣同以「通」釋「仁」，強調有「等差」，即有「分別」；有「分別」，即「不通」；「不通」，即「不仁」；「不仁」，即不是「愛」。因此，譚嗣同即言：「有所愛，必有所大不愛；無所愛，將留其愛以無不愛也」。「有所愛」即指儒家的「等差之愛」，「無所愛」即指墨家的「無等差之愛」；唯有「無所愛」，才能取消差別對待，「平等」觀照而「無不愛」；「無不愛」，才能成就對人乃至對天地萬物的「大愛」。所以，譚嗣同強調：「善用愛者，所以貴兼愛矣」，「兼愛」即是「仁」。

譚嗣同論「愛」，雖與諸家學說有同有異，但是他最後還是循「道通爲一」的思維欲解消其間的差異，遂視孔子「博施濟眾」的「仁愛」，與墨子「愛人若愛其身」的「兼愛」，與佛教「恆求善事」[7]的「慈悲」，與耶教「愛人如己」的「博愛」等，同爲對「仁」所作的不同表詮，所以並無本質上的差異。

由是可見，譚嗣同對「仁」的詮釋雖有眾義，但是基本上仍是以「通」與「愛」爲主。譚嗣同論「通」，重視解消一切的差異而歸之「平等」；論「愛」，則重視使一切皆能「平等」對待。由此可知，譚嗣同論「仁」的實旨即在於「變去諸不平等，以歸於平等」，強調唯有「平等」，人世才有和諧共融的可能。

心靈自覺與仁的體現

---

7 《法華經‧譬喻品》：「大慈大悲，恆求善事，利樂一切。」

　　譚嗣同以「仁」兼攝「心」與「心力」，強調「日新又新」的動態宇宙觀，視「仁」的體現即在於生生不息的變化之中，「仁」即是「生」。

　　人雖與天地萬物同出於「仁」，同為「仁」的體現，同樣處在「日新又新」的變化過程裡。但是，人卻又以其「心」為人建構了「重重網羅」，限制了人的發展，剝奪了人的自由，阻礙了人際的真誠對待與和諧互動，遂使人的靈魂物化、生命萎縮，從而也就使人不復為「仁」的體現，人也不再成其為「人」，而淪為「重重網羅」的附屬物。因此，譚嗣同認為需要啓發人的心靈自覺，使人復歸「仁」的體現，重振「日新又新」的活潑生機！

　　人既能製造問題，人也就應能解決問題。譚嗣同認為，「重重網羅」既是由「人心」所造，所以也當由「人心」來化解之，故而強調「緣劫運既由心造，自可以心解之」。化解之道就在於「潔治心源」，也就是「斷意識」，是言：「外絕牽引，內歸易簡。簡之又簡，以致於無，斯意識斷矣」。「斷意識」，即是不動「大腦」[8]，也就是不動「心」。人不動「心」起「念」，人就不會自造「意識世界」來自我設限；人不造「意識世界」，「重重網羅」也就無由形構，「人心」之「仁」便得以自然開顯，故言：「腦氣所由不妄動，而心力所由顯，仁矣夫」。因此，「潔治心源」即是「心靈自覺」，也就是人自主的以其意識來中斷其出於「大腦」的意識，而使合於「仁」之本性的意識得以開顯。所以「斷意識」也就是「未嘗斷意識」。

　　人既然是生活在人文世界之中，就已受到「重重網羅」所形塑，而不復對自我本性的真實認知。因此，如何去啓發人的「心

8　《仁學》：「腦氣之動，…意識也，其大腦之用也。」

靈自覺」，使人自主的復歸於「仁」的體現，就成爲譚嗣同所重視的問題。於是，他便從兩個角度上來作思考，試圖藉由改變人藉以形構自我認知的參照依據，來改變人的自我認知。

一個角度是從外在環境的變革作起，故有「維新變法」之議；另一個角度則是從內在思想的變革切入，遂有「衝決網羅」之說。「維新變法」，求的是整體制度上的改變，故可稱之爲「革新」；而「衝決網羅」，求的則是個人思想上的改變，亦可稱之爲「革心」。譚嗣同就是以政治參與來推展其「革新」之議，並以教育興學來推展其「革心」之念，希望藉此以喚醒世人的「心靈自覺」，重歸「仁」的體現。

「衝決網羅」，也可以說是「心靈改革」的一部份。「心靈改革」，即是「革除舊思想，建立新思維」。而「衝決網羅」就是在「革除舊思想」，譚嗣同故言：「初當衝決利祿之網羅，次衝決俗學若攷據、若詞章之網羅，次衝決全球群學之網羅，次衝決君主之網羅，次衝決倫常之網羅，次衝決天之網羅，終衝決佛法之網羅」。凡此諸「網羅」都是已然存在並形塑人之自我認知的舊思想，故當一一革除，以使人從此自我設限的框架中解放思想的自由，這也就是所謂的「破執」。

然而，若只是「革除舊思想」，而不「建立新思維」，則仍無法達到啓發人「心靈自覺」的目的。所以譚嗣同就藉由對「仁」的詮釋，來建立人的新思維。

在譚嗣同對「仁」的詮釋上雖有多義，但是主要的則有四義：「通」、「愛」、「生」、「新」。

就「通」而言，譚嗣同即視「仁以通爲第一義」。「通」是「聯繫」，也是「整合」。要「通」，就要先求其「平等」；要求其「平等」，就要先解消一切對待的差異。所以，要「通」就不只是要解

消名詞概念上的差異、習俗制度上的差異、思想理論上的差異，凡是一切的差異都當解消。只有當差異解消時，人才可能有其真正的「平等」，也才能成其「通」，「通」而爲「一」。「一」，則物我無別、人我不分，視人如己，和諧共融。

就「愛」而言，譚嗣同視人本具「相成相愛之能力」。人能「愛」人，即是本出於人的天性，所以人就應消除一切的自我設限，使人能真實的表達其情感，自然的實現此能力。當人能坦然的「愛」人時，人就自然會尊重彼此，「平等」相待，互相扶持，而形成人與人之間的和諧共融，也就不會有衝突爭端之起。

就「生」而言，譚嗣同視「仁爲天地萬物之源」。因此，「仁」就是「生之源」。人既是根源於「仁」，而爲「仁」的體現，所以人有其「生命」，而且也應當珍惜其「生命」，使「生命」既不爲外力所戕傷，更不爲世俗的價值而犧牲。只有當人能真正的成爲其「生命」的主宰時，人才能挺立他的主體性與存在尊嚴，而「自主」的決定其自身的存在方式。

就「新」而言，譚嗣同視人本有「成乎日新之變化」的能力。有「心」，即有「心力」；是故，有「生命」，即有「生命力」。「心力」乃是「日新又新」的「恆動」不已，生生不息；所以人的「生命力」也就是在「日新又新」的動態過程裡，奮進不已。所以，人就不應當自我設限，讓「生命力」在既有的生活框架裡停滯不前，以致於僵化萎縮。而是應該衝破一切既有的模式，接收新的刺激，嘗試新的挑戰，創造新的契機，使「生命力」得以無拘無束的「自由」開展。

凡此四義，就是要爲人重新建構人之自我認知的參照架構，使人能從新的觀點來認知人自身，進而使人依其新的自我認知而來實現其自身。事實上，當人有新、舊兩個參照架構可以作對照

比較時，人就容易啓發其「心靈自覺」而自作決斷。

透過「衝決網羅」之說與對「仁」的詮釋，譚嗣同即規劃出他的「心靈改革」方案，而顯現在他的「維新」思想中，表現在他的《仁學》一書裡，體現在他的「變法」志業上。只可惜「維新變法」的失敗，使他在三十三歲的壯年就爲理想而殉身。

譚嗣同以「仁」兼攝「心」與「心力」而建構的「仁學」思想，不僅反映了清代末年知識份子「求新求變」的共同趨勢，也代表了中國近代「新心學」發展的萌芽。

結　語

譚嗣同的「仁學」，主要是針對人「心」而發，強調一切問題的癥結在於人「心」，一切問題的化解也在於人「心」，故言：「緣劫運既由心造，自可以心解之」。這確實是一針見血的說明了人與人世的實際狀況，人的確是以「心」來製造問題，又以「心」來解決問題。但是，不可否認的，人還會再以「心」來製造新的問題，如此「循環無端」，周流不已！

在《仁學》一書中，我們就可以很清楚的看到譚嗣同藉由「重構」既有的思想，來「解構」既有的思想，以便「建構」他的「仁學」思想，遂使得既有的思想都融攝到他的「仁學」思想之中，從而也就「形構」了新的「網羅」。而他所言的「故衝決網羅者，即是未嘗衝決網羅」，正是對此情況的最佳說明！既存的問題或許是解決了，但是新的問題又隨之產生。

以譚嗣同的「維新」思想爲例。沒有「新」，就不會言「舊」；沒有「舊」，也不會有「新」。但是相對於「新」的「新」，則原有的「新」即成「舊」，「新」與「舊」遂成了同指一物的「虛名」。所有的「名」皆是由「人」所造，藉以指稱事物，也藉以表達思

想。爲「人」所造的「名」本無絕對性，但是「人」卻又被他所造的「名」所制約，依「名」來認知、來思考，從而就使得「名」越來越多，所賦予的「意義」越來越複雜，而「人」也就越來越難理解！「人」所難理解的，不只是「日新又新」的「意義」，更是透過「意義」而顯現的「人」自身！

譚嗣同說得好，「潔治心源，…眾生皆潔」。「心」既是一切之源，「心」通，一切通；「心」潔，一切潔。「潔治心源」之道，就是透過「心靈自覺」，使「大腦」不動，以「斷意識」，而任「仁」自顯。如此，則不僅是所有的問題都不再是「問題」，同時也不會再有「問題」的產生，這的確是徹底的解消了「問題」！然而，若以「斷意識」來「潔治心源」，以復歸於「仁」的自顯，則人是否還是「人」？換言之，當人試圖徹底解消問題的同時，是不是也解消了人對人自身的自我認同？似乎正如譚嗣同在《仁學》一書結尾處所言：「時時度盡，時時度不盡，…此易之所以始乾而終未濟也」，「解消問題」還是「未嘗解消問題」！總之，只要有「人」的存在，就會有「問題」的不斷湧現，這或許也就是「人」的存在方式吧！

專　論　篇

人與文化的聯繫

序 言

　　當人在創造物質文明的同時，人也創造了他的精神文化，人類的精神文化就內蘊在他所創造的物質文明之中。無論人是來自上帝的創造或是自然的演化，人所建構的文化即已使人取得了自身發展的主導權，主宰著人類自身的命運。

　　然而，弔詭的是，當人以文化的建構來主導自身發展的同時，人又被他自身所建構的文化所宰制。換言之，人創造了文化，又被文化所塑造。文化既是人所創造的工具，又是決定人類存在方式的主宰。就人創造文化而言，人是自由的；就人受文化的塑造而言，人則是被決定的。人便是在這自由與被決定的交互衝擊中，開展了人類自身的發展歷程[1]。

　　不可否認的，身為人類的我們已不再只是自然的產物，而更是文化的產物。文化決定了我們的生存方式，也決定了我們對於世界的認知。隨著文化對人類的塑造，我們將客觀的世界轉化成主觀的世界，依文化所給定的框架來認識世界、發展自身。就在人類發展自身的同時，人也改造了他所身處的客觀世界，形成了以人為主體的第二自然。第二自然也就是以物質文明為基礎、以精神文化為主導，由人類所建構並為人類所賴以存續的生活世

---

1 參見《哲學人類學》，米夏埃爾・蘭德曼著，張樂天譯，上海市：上海譯文出版社，1988 年，第 217-219 頁。

界。因此，在人類創造了文化之後，人類的歷史便是在這第二自然之中開展，似乎也不太可能再回歸到第一自然。或者可以這麼說，縱使我們的物質文明遭到毀滅，我們依然會再創造出我們的第二自然。

本文的目的就是要藉由尋索人類創造文化的動機，依循文化對人類影響的軌跡，進而探究人與文化之間的相互依存是否是人類無法逆轉的命運，終而省思人的存在意義。筆者的能力有限，因此無法對人與文化之間的聯繫作一個定論，而僅是提出個人的分析。

人創造文化

當我們去探究文化的創造時，我們已經是在文化的氛圍中，按照文化所給予的訊息，來建構我們的理解與分析。這也就是說，我們似乎不太可能去說出文化之所以被創造的原始動機，而僅是能夠去揣測那可能的動機，因此就有各種理論的形成。筆者無意去引述各種理論，而是試圖以問與答的方式來探索各種可能的成因。

倘若我們先設定我們是以「人為自然的產物」作前提，肯定人是運用他自然的稟賦來創造他自身的文化，那麼我們就將以「自然為先在，文化為後起」的觀點，來思索人與文化之間的關係。換言之，我們也就是肯定文化是人類自身所創造出來的產物，是後於人的存在而存在。既然如此，我們就不免要問：「人為什麼要創造文化？」

設若我們就荀子的觀點來看，他認為人「力不若牛，走不若馬」（《荀子‧王制》），強調人不是先天就稟賦了優於萬物的生理機能。設若我們再就墨子的觀點來看，墨子強調「禽獸麋鹿蜚鳥

貞蟲，因其羽毛以爲衣裘，因其蹄蚤以爲跨履，因其水草以爲飲食。故唯使雄不耕稼樹藝，雌亦不紡績織紝，衣食之財固已具矣。今人與此異者也，賴其力者生，不賴其力者不生」(《墨子‧非樂》)，認爲人不是先天就具有優於萬物的生存條件。

藉由人類的具體存在來作檢證，我們不可否認這是事實。作爲自然的產物，我們的確不具有優於萬物的生理機能與生存條件。然而，我們卻不僅可以「服牛乘馬，圈豹檻虎」(《天人三策》)，我們同時也可以適存在任何一種自然環境之中，甚至進而改造環境來適應我們的生存、滿足我們的所需。這就反映出人是藉由文化的創造來彌補其生理的缺憾，強化其生存的能力，以維護個人的生命與種族的延續。換言之，文化的創造是人類爲維續其生存而作的必要建構。

倘若我們視有生命的自然產物都會去適應其生存的環境，以維續其生存。那麼我們就不免要再問：「人類之所以創造文化究竟是出於人類心智的有意作爲？還是基於自然本能的必然趨勢所致？」換言之，「文化的創造倒底是出於人類自身的自由抉擇？還是出於自然規律的必然發展？」

就自然賦予人類的基本構造而言，人有直立的身軀、靈巧的手指與靈活的頭腦，這些不僅使人有異於其他生物的先天形象，也使人具有發展思想與創製工具的潛在能力。因此，自然雖然沒有賦予人類適應特定環境的先天條件，但卻賦予了人類足以適應任何環境的獨特條件。人只要順其本能的自然發展，人就必然會創造出文化；文化也就是人類實現其自然本能以適應生存的必然結果。這也就是說，只要有人類的存在，就必然會有文化的創造。

但是若換個角度來想，自然雖是賦予了人類異於其他生物的先天形象，但是這並不保證人類就可因此而確保其生存。人類與

其他生物一樣的具有維生的本能，都在追求生命的延續。只不過
人類運用了他先天即具的自然條件，利用了自然環境中既存的具
體資源，創製了可為自身使用的謀生工具，也創造了以人為主體、
為人服務的文化，從而使人類超越了不利於他生存的自然條件，
按照人類自身的自由意願，建構了他自身的存在方式。換言之，
文化的創造是人類超越自然的束縛，確保人類自身存在的求生手
段。所以，只要有人類的存在，就有創造文化的可能。

　　不可諱言，這兩種答案都有可能。筆者是採取第二種答案來
看待文化的創造，並藉此來了解文化的異與同。

　　無論是何種生物，都必然是生存在一個具體時空之中，面對
著一個足以影響他生存的自然環境。為了適應環境、維續生存，
就有了三種求生手段的出現。一是產生適應環境的變種，二是徙
居適應生存的環境，三是改造環境來適應自身的生存。若就進化
論的觀點來看，人是猿猴的變種，並且表現的比猿猴更能適應生
存。若就人類的發展歷史來看，人類也同樣經歷了徙居適存環境
的過程。但是更重要的是，人不僅止於被動的去適應環境，人更
積極的去改造環境來適應自己的生存。因此，人類才能在原本不
利其生存的自然環境之中，創造出適合其生存的人類王國，宰制
著萬物，左右著自然。

　　正因為人類經歷了被動適應環境與主動改造環境的兩個階
段，所以就出現了第一個層次的文化差異。這也就是說，有些人
類族群仍停留在第一個被動的階段，如某些至今依然存在的原始
部落；而有些則已進展到第二個主動的階段，如當今大多數的人
類社群。

　　停留在第一個階段的人類族群仍有其文化的創造，但是其目
的與成果僅是維續其生存。換言之，該階段的文化創造僅是作為

求生的手段。但是進展到第二個階段的人類族群則是利用文化的創造來建構他們的生活世界，形構他們的存在價值。這也就是說，在這個階段的文化創造已不僅僅是作為求生的手段，也具有了豐富人類生活的特定功能，使人類更明顯的表現出與其他物種的差異。

　　無論是第一個階段或是第二個階段的文化創造，都與其自然環境有密切的關聯。就第一個階段的文化創造而言，其目的是要使人類自身能適應所生存的自然環境，故而其所創造的文化就帶有著相當顯著的地域色彩。但是就第二個階段的文化創造而言，其目的則是要使自然環境能適應人類自身的生存，故而其所創造的文化就帶有著相當明顯的人類形象。由於第二個階段是第一個階段的發展，所以在第一個階段因地域不同而形成的第二層次文化差異，也會促成第二個階段在第二層次上的文化差異。

　　簡單地說，第一個層次的文化差異是表現在對自然環境的被動適應與主動改造上；第二個層次的文化差異則是表現在對於人與自然之關係及人與文化之關係的偏重上。換言之，第一個階段的文化創造是偏重在人與自然的關係上，強調對自然環境的適應；第二個階段的文化創造則是偏重在人與文化的關係上，不僅強調對自然環境的改造，也強調對文化環境的建構。

　　以人類的居住為例，第一個階段的文化創造是穴居，也就是將自然產物轉化為人類的居住場所；而第二個階段的文化創造則是築屋，也就是利用自然產物來創製人為產物。再就築屋而言，依據所處環境所提供的自然產物不同與個別族群的集體意念之差異，就有了建築材質、形式與理念的不同表現，從而呈顯出個別文化的差異。

　　筆者並不否認這是就文化的發展所做出的個人揣測，以試圖

說明文化之所以有其差異的原因。筆者之所以會做出這樣的揣測，乃是因為筆者相信人與文化的關係是立基在人與自然的關係上，由人與自然的關係發展出人與文化的關係。因此，要論析人與文化的關係就不能忽略人與自然的關係，但是也不能侷限在人與自然的關係上，因為人終究已創造出文化，並且也受到他所創造的文化所制約。

同樣的，當我們去探究「人是什麼」的答案時，我們也不能停留在對人之自然本性的省察上，而更當去觀照人的文化習性對於人性發展的影響。甚至於當我們去探究人的自然本性時，我們也當時時注意文化對於我們認知的影響。雖然要完全避免文化的影響是件很困難的事，但卻是個必要的工作，否則我們將難以認知人與文化的真實面貌。

文化塑造人

人類基於求生的自然本能，運用其主體的能力與客觀的資源創造足以維續人類生存的文化，從而使人不僅擁有優於萬物的生存條件，同時也使人得以宰制萬物、左右自然。

文化既是人類為其自身而創造，故而也就是以維續人類的生存為前提，以增益人類的生存條件為手段，以改善人類的生活為目標，以賦予人類存在的意義與價值為特徵。因此，藉著文化的創造，人類不只是創造了自身的存在方式，也同時創造了自身的存在意義與存在價值。

正是因為文化是人類為其自身而造，所以人類不僅是利用文化來為其自身服務，也是利用文化來塑造人類自身的形象。換言之，在人類所創造的文化中，既是反映了人類對其自身之現實形象的認知，也蘊含了人類對其自身之理想形象的規劃。因此，在

人類創造其文化的同時，人類也預伏了將被其文化所塑造的命運。

舉一個最明顯的例子，就是飲食工具的創造。人類創造飲食工具的原始動機是爲了符應人類維生的需要，但是在第二個階段的第二個層次文化創造上，就有了東、西文化的差異。東方人習於使用筷子作爲飲食工具，而西方人則習於使用刀叉作爲飲食工具。因此，當東、西方人進行文化接觸時，就會出現適應上的困難。而造成適應困難的根本原因，就在於受其所傳承的文化所制約而致。

由此可知，不同的文化表現即肇因於不同的文化創造與不同的文化制約。文化之所以能夠制約人類的思行模式，就在於文化本身所內含的塑造功能。但是值得注意的是，人類雖然能夠藉由文化的創造來塑造人類自身的形象，但是卻不能夠完全的擺脫自然本能對人的束縛。換言之，文化雖然能夠使人爲追求理想的實現而放棄生命，但是卻不能使人如鳥一般的在空中翱翔，而仍需要藉助於人類所創造的人爲產物來實現這樣的願望。

不過，我們也不可否認文化對人的塑造確實對人產生了極大的影響，尤其是表現在人對其世界與其自身的認知上。

以中國文化對中國人的影響爲例，兩漢時期是個相當重要的關鍵。在先秦時期，中國人對於世界與人自身的認知提供了多元化的觀點，儒家側重人類道德面向的詮釋[2]僅是其中的一支。但是自兩漢時期將儒家經學定爲官學，使儒家思想躍昇爲中國文化的

---

2 如孟子之言：「無惻隱之心，非人也；無羞惡之心，非人也；無辭讓之心，非人也；無是非之心，非人也。惻隱之心，仁之端也；羞惡之心，義之端也；辭讓之心，禮之端也；是非之心，智之端也。人之有是四端也，猶其有四體也。有是四端而自謂不能者，自賊者也。」（《孟子・公孫丑》），荀子之言：「水火有氣而無生，草木有生而無知，禽獸有知而無義，人有氣有生有知亦且有義，故最爲天下貴也。」（《荀子・王制》）。

正統之後，中國人對於世界與人自身的認知即被鎖定在道德的向度上，依儒家對於道德的詮釋來認知世界與人自身。雖然其間曾經歷了魏晉與隋唐兩個時期的黃老道家之學與佛學的衝擊，但是已然深植在中國知識份子心中的儒家思想仍然在宋明時期得到了再次的強化，並且也得到了當代新儒家的接續發揚。於是，對中國人而言，人不僅是先天即具優於萬物的道德本性，人世的一切也都當以道德爲依歸。

設若我們從人類的認知來觀照人類文化的形成，我們就可以發現到人類對其生存環境所作的詮釋推動了人類精神文化的演進，於是就有了"神話"到"宗教"到"哲學"到"科學"等幾個階段的發展。此中，"神話"的詮釋是建基在人類的情感與想像上，"宗教"的詮釋是建基在人類的意志與信念上，"哲學"的詮釋是建基在人類的理性思辨上，而"科學"的詮釋則是建基在人類的經驗實證上。隨著「後現代主義」的興起，我們也可以預估下一個階段的發展將是以超越理性思辨與經驗實證的"藝術"爲主。

需要說明的是，人類最初所作的詮釋是基於對生存環境的無知，從而試圖給予一個可以被理解的答案，以作爲人類面對其生存環境的精神依據。就其積極意義上而言，人類藉此使他的生存環境成爲有意義的世界，也使人類知道該如何來因應其所處的環境以確保其生存；但是就其消極意義上而言，人類又因爲有了一個可資依憑的答案，從而就忽略了這個答案是出於人類自身的構建，反倒是易於據此來構建他自身對其生存環境的基本理解。於是，前在的詮釋就提供了後起詮釋的理解基礎，從而層疊架構起文化的內涵。

不過，也不可否認的是，當人藉由詮釋創造出世界與其自身

的存在意義後，人仍然是可以有三種選擇：一是承續此種詮釋並加以豐富化，二是批判此種詮釋並加以改造，三是否定此種詮釋並重構新的詮釋。

在中國文化的氛圍中，似乎只是前兩種選擇的反覆，而第三種選擇則僅是曇花一現，仍不足以撼動儒家詮釋的權威性。因此，縱使儒家的詮釋有其侷限性，中國人仍然堅信其爲絕對的真理。

但是，也令人好奇的是，儒家的詮釋雖然形塑了中國文化的固有特徵，也鎖定了中國人對於自身認知的道德向度，但是卻不能使中國人都向著道德的理想境界來實現其自身。甚至可以說，中國人的現實形象與儒家所建構的理想形象存在著極大的差異，但是中國人仍然堅持依儒家的道德理想來看待人世與人自身。有趣的是，中國人並不認爲這是一種分裂，反而是習於居處在這樣的矛盾之中，一邊談著道德，一邊謀求功利[3]。

設若我們回歸到先秦時期的人性論來看，除了孟子與莊子是明確的肯定人性爲善之外，多數的學者都是從人的好利惡害本能傾向來定義人的自然本性。人之所以有其好利惡害的本能傾向是基於人類求生的自然本能，不能也不當被忽略。事實上，人類的文化發展也正是根源於人類之好利惡害的本能傾向。沒有這樣的本能傾向之促動，也就不會有物質文明的創造與精神文化的建構。但是從宋明時期將孟子視人先天即具道德本性的詮釋系統確立爲絕對真理之後，人的好利本性即被刻意的壓抑，認爲唯有如此才能提昇人的道德境界，彰顯人的存在價值，故有「存理去欲」之議的提出。然而處理問題的最佳方式不當是訴諸壓抑，而當是

---

3 參見《中國人的觀念與行爲》（第四屆現代化與中國文化國際研討會論文集），喬健等主編，天津市：天津人民出版社，1995 年，第 51-67 頁，文崇一：〈富貴與道德：再論價值的衝突與整合〉。

藉諸疏導。因此，相對於此的即有「理在欲中」的呼聲繼起，強調道德應是建基在欲望的適當滿足。雖然這仍是在既有詮釋上所作的批判性改造，但也已呈顯出一個很值得我們省思的問題：「中國文化爲何缺乏對“欲望”的正視？」

　　然而，這個問題的提出並不是表示中國文化沒有“欲望”的內涵。正好相反的是，中國文化有兩層結構，「追求道德的實現」是其表層結構，「追求欲望的滿足」則是其深層結構。以宗教爲例，中國人的宗教信仰便是以“求福避禍”爲主，所以只要能使人在有形、無形中得益的宗教，都可以被中國人所接受。至於在宗教中所論及的道德教條，也被視爲是獲取福佑的方式之一。換言之，行善不是因爲善行有其自身的價值，而是因爲行善可以獲得福佑或現實利益。所以，中國人既然是在「追求欲望的滿足」，爲何卻又不敢正視“欲望”對人的實際影響？

　　事實上，在先秦時期的儒家學者中，荀子即已強調「人生而有欲，欲而不得，則不能無求；求而無度量分界，則不能不爭。爭則亂，亂則窮。先王惡其亂也，故制禮義以分之，以養人之欲，給人之求。使欲必不窮乎物，物必不屈於欲，兩者相持而長，是禮之所起也」(《荀子·禮論》)，明確的界定出“道德”與“欲望”之間的關係。然而，當漢代的董仲舒依從孟子「重義輕利」的詮釋而將“道德”歸於「善」、將“欲望”歸於「惡」後，不僅使後代儒者避談“功利”，更不敢正視“欲望”。從而也就使得中國文化中缺乏對“欲望”的真實認知與深入分析，以致於雖有道德的理想，卻不足以解決實存的問題與存在的困境。

　　筆者並不否認「追求欲望的滿足」是有可能導致人際的衝突與對他人的傷害；但是若無「追求欲望的滿足」的促動，人類也可能不會有文化的創造，甚至連生命的維續也可能無法確保。我

們應當能夠反省到，人類是為「追求欲望的滿足」，才會運用其理智來創造文化。所以就文化的創造而言，人類理智的運作僅是手段，「追求欲望的滿足」才是目的。

不過，筆者也並不是否定儒家的道德觀，而僅是質疑此種道德觀的周延性。不可諱言的，我們現所理解的「儒家的道德觀」，僅是指孟子的詮釋系統，而不包括荀子的詮釋系統。依照孟子的詮釋系統，不僅會使人不敢正視"欲望"對人的實際影響，也會使人不敢重視「追求欲望的滿足」所能帶給人類的實際效益。因此，在當代新儒家學者意圖結合儒家的道德理論與西方的科學文明時，即會陷於極為尷尬的處境而不得不自圓其說。但是筆者以為，若當代新儒家學者能撇開宋明理學的影響，而從荀子的詮釋系統來切入，應當是可以化解掉如此的窘迫，並且能夠順當地以儒家的道德理論來承接與調節西方的科學文明。當然，縱使是選擇從荀子的詮釋系統來作切入，也當先對該詮釋系統作汰蕪存菁的批判性改造，以使其更能符應於具體時空之所需。

任何一種詮釋都是出於人的建構，也都有其詮釋角度與詮釋面向的侷限，故而都不能當作是「絕對真理」來看待。然而，任何一種詮釋的建構也都為人提供了一個理解的基礎，使人的認知有所依據。因此，任何一種詮釋既有可能"開顯"出其詮釋對象的某一面向，也有可能同時"遮蔽"了該詮釋對象的其他面向。倘若人類無此自覺，人類就會自陷在人類自身所建構的詮釋框架中，而無法達到對真相作全面而真實的認知。

文化內含著詮釋，詮釋體現為文化。詮釋塑造了人的認知，文化塑造了人的形象。有趣的是，就文化對人的塑造而言，它既給與了人類特定的存在方式，又開啟了人類無限的可能性，使人可以按其自由的意願來塑造人自身。因此，自有文化的創造以來，

人類也就變得越來越複雜、越來越多樣化。

制約與自由

　　就人創造文化而言，人是自由的；就人受其文化所塑造而言，人則是被決定的。而人之所以是被決定的，即是因為人創造文化來制約人類自身的發展，以使人類的發展是在人類自身的期望之下進行。因此，由文化的創造與塑造即使人展現出其存在的雙重面向：人既是自由的，也是被制約的；人既有其個體的特徵，也有其群體的特徵。

　　文化既是由人所創造，所以人也可以不斷的創造文化。但是文化的創造既然涵具了塑造人類認知的功能，也就會易於使人遺忘了他的自由，而自視為受文化所決定的存在之物，進而甘於為文化所擺佈，任文化所制約。

　　事實上，文化既是提供了人類的生存方式，故而按照文化來生活也的確能有利於人類的生存。只不過若遺忘了人類創造文化的本有自由，亦將會使文化流於僵化而未必能持續有利於人類的生存。以中國文化為例，在儒家思想的權威性籠罩之下，中國似乎沒有真正新文化的創造，以致於到了當代還是在重複儒家既有的詮釋。但是反觀西方的文化發展，卻是不斷地在創造新的文化，提供新的視野，建構新的生存方式。簡單地說，中國的文化是在不斷地反覆循環之中，而西方的文化則是在不斷地向前開展之中。我們真的應當去反省，「同樣是人類所創造的文化，為何會出現如此顯著的差異？」

　　我們不排除儒家思想中有關涉到對「創造性」的詮釋，如《大學》中所言的「苟日新，日日新，又日新」，《易傳》中所言的「日新之謂盛德」。但是整體而論，儒家所強調的不是「日新」，而是

「守常」，維護既有的傳統。開始去正視「創造性」對文化發展之積極意義的是清末、民初的學者，如譚嗣同的「衝決網羅」(《仁學》)之議等。然而，遺憾的是，這樣的呼聲並未受到極大的重視，以致於也未能激起對傳統文化的真正改革。縱使如民國八年的「五四運動」，也僅是試圖以西方文化來取代中國的傳統文化，而不是在中國傳統文化的基礎上去創造新的文化。

筆者並不是要"反傳統"，而是希望能藉由"反思傳統"與"批判傳統"的過程中，去尋找創造新文化的契機。否定傳統，會使我們失去理解文化弊端的關鍵；承續傳統，又會使我們無法理解文化弊端的關鍵。所以，筆者認為，只有從"反思傳統"與"批判傳統"的過程中，我們才有可能創造出適合於我們中國需要的新文化。這是筆者的理想，卻不是筆者的能力所及。

不過，筆者也堅信，自由的創造可以帶來創造的自由。如果中國文化的發展能開放自由的創造，相對的也就能為中國的文化發展創造更多的自由，從而使中國文化具有更多元化的內涵與更多樣性的面貌。當然，這樣也可以使得在中國文化氛圍中的中國人因此而享有更多的自由。

不可諱言的，文化的創造既帶有制約自由與創造自由的雙重功能，也就會導致不確定性的發展，甚至是超出人類所能預見或是掌控的範圍。這或許也是人類在創造文化時，內存在人類心中的一個矛盾情結。換言之，人類既想藉由創造自由來維續人類的生存，卻又想藉由制約自由來維續人類的生存；後者尤其體現在文化對人的塑造上。因此，文化的創造既會帶給人類確定的存在方式，又會帶給人類不確定的文化發展。這也就是說，當人類將其自身推向創造文化的起點時，他也是將其自身推向到他似乎能夠掌握又似乎無法掌握的洪流之中。這也無怪乎老莊道家會要求

人類退回到未創造文化之初，因爲一旦有了文化的創造，的確是沒有人能預估這股洪流將會把人類帶往何處！

然而，筆者相信，文化的創造既是出於人類爲維續其生存而作的必要建構，那麼縱使文化的發展最終導致了人類自身的集體毀滅，但是只要還有人類的存在，哪怕是只有一個人，也仍然會有文化的創造繼起。換句話說，只要人類不死，就還是會有文化的存在，還是會有人所構建的第二自然來作爲人類的生活世界，因爲人與文化的關係是相互依存也不可能被割離的。

結　論

文化是人類的產物，人類也是文化的產物。就文化的創造而言，體現了人類的自由性；就文化對人的塑造而言，則是體現了人類的可塑性。因此，人類在創造文化的同時，也在創造人類自身的無限可能性。

相較同是自然產物的其他生物，人類因著文化的創造而使其自身不斷地在變化之中，而不是如其他生物一樣的僅是在實現其確定的本質而已。換言之，人類固然有其確定的自然本質，但是因著文化對人的塑造，人類就不僅有了實現其自然本質的不同表現，也有了更多由人類自身所構建的文化本質，從而使人類自身更趨向於多元化與複雜化。因此，相較於其他生物，人類不只是擁有他自身所創造的本質，也同時擁有的是個不確定的本質。

有人的存在，就有文化的創造，這已是人類無法逆轉的命運。所以，於今之計是當去審慎的考察人與文化之間的聯繫，時時的修正人對文化的創造與文化對人的導向。自然給予了人類存在的生命，人類則給予了自身存在的遠景。因此，我們是當好好地思考什麼樣的文化才是真正地對人有益！

經典、詮釋與人學

序言：詮釋的建構與解構

有人的存在，就有人的思想存在。人運用其思想，將他對世界與自我的感性觀察與理性思維，作符號化的形式表達，就有了語言文字的創造。人再藉由語言文字的開展與積累，建構了人的知識與文化，使人得以據此來詮釋其經驗，並據此來認知他所身處的世界與他自身。於是，人便由自然的產物轉化為文化的產物，受內涵於文化中的語言文字所主導，依其對語言文字的「理解」（understanding）與「詮釋」（interpretation），來開展人生的定位與規劃。因此，在人學研究的過程中，無可避免的會從「經典」中去尋索人對於「人」之定義的「理解」與「詮釋」，再進而去探究此種內蘊在文本（text）中的「詮釋」對於後人之「理解」的影響，以及後人對此「詮釋」所作的重構與解構，由此以反思人如何塑造人的自我認知，如何建構人與世界的本質形象，及其對人類發展的導向與影響。

「詮釋」乃是出於人的思想，為人意圖說明某種事物而作出帶有目的性的表述，以反映人對該種事物的認知，也同時建構人對該種事物的認知。因此，「詮釋」的建構既有其相應於客觀對象的符合性要求，也有其相應於主體思維的特殊性展現。

當人藉由書寫文本將腦中的「詮釋」轉化為客觀存有，使其意義固定下來之後，此內含在「經典」中的既定詮釋就會被視為

是理解該種事物的認知依據，進而形成認知該種事物之特定角度與固定模式。當人閱讀該「經典」時，人又會依據個人對此既定詮釋的理解，而形成對此「詮釋」的再詮釋，從而導致了對此「詮釋」的重構。每一次的重構，既會有相應於「詮釋」文本的符合性要求，又會有相應於詮釋主體的特殊性展現，由是而使得每一次的重構既是對既定詮釋的延續，又是對既定詮釋的解構。

每一部「經典」的創作，代表了一種「詮釋」的建構；每一次對「經典」的閱讀，則代表了對其既定詮釋的解構。「詮釋」的建構，提供了人「理解」的依據，也相對的限制了人的認知。「詮釋」的解構，雖是重構了「理解」的基礎，卻也開放了人的認知視域，使人得以重新省思「詮釋」的目的，重新尋回人的主體性，進而開展出人之思想的豐富性與多元性，彰顯了人的自主與自由。

本文即欲以「經典」與「詮釋」為論域，以「經典」的「詮釋」與對此「詮釋」的再詮釋為主軸，兼攝「經典」考證對於既定詮釋的重構，與對詮釋目的的評議，以探究「詮釋」的建構與解構在人學研究上的意義與影響。

問答形式的開展與與書寫文本的形成

有人的存在，就有人對其存在的探問。這種發自於人之本性的需求，就構成了人與其存在的「對話」，表現而為人之獨白式的「問」與「答」。提問的方向與人的存在情境有關，而回答的內容則與人的認知相涉。人就是因著受到存在情境的刺激，並試圖去說明其存在情境之所是，遂有了「問」與「答」的形成開展。

當人提出「這是什麼」的探問時，人不僅是在建立人與其探問對象的分別，形構人與其探問對象的關係，同時也是在開顯人與其探問對象的存在。當人提出「這是某物」的回答時，人便是

依據對該探問對象的「理解」而作出某種相應的「詮釋」，使該探問對象成為具有某種意義的存在之物。「理解」雖是先於「詮釋」而存在，並使「詮釋」成為可能。但是，也是藉由「詮釋」，「理解」才成為現實。因此，在人所作的回答中，「理解」是體，而「詮釋」為用，兩者相即不離。

先於「詮釋」而在的「理解」，反映了詮釋主體對於其詮釋對象的經驗性認知。故此「理解」既是相應於其認知對象的實際顯現，也體現了認知主體對此顯現的把握。當人依據此理解而作出某種「詮釋」時，此種「詮釋」就不僅具有符應於對象的客觀性，也同時具有符應於主體的主觀性；不僅是開顯了對象的存在，也同時開顯了主體的存在。因此，人所作的「詮釋」就含有主客相融的內涵與特徵。

人的理解雖是源自於人的經驗性認知，但是也與人據以認知的先在結構有關。這也就是說，人不只是在其存在經驗中去觀察其認知對象，同時也是依據人的社會環境、文化傳統、當下情境、心理狀態、思維方式與個人特質等因素來認知其對象。故在此認知結構影響下而形成的理解，就相對的是彰顯了人的主體性與存在性，而有其特定的時空背景與其特殊的個人色彩。因此，縱使是對同一對象的認知，也會因著理解的不同，而有不同的「詮釋」產生。如此不僅是促使了觀念與理論的形成，也導致了「問題」與「答案」的多元化與複雜化。

人最初所作的「詮釋」，僅是在人的腦中。當人將腦中的「詮釋」形之於書寫文字時，就構成了可被理解的文本。文本作為「詮釋」的載體，內含著作者對其詮釋對象的理解。透過文本的中介，作者將其詮釋對象轉化為具有某種意義的存在之物，以使其詮釋對象成為可知。因此，文本不僅體現了作者自身的存在與其對該

詮釋對象的理解，同時也是體現了該詮釋對象的存在與其可被理解的意義。

此中值得省思的是，作為詮釋對象的事物是否確實具有「可被理解的意義」，以致於作者僅是發現並揭示此既存的意義？抑或是該事物並不具有「可被理解的意義」，而是作者藉由他思維的創造而建構出該事物「可被理解的意義」，使其成為有意義的存在？還是該事物確實具有「可被理解的意義」，但是作者受限於他的認知條件與他的詮釋意圖，遂使得作者賦予了該事物他所認定的某種意義？筆者以為，三種情況皆有可能。只不過，當「詮釋」已然形構，其所「詮釋」的對象即因此而有了「可被理解的意義」。因此，就作者而言，依「詮釋」而形構的文本就是在使其詮釋對象具有可被理解的認知基礎。

當作者藉由書寫文字而將腦中的「詮釋」轉化為可被理解的文本時，無可避免的會受到所使用文字的語義、語法與語用等因素的限制，而形成思想與表述之間的張力，導致作者腦中的「詮釋」與其在文本中所呈現的實際詮釋出現了某種程度的差異，甚至於產生出語義含混或思想矛盾的糾結。但是，無可諱言的，某些作者也有可能正是利用文字自身的有限性，而試圖開展出超越文字所能涵攝的意境，以使其「詮釋」更形豐富化。

然而，書寫文字之所以被使用，也是因其具有傳達思想與溝通思想等功能。當詮釋主體意圖藉由書寫文字而將腦中的「詮釋」轉化為可被理解的文本，使其自身成為「作者」時，其中即已涵具了所欲傳達思想之對象的設定，也就是「讀者」的設定。作者是為了他所設定的讀者而寫作該文本，並相信其讀者能理解其文本中的「詮釋」，故而想藉由書寫文本來與其讀者「對話」，以使其自身的「理解」與「詮釋」能得以延續，進而產生影響。

　　作者藉由書寫文本將其腦中的「詮釋」過渡爲客觀的存有時，此種「詮釋」即向所有認知主體開放，任何人皆可經由閱讀文本而理解其「詮釋」。文本中的「詮釋」既是作者對於某一探問的回答，故對此探問感興趣的人即可藉由本文的中介，而與作者在同一個探問中相遇。正因著所關懷的問題相同，作者的「詮釋」才能引起讀者的注意，進而引發理解的意願，從而導致對其「詮釋」的理解，與因此理解而產生的再詮釋。

　　文本中的「詮釋」既是兼攝關乎詮釋對象的客觀性與關乎詮釋主體的主觀性，所以文本中所呈現的「詮釋」也就是依作者所開出對其詮釋對象之可被認知的向度，使讀者可以透過作者藉文本的引領而認知該對象。故就文本的指涉而言，文本中的「詮釋」直接指涉作者的理解，間接指涉對象的意義。然而，相對於讀者依此引領而形成自身對此對象之存在意義的理解，此種引領也會同時形成了讀者對該對象的特定認知角度，進而影響了讀者自身對此探問的回答。

　　作者在寫作文本時是依據其自身與其存在情境的「對話」，藉由文本來建構與讀者的「對話」；而讀者在閱讀文本時，則是依據其自身與該文本的「對話」，來形成與作者的「對話」。作者在書寫文本時所開顯的是作者對其自身之存在情境的「理解」與「詮釋」，而讀者在閱讀文本時所開顯的則是讀者對作者與讀者自身之存在情境的「理解」與「詮釋」。正是由於讀者對於文本的理解參雜了個人的認知，所以相對的也會使讀者在閱讀文本時，形成對作者之「詮釋」的重構，也就是依讀者自身之理解而形成的再詮釋。

　　此種參雜了讀者自身之理解於其中的再詮釋，即與作者藉由書寫文本而固定下來的「詮釋」有所差異。這種差異或是將作者

的「詮釋」加以延伸，或者是將作者的「詮釋」予以終止。前者
顯現了讀者是以作者的「詮釋」作為理解的基礎，並意圖使此「詮
釋」更具有合理性的內涵；而後者則顯現了讀者視作者的「詮釋」
為認知的限制，而意圖重建一個更具合理性的「詮釋」。如此遂使
得不同讀者在對同一文本的閱讀中，相對的產生了不同的詮釋取
向，而形成不同版本的再詮釋。所以，任何一個內含既定「詮釋」
的文本，既可以限制其讀者對其詮釋對象的認知，也可以激發讀
者對其詮釋對象作重新的認知。

經典的理解與詮釋

人是為實用的目的而創造語言文字，使語言文字成為意義的
載體，以傳達與溝通人的思想在人際之中。縱使是人因著與其存
在的「對話」而產生的「問」與「答」，也都是在語言文字之中，
藉由語言文字來形成他的「理解」與「詮釋」。因此當人創造了語
言文字之後，人就因著語言文字的實用性而陷溺在語言文字的框
架中，藉由語言文字來建構思想，形構知識，擴大語言文字所涵
具與可使用的意義。於是，人便生活在語言文字之中，由語言文
字來塑造人的自我認知與存在方式。

語言文字不僅是使「理解」與「詮釋」成為可能的基礎，同
時也是「理解」與「詮釋」的表達形式。當作者藉由書寫文字來
表達他個人的「理解」與「詮釋」時，讀者也可以藉由對文字的
理解來理解作者的「詮釋」。

作者的「理解」與「詮釋」既是內含在書寫文本之中，所以
書寫文本也就成為知識的來源之一。換言之，書寫文本既是建構
了人的認知基礎，也是提供了人認知的依據。廣義的「經典」即
泛指一切的書寫文本；而狹義的「經典」則專指對人的認知產生

積極或深遠影響的書寫文本。

　　作者藉由書寫文本來建構與讀者的「對話」，讀者也藉由閱讀該文本來建構與作者的「對話」。因此，「經典」就成為作者與讀者形成「對話」的中介。然而隨著讀者之「對話意圖」的差異，就會導致「理解」方向的不同。讀者若是想藉由與文本的「對話」，來形成與作者的「對話」，就會試圖藉由理解文本中的「問」與「答」，來理解作者的原始詮釋為何。但是，讀者若只是想藉由與文本的「對話」，來形成自己的「問」與「答」，則會試圖藉由理解文本中的「問」與「答」，來建構自己的「理解」與「詮釋」。前者指向作者的原義，即讀者試圖藉由對文本的理解來還原作者的原始詮釋，從而形成對「經典」作回溯性的探究；後者則指向讀者自身的思維，即讀者試圖藉由對文本的理解來建構新的「詮釋」，故而形成對「經典」作開創性的研究。然而，無論是前者或是後者，都須依賴於「經典」作為中介而進行之。

　　大體而言，開創性的研究是先於回溯性的探究，為人在閱讀「經典」時最習於使用的模式。讀者在閱讀「經典」時，無可避免的會依據其認知的先在結構來解讀文本中的「詮釋」。然而，由於作者之認知的先在結構並不同於讀者的先在結構，所以使得讀者即須先將作者所作的原始詮釋重構為讀者所能理解的形式，再以讀者自己視為最合理的方式對作者所作的原始詮釋作再詮釋。讀者所形構的再詮釋雖是依據作者的原始詮釋而來，卻又是對作者之原始詮釋的解構而產生的新詮釋。因此，不同讀者所形構的再詮釋，即構成對作者之「詮釋」的不同詮釋版本。在這些不同的詮釋版本中，或是賦予作者之「詮釋」以合於讀者認知的新義，或是終結作者之「詮釋」以開展讀者所認定的新義。正是由於不同詮釋版本的出現，遂使得作者的「詮釋」即經由「經典」的中

介而與讀者的「詮釋」相連，形成以「經典」為核心的詮釋傳統。在此詮釋傳統中，不僅保留了作者的原始詮釋，也涵攝了所有對此「經典」的同時性與歷時性的不同詮釋版本，從而也使得內含在作者之原始詮釋中的意義更形多樣化與複雜化。不可諱言的，詮釋版本越多的「經典」，就意謂著這部「經典」越有生命力。

不過，也正是由於對同一「經典」有不同詮釋版本的出現，遂激發了人重新探究作者之原始詮釋的意念，而有了對「經典」作回溯性探究的開展，意圖藉由對文本的理解來還原作者的原始詮釋，並藉之以作為判斷不同詮釋版本之得當與否的依據。因此，對「經典」作回溯性探究的目的，就是要確定作者藉書寫文字所表達的原始詮釋與其內在意義。

人之所以會對「經典」作回溯性的探究，基本上是相信此種探究能夠還原出作者的原義。但是在對「經典」進行回溯性的探究時，研究者又無法避免的會遭遇兩個實存的困境，其一是研究者是否能準確的還原出「經典」的原義？其二是研究者是否能透過「經典」的解讀而準確的還原出作者的原義？

當作者藉由書寫文字將他腦中的「詮釋」轉化為可被理解的文本時，他所使用的書寫文字在其文本形成之前即已存在，並已有其固定的意義。作者也就是藉用文字本身所含具的意義，來呈顯其腦中的「詮釋」，使其「詮釋」成為客觀的存有。然而除了文字本身所含具的原初意義之外，作者也有可能在表達其「詮釋」的過程裡，又賦予了文字更豐富的意義，使其所使用的文字即具有與其原初意義有所差異的新義。故當研究者在研究一部「經典」時，既須對照在其之前或與其同時完成的其他「經典」，來探究構成該部「經典」之文字的原初意義；又須依據字詞與單句，單句與段落，段落與章節，章節與全文的往復修正所知而形構的「詮

釋循環」，來探究作者是否賦予其文字以新義。依此步驟的漸次開展，研究者才有可能還原出「經典」的原義。

但是，當研究者試圖藉由對文字之含義的把握而去還原「經典」的原義時，研究者是否真能超越其自身所在的時空，而進入到「經典」所在的時空，確切的把握「經典」所用之文字的歷史性發展，以致於有效的掌握其意義的生發變化呢？或者，換個角度說，是否真有不帶有研究者之主觀理解的客觀研究存在？設若研究者對於文字的理解必然與其認知的先在結構有關，那麼研究者是否還有可能準確的還原出「經典」的原義呢？設若這樣的情況確實是不能避免的，那麼對「經典」作回溯性的探究，是否也僅是增加了對「經典」的一個新的詮釋版本而已？筆者以為，這是當我們在對「經典」作考證、訓詁時，應當深思的一個重要課題。

既有「經典」的存在，就必有寫作「經典」的作者存在。一般而言，「經典」的作者都會標示在「經典」中，以表明該「經典」為該作者所著，反映了該作者的思想。但是，若以中國傳統「經典」為例，就會發現一部「經典」未必確為或全為其所載明的作者所著。換言之，「實際作者」與「列名作者」未必為同一人。以《莊子》一書為例，其「列名作者」雖為莊子，意指《莊子》一書反映的是莊子的思想。但是經由考證的結果，卻發現除〈內篇〉的七篇文章可斷定為莊子本人所作之外，其餘的〈外篇〉與〈雜篇〉是否為莊子的後學所作，或是後代學者的偽作，至今仍無定論[1]。這也就是說，《莊子》一書的「實際作者」不限於莊子本人，還包括同一時期甚至不同時期的其他人。因此，縱使以莊子所在

---

1 請參閱潘富恩主編之《中國學術名著提要－哲學卷》，上海市：復旦大學出版社，1992 年版，77-78 頁。

的時空爲理解其所用文字之原初意義的主要視域，是否就能準確的還原出「經典」的原義，乃至準確的還原出「實際作者」的原義，似乎仍是一個值得商榷的問題。

經典的考證與重構

　　《中國哲學史史料學概要》一書的作者劉建國先生，強調考證古籍的真僞應當遵守「內外證以內證爲主，本派和外派以本派爲主，時間早的和時間晚的以時間早的爲主，地上與地下的以地下的爲主」[2]等原則。事實上，新出土的文獻確實也對考證古籍之真僞與認知古籍之原貌提供了極大的助益。諸如長沙出土的帛書《老子》與郭店出土的竹簡《老子》，就使得今人對於《老子》一書有了重新的認知。

　　依據劉先生對於《老子》一書的考證，他認爲由一九七三年於長沙馬王堆漢墓出土的帛書《老子》（甲、乙兩本），可以證明《老子》（即《道德經》）一書確爲春秋末期的老聃所著，老聃就是生於孔子之前的老子。換言之，他認定《老子》的「實際作者」仍應爲老子本人。因此，他主張研究《老子》一書即是研究老子思想的唯一依據[3]。

　　然而，藉由丁原植教授對於一九九三年於荆門郭店楚墓出土的竹簡《老子》（甲、乙、丙三本）的考證，認爲帛書《老子》的兩種抄寫本與現今通行的《老子》差異不大，但是竹簡《老子》的章序則與帛書《老子》乃至現今通行的《老子》完全不同。因此，丁教授結論出「“老子”代表一種思潮的發展，它與《老子》

---

2 請參閱劉建國著，《中國哲學史史料學概要（上）》，長春市：吉林人民出版社，1983 年，22 頁。
3 同註 2 書，107 頁。

的資料產生有關。老子是形成《老子》思想的一個重要關鍵人物，它確有其人。而《老子》卻指對此種思潮資料編輯的思想文獻」。丁教授也就是認為老子雖確有其人，卻只是《老子》的「列名作者」而非「實際作者」。他強調研究《老子》一書不是在研究老子其人的思想，而是在研究「老子」之名所代表的一種「標顯人文探索與始源觀念」的思潮。因此，丁教授主張對《老子》的研究就是在對內含在此思潮中之哲學問題的研究[4]。

設若竹簡《老子》、帛書《老子》與現今通行的《老子》，都是對原始版本之《老子》所作的抄寫與整理，那麼它們也都應被視為是對原始版本之《老子》所作的再詮釋。換言之，既有不同詮釋版本的出現，就顯現出應有作為詮釋對象的原始版本之《老子》的存在。但是原始版本之《老子》是否為老子所著？又，是否確有老子其人的存在？或其存在的年代是在春秋末期，抑或是在戰國初期？至今仍是一個爭論不休的議題。然而，不可諱言的，《老子》一書在戰國時期確實對於時人的思想產生了相當重大的影響，由《莊子》與《韓非子》等書即可窺見一般。

《莊子》一書多有引述老子之事與言，顯現《莊子》的作者肯定老子其人的確實存在。但是《韓非子》一書對於老子之言論的引述，則是依據《老子》一書，視《老子》一書即是反映老子其人的思想。若綜合兩者的觀點，大致可以推論出在戰國中後期，時人不僅肯定老子其人的存在，也視《老子》為老子所著，反映老子其人的思想。

若依丁教授的考證，帛書《老子》中的乙本與《韓非子‧解老》中所引《老子》的次序相合，並與現今通行的《老子》差異

---

4 請參閱丁原植著，《郭店竹簡老子釋析與研究》，台北市：萬卷樓圖書公司，民國 87 年版，〈序言〉。

不大[5]，可見帛書《老子》與現今通行的《老子》應是較切近於原始版本的《老子》。但是，丁教授又指出與帛書《老子》乃至於現今通行的《老子》之章序完全不同的竹簡《老子》爲較古的版本。若竹簡《老子》確爲較古的版本，則應與原始版本的《老子》更爲切合。依劉建國先生所主張之「時間早的和時間晚的以時間早的爲主」，我人就應是以竹簡《老子》作爲探究原始版本之《老子》的依據。可是，如此卻又會與原先的認知相衝突。

　　既然原始版本之《老子》不可得，而想要依據不同詮釋版本的《老子》來還原原始版本之《老子》又有其困難，那麼解讀竹簡《老子》、帛書《老子》與現今通行的《老子》，便都僅是在解讀不同的詮釋版本，也就是在再詮釋上的再詮釋，而非對原始版本之《老子》的再詮釋。

　　如果原始版本之《老子》確爲老子其人所著，那麼我人既無法還原原始版本之《老子》的原始詮釋，又如何能還原老子思想的原貌呢？陳晏清先生在其主編的《哲學思想寶庫經典》一書中，就強調「把握《老子》的本來面目是不必要的，也是不可能的」[6]。他認爲研究《老子》一書應當著重於該書對於研究者自身思想的啓發，由此以豐富研究者自身之「理解」與「詮釋」的內涵。換言之，陳先生側重的是對「經典」作開創性的研究，藉由對內含在「經典」中之「問」與「答」的研究，以啓發讀者依其自身對文本的理解來建構相應於自身之視域的新詮。若依陳先生的觀點，那麼無論是藉由何種詮釋版本來理解《老子》，都應是著重於對內含在該詮釋版本中之哲學問題的研究，而不必太在意何種哲

5　同註 4。
6　請參閱陳晏清主編之《哲學思想寶庫經典》，大連市：大連出版社，1994 年版，195 頁。

學問題才是《老子》一書或是老子本人所提出的問題。這也就是說，任何詮釋版本的《老子》都有值得我人省思的哲學問題，因此也都有值得研究的價值。

既然《老子》一書有如此眾多的詮釋版本，又有《莊子》與《韓非子》的引述與應用，顯見在戰國時期確實存在著一股研究《老子》的思潮，而這種思潮也同時反映在戰國時期以至西漢初期的黃老道家之學中。因此，筆者以為，由研究原始版本之《老子》，到研究不同詮釋版本之《老子》，就形成從先秦以至漢代以「道家」學派為名的哲學思潮。這種哲學思潮與研究儒家「經典」而起的哲學思潮雖是同時存在，卻又明顯的不同。但是隨著兩者所提出之哲學問題的相關性，就使得兩種哲學思潮逐漸由對立而趨向於融合。

這樣的推論雖不能化解考證上的困境，卻能讓我人由對「經典」的「詮釋」，回歸到對「詮釋」本身的省思，從而有助於理解「詮釋」對於詮釋主體的意義與影響。

詮釋的循環與解離

作者寫作文本的目的在於藉由文字的中介，建構與讀者的「對話」，引領讀者依他的「詮釋」來認知所「詮釋」的對象，從而使他的「理解」與「詮釋」能因之而得以延續。因此，內蘊在「經典」中的原始詮釋就必然有其封閉性。但是，讀者在閱讀「經典」，以圖建構與作者的「對話」時，在「實際作者」不明或作者的原義與文本的含義有落差的前提下，讀者所能把握的僅是與文本的「對話」。為使自身能與文本進行一次成功的「對話」，讀者就需要藉助於「詮釋循環」的往復修正所知來建構對文本含義的客觀認知，以還原「經典」中的原始詮釋。

　　設若我們跳開對還原「經典」中之原始詮釋的企圖，而直接去反思在「詮釋循環」中自身所經歷的認知變化，就可發現在最初的理解與在循環過程中的理解確實存在著一種張力。這種張力就是導因於我們與作者之間所面對的存在情境不同，致使我們是以我們對於自身所面對之存在情境的理解去理解作者的「詮釋」，所以才會導致「詮釋」的落差。但是隨著「詮釋循環」的開展，我們便被帶入到作者所面對的存在情境之中，從一個「旁觀者」的地位轉化成一個「參與者」，依作者所提供的角度與視域來理解作者對此情境的「詮釋」，同時也開展了自身的存在情境與對此情境的「理解」與「詮釋」。前者提供了原始詮釋之延續的可能性，而後者則促成了原始詮釋的變革。換言之，任何一個讀者都可以在閱讀之中，經由自身的理解而建構一個以「經典」為核心的新的詮釋版本。這樣的詮釋版本可以無限的開展，而形成一個既有延續又有變革的詮釋傳統。

　　「詮釋」來自人的理解，理解來自人的思想。人用他自身的思想來建構他對他的生活世界與他自身的理解，並用他的「詮釋」來「說」他的生活世界與他自身「是什麼」，以使他與他的生活世界都成為可知。隨著「經典」的流傳與「詮釋」的繁衍，人又自陷在他自身所構建的「詮釋」中，依他視為是「客觀真理」的「詮釋」來認知、思想與生活。於是，人的「理解」與「詮釋」就構成了人的自我認知與存在方式。

　　人的「詮釋」既是藉由語言文字來建構，並透過語言文字來表達。所以，人就相對的為語言文字所主導，語言文字也就決定了人的存在方式。

　　語言文字既是由人所創造，也就能由人來解消。人創造語言文字，本是為了表達人對「現實」（reality）的理解而產生的「詮

釋」。但是當此「詮釋」成爲人的認知依據時，人又會依據他所建構的「詮釋」來認知「現實」，遂使得人所認知的「現實」即是人藉其「詮釋」而形構的「現實」，已非「現實」的原貌。人所建構的「詮釋」既有關乎詮釋對象的客觀性與關乎詮釋主體的主觀性，所以人的「詮釋」既是開顯了「現實」的某一個特定面向，同時又遮蔽了「現實」的其他面向。然而人又往往會忽略了「詮釋」與「現實」之間的差距，而視「詮釋」所形構的「現實」就是「現實」的原貌。只有當人重新反省人所建構的「詮釋」對人自身所產生的影響時，人才有可能解消語言文字對人的侷限，由「言」歸「默」，重新認知「現實」，重新認知他的生活世界與他自身，重新開顯他的存在方式。

不過，對於已習慣使用語言文字的人們來說，這不僅是不可能的，也是不必要的。語言文字的創造既是出於人的本能，符合人的本性需要，所以人只須將重點放在如何去拓展人的理解，豐富人的「詮釋」，就可以爲人塑造出更好的存在方式。

透過對「詮釋」的理解，既可規範人的存在方式，又可開放人的存在方式。所以，「詮釋」不僅是人之存在的體現，也是人之本質的體現。

結論：文本的開顯與人的開顯

理解「經典」，就是理解人自身。人透過「經典」來表達與記錄人所建構的「詮釋」，人又依循人所建構的「詮釋」來塑造人的存在方式。因此，在「經典」中只存在一個字，就是「人」。

在那些指向其詮釋對象的「詮釋」中，人的存在似乎是被其「詮釋」所遮蔽。但是事實上，當我們藉由閱讀「經典」去把握內蘊在文本中的原始詮釋時，我們卻又同時開顯了同爲詮釋主體

的作者與我們自身的存在。藉由「詮釋」之「既遮蔽又開顯」的特性，人才體現了他最真實的存在。因此，不論人說「人是什麼」，人永遠是在他「說」的過程裡體現了他的存在，形構了他的本質。

人學思想的重構與解構

序言

有天地萬物的存在，沒有問題；但是有人在天地萬物之中，就有問題。人藉由向天地萬物發問，使得天地萬物乃至於人自身都成了問題。

問題之所以是爲問題，是因爲人預設了天地萬物的存在都應有其意義，因此需要藉由發問的形式，來揭示內在於天地萬物中的意義。然而，是人在發問，也是人在回答；人依其信念而發問，也是依其意念而回答。藉由賦予天地萬物乃至於人自身的存在某種意義，人使天地萬物乃至於人自身都成爲有意義的存在。然後，人再藉由他所賦予的意義，來認知天地萬物乃至於人自身，遂使得「意義」就成爲存在的象徵。於是，人便被他所建構的「意義世界」所宰制，而生活在「意義世界」之中。因此，「意義」的建構，不僅反映了人的存在方式，同時也塑造了人的存在方式。

自人藉由發問形式，使人自身的存在以問題形式出現在人的面前之後，人們便以各自的意念給予了不同的回答，從而也就形構了具有歷史性與多樣化的人學思想。在各式各樣的人學思想中，都存在著一個共同關切的主題：「人是什麼」？

有人類，就有人的活動。人藉由身體的活動來維繫人的生存，卻藉由思維的活動來質疑人的存在。「人是什麼」？雖是一個簡單的質疑，卻也是個最難解的問題！發問的是人，回答的也是人。

但是，問題依舊存在，答案也依舊湧現。難道是人問錯了問題，還是人給錯了答案？或許，問題沒錯，只是最終極、最完滿的答案尚未出現而已！

本文就是試圖藉由重構人學思想中的問與答，來解構人對意義的建構與執著，以期重構人學研究的觀點與方法。

存在與意義

人的存在，先於人的發問；因著存在，人才有發問的可能。人藉由發問，開顯了人的存在；又藉由回答，定位了人的存在。人就是在問與答的過程裡，發現並塑造了人的存在。

人向存在發問，不僅使存在現象成為有意義的可理解對象，同時也開顯了人是「尋求意義」的存在。人為了尋求存在的意義而發問，所以人的發問也就反應了人有「尋求意義」的本性需求。

然而，人雖有「尋求意義」的本性需求，卻並不意謂著人本然即是有意義的存在。正好相反，人是為滿足人的本性需求，才使人成為有意義的存在。至於人的存在意義為何，則是由人對其存在所作的詮釋而定。換言之，人藉由人的詮釋賦予人的存在某種意義，使人不僅成為有意義的存在，同時也成為某種特定意義下的存在。

人的「詮釋」，形構了人的「意義世界」；人又依人所形構的「意義世界」來認知人的存在，遂使人便依人所給定的「詮釋」而來塑造人的「存在」。歷來的人學思想，就是人藉由人的詮釋以塑造人之存在的歷史性記錄。

人既是藉由人的詮釋而滲入人的存在，並藉詮釋所賦予的意義而佔有存在。因此要瞭解人的存在，就應是由人對「人」所作的詮釋，來檢視人所賦予人之存在的意義。歷來的人學思想便是

立基在人對「人」所作的詮釋上，以建構人之存在的意義。所以我們對人之詮釋所作的論析，就不僅是對人學思想的「重構」，同時也是對人學思想的「解構」。

人學思想的三個基本問題

大體而言，中、西人學思想對「人」的詮釋各有其不同的設定。中國人學思想側重在人際關係的建構，並將人定位為道德性的存在，故視人之為「人」就應是為「道德人」；西方人學思想則是側重在人與世界之關係的建構，並將人定位為理性的存在，故視人之為「人」就應是為「理性人」。

人學思想決定了文化發展的方向，所以中國文化的發展就是以「道德」為導向，以塑造「道德人」為目標；而西方文化的發展則是以「理性」為導向，以塑造「理性人」為目標。由是可知，人對「人」的詮釋，不僅是塑造了人的自我認知，同時也塑造了人的存在方式。

人的詮釋，就是人對人所提之問題而作的回答。回答的內容或有不同，但是所對應的問題則大致相同。在各式各樣的人學思想中，大致上可化約為三個基本問題，第一個問題是探討「人在宇宙中的地位」，這是探討有關於「人之自我定位」的形上問題；第二個問題是探討「人是什麼」，這是探討有關「人之自我認知」的認識問題；第三個問題是探討「人應如何為人」，這是探討有關「人之自我完成」的倫理問題。

問題的設定，固然會限制了思考的範圍與回答的內涵。但是若無問題的設定，也無從激發人的思考，更無法確定思考的方向。在人學思想的建構中，前述三個問題是循序漸進且又彼此相聯。其中，第一個問題是關涉到人對「終極根源」的設想，第二個問

題是關涉到人對「存在現況」的理解，第三個問題則是關涉到人對「未來遠景」的規劃。任何一個回答、一種詮釋，都是立基在詮釋者所給定的預設上，按其預設的觀點或結構來舖陳他的詮釋，回答他所關注的問題。因此，作爲中介的第二個問題，也是最根本的問題，不僅是取決於第一個問題的形上預設，同時也受制於第三個問題的倫理預設。

就詮釋者自身而言，任何的預設都不是預設，而是他所確認的理論基礎。但是就研究該項詮釋的研究者而言，任何一種理論都是立基在某種預設上，特別是某種爲立論者所堅信的形上預設上。任何一種預設都有詮釋者的主觀信念參與其間，也都直接的反應了詮釋者作此詮釋的時間性。換言之，詮釋者在作此詮釋的當下，不僅是將他對人類未來遠景的規劃提前到當下來作考量，同時也爲此規劃而將人類的終極根源拉回到當下來作思辨。因此，人對人類終極根源的定位，就已涵攝了他對人類當下現況的理解，與對人類未來遠景的設想。

每一種人學思想實際上都已預設了某種特定的觀點，從而也塑造了某種可能性。筆者在作後設性的探究時，自然也無法避免的會有某種既定的預設立場，以作爲筆者之分析與批判的依據。不過，筆者作此文的目的就是要試圖釐清既有之人學思想的先在預設，以還原出人學思想的建構意圖。若無預設即無判準，所以筆者也企盼讀者能對此文中的預設作一批判，以期激發對人學研究之認知觀點與思維方法作更深入的探討。

本節將就中國人學思想爲論析的範圍，分就三個基本問題的回答，來探究中國人學思想中對「人」的理解與詮釋。

人在宇宙中的地位

在中國人學思想中，「天人關係」的探究，就是在探討「人在宇宙中的地位」。

歷來對此問題的回答，大致都不出兩種基本的形上預設，其一是將人的終極根源定位在「至上神」，其二則是將人的終極根源定位在「自然」。人就是藉由設定人的終極根源，來作為人之自我定位與自我認知的參照對象。

當人去尋索「人在宇宙中的地位」時，人已然存在，而且也不是存在於人的始源時期。所以，人所詮釋的終極根源，就不是對事實的描述，而是內蘊著詮釋者對人之存在的主觀信念。換言之，人藉由定位人的終極根源，來定位人自身，以作為理解人之現況的基礎，與規劃人之未來的依據。因此，人的存在雖然有其外在於人的存在根源，但是人對其存在根源的詮釋卻是以人為考量，為人而作的設想。

如以第一種形上預設為例，人以「至上神」作為人之自我定位的參照對象，就已預含了詮釋者對人自身之價值的肯定。

在人對「至上神」的詮釋中，人不僅將「至上神」定義為自然與人之世界的最高主宰、終極根源，同時也強調唯有人獨得「至上神」的賦命，獨能與「至上神」相感相應。因此，也唯有人獨居於宇宙的中心，獨享超越於自然萬物之上的優越價值，如董仲舒在《春秋繁露·人副天數》中所言：「人受命乎天也，故超然有以倚。物疢疾莫能為仁義，唯人獨能為仁義。物疢莫能偶天地，唯人獨能偶天地」。

雖然從其詮釋上來看，人之所以為宇宙的中心，之所以有其優越的存在價值，乃是出於「至上神」的神聖意志所使然。但是若就人之所以作出如是的詮釋來看，則見人不是透過與「至上神」的對照來發現自己的定位，正好相反的是，人是透過設立「至上

神」的存在，以及建構「人與至上神」的關係，來彰顯人對人自身之存在的肯定。換言之，「至上神」的存在是因「人」而在。人是為證成人之存在的優越性，遂設定了「至上神」的存在，以作為人之有其優越價值的超驗根據。因此，人對「至上神」的詮釋就不只是反映了人對人自身的認知，也同時反映了人對人自身的期許。從而也就使得「至上神」的存在不僅保證了人之存在的優越性，同時也提供了人建構其自我認知的參照對象。

以春秋時期的孔、墨之論為例。孔子將「天人關係」定位在「至上神」與「人」的對應關係上，以「天命」作為兩端的聯繫，視人之成為有德的「君子」就是出於遵守「天命」[1]。而墨子則將「天人關係」定位在「至上神」與「人君」的對應關係上，以「天志」作為兩端的聯繫，視人之成為有德的「人君」就是出於遵守「天志」[2]。「天命」與「天志」俱為神意，也皆是「至上神」對「人之所應是」的期許。因此，孔、墨二子即視人之為「人」就應是順從神意而為。

當然，孔、墨二子若不將「天」定位為具有位格性的「至上神」，他們也無從說神意。但是，他們所說的神意卻又是反映了他們各自對「人之所應是」的期許，以致於他們所說的神意又各有不同。故由此可知，二子不是依「天」以說「人」，實是為「人」而說「天」。二子就是藉由對神意的詮釋，來規劃「人之所應是」，以期使人能按此規劃而為「人」。

在第一種形上預設中，人是為「人」而設定「至上神」的存

---

1 《論語・堯曰》：「不知命，無以為君子也。」
2 《墨子・天志》：「天子者，天下之窮貴也，天下之窮富也。故於富且貴者，當天意而不可不順。順天意者，兼相愛，交相利，必得賞；反天意者，別相惡，交相賊，必得罰。」

在，以彰顯人對人自身之存在價值的肯定。然而也正是因爲人將人對其自身的認知融入到對「至上神」的詮釋中，遂使得「至上神」不僅具有人的形象，同時也會因人的作爲而有所反應。人也就是透過這樣的詮釋使人相信，人不只是優於萬物，而且能影響自然，甚至決定人自身的命運。但是，事實上，情況卻又並非如此。

人藉由詮釋來說明他所經歷的存在現象，從而賦予存在現象某種意義，以使存在現象合理化而能爲人所知。因此，人藉由詮釋而建構的意義，就成爲人理解存在現象的認知基礎。然而，人能「建構」意義，人也能「解構」意義。在原有意義被「解構」之後，人又會「建構」新的意義。故由意義的「建構」與「解構」的辯證過程中，「意義世界」即有了相對於人的獨立性與發展性。

從殷商以具有政治意涵的「上帝」之名稱謂「至上神」[3]到西周以具有自然意涵的「天」之名來取代「上帝」之名時[4]，人所賦予「至上神」的原始意義就已在重構之中被解構。

「天」字在殷商時期的卜辭中，原指人的頭頂部位。故當西周時期以「天」代「帝」來稱謂「至上神」時，不僅是將「至上神」人格化，同時也是將「至上神」自然化。此中就已預伏了「天」字之義由「至上神」，向原本作爲神人關係之中介的「自然」轉化的趨勢。第二種以「自然」爲人之終極根源的形上預設，就隨著「天」字之義的轉化而於焉形成。

若按第一種形上預設，即見詮釋者是欲以「至上神」的存在來證成人的存在價值；但是在第二種形上預設中，則見詮釋者或是欲以「自然」的存在來解消人所賦予其自身的存在價值，或是

---

3 《殷墟文字甲編》1164：「上帝若王。」
4 《尚書‧大誥》：「天降威，知我國有疵，民不康。」

欲以「自然」的存在來對照出人自身的存在價值。因此,以第一種形上預設而建構的人學理論,就顯現出「神中心」論也就是「人類中心」論;但是以第二種形上預設而建構的人學理論,則或是爲以自然爲宗的「自然中心」論,或是爲以人爲本的「人類中心」論。

以戰國時期的莊、荀二子之論爲例。二子雖然都以「自然」作爲人之自我定位與自我認知的參照對象,而視人爲自然萬物中的一員,同爲自然的產物,同具自然本性。然而莊子循道家老子的觀點,肯定自然的價值高於人的價值,從而否定人之存在的優越性,更進而否定人之文化的必要性,強調人應復歸其自然本性之自發性實現而爲「自然人」[5]。荀子則依循儒家孔子的觀點,肯定人的存在有其優越的價值,並視人的優越性即表現在人爲制約其自然本性之實現而發展出來的文化上,故而強調人之爲「人」就應是接受文化之塑造而成的「文化人」[6]。因此,在莊子之論中,人是藉由對照「自然」來認識人自身,視人應維持其得自於自然的原始本性;但是在荀子之論中,人則是藉由對照人所創造出來的「文化」來認識人自身,故而視人就應是以其文化習性來取代人的自然本性,使人由自然的產物轉化爲人自身的主宰,並由此而創造出人與萬物之不同的優越價值。

到了西漢時期,董仲舒綜合了「天」的兩種意涵,使人既能對照「至上神」而肯定人之存在的優越價值[7],又能對照「自然」

---

5 《莊子・秋水》:「無以人滅天,無以故滅命,無以得殉名。謹守而勿失,是謂反其真。」
6 《荀子・性惡》:「化師法,積文學,道禮義者,爲君子。」
7 《春秋繁露・王道通三》:「人之受命,天之尊。」

而肯定文化教養於人的必要性[8]。到了東漢時期，王充解消了「天」的神性義，而單以「自然」作為人之自我定位與自我認知的參照對象[9]，強調人對其自身之存在責任的擔負。及至魏晉時期開始，「天」的自然義雖然已形確立，但是對於「自然」與「文化」之關係的詮釋則取向於綜合性的聯繫，視人所創造的文化即是順諸自然本性的發展而來，從而建構起「自然本性」與「文化規範」的一體觀照[10]。

　　人藉由「天人關係」的詮釋，建構起人與其生活世界的聯繫，並使兩端都能因此而成為有意義的存在。人也就是藉由這可理解的意義，從而塑造出「人在宇宙中的地位」，使人成為自我定位的存在物。因此，無論人是將人自身定位為「至上神的受造物」，或是定位為「自然的產物」，都是人為人自身而作的定位，也都反映了人對人自身的認知與期許。換言之，無論人為人自身設定了何種作為自我定位與自我認知的參照對象，「人」實際上才是人所建構之座標圖上的真正基點。

人是什麼

　　當人為人自身設定作為自我定位與自我認知的參照對象時，其中就已隱含了人對「人是什麼」的初步回答。如以第一種形上預設的建構為例，其中就已隱含了人視人自身為宇宙中的特殊族群，有其優於萬物的存在價值，故需要有一個超越於人與萬物之上又同時能宰制人與萬物的最高主宰，來保證人之優越價值的合

---

8 《春秋繁露‧實性》：「性者，天質之樸也；善者，王教之化也。無其王教，則質樸不能善。」
9 《論衡‧物勢》：「天地合氣，人偶自生。」
10 《莊子注》：「君臣上下，手足內外，乃天理自然。」

理性與合法性,因此就有了「至上神」之存在的設定。

　　然而,人雖能以這種詮釋來確立人的自我定位,建構人的自我認知,指導人的實際生活。但是人仍然會以其生活經驗來反思人的詮釋,從而就有了認同與不認同的選擇。認同既有詮釋者,就會藉由概念的建構來加強與擴充既有詮釋的內涵,使之如同絕對、客觀、永恆、不變的先驗真理;不認同既有詮釋者,則會藉由建構新的形上預設,以顯現人對人自身之存在的不同認知與不同期許,故而就有了第二種形上預設的出現。

　　在第二種形上預設的建構中,也已隱含了人對人自身之存在的重新定位,其中或視人的存在價值與萬物無異,或視人的存在價值在於人自身的努力所成。換言之,當人設定「自然」為人之自我定位與自我認知的參照對象時,就已顯現出人已由對理想性的設想轉而重視對現實性的觀照,故而使人可以選擇認同人的生活世界,或是認同人自身。正是這種詮釋意念的轉折,也就開展出了以「人與其生活世界之互動關係」為基礎而建構的對「人之所是」的多樣性詮釋。人的詮釋既是人為人自身之存在而作,所以也會反制於人,而塑造人的自我認知,進而也就導致了人之多元面向的開展。

　　從西周時期以「德」釋「天」[11]的詮釋確立之後,無論是以「至上神」或是「自然」作為人的終極根源,都會將此終極根源賦予道德意涵,使此終極根源也就成為「至善」的象徵。人既是以所設定的終極根源來作為人之自我定位與自我認知的參照對象,而視終極根源為「至善」,故視人也就應為「善」。換個角度來說,人就是由於期許自身應為「善的存在物」,從而轉化為肯定

11　《尚書・召誥》:「王其德之用,祈天永命。」

自身本即是爲「善的存在物」。於是,「向善」的期許也就成爲人爲人自身規劃「人之所應是」的基本信念與詮釋原則。

在先秦時期,中國人是以對「人性」的詮釋,來建構對「人之所是」的詮釋。其中以「善」來定位人之本性者,如儒家的孟子與道家的莊子。二子雖然都肯定人生而即具爲「善」的自然本性,但是莊子立基在「人與自然」的關係上,強調自然的主導性,故而主張人即應順任此自然本性的自發性實現[12];孟子則是立基在「人與文化」的關係上,強調人的主導性,故而主張人即應順成此自然本性的自爲性實現[13]。

然而,在先秦時期較多的思想家則是以「向善」來定位人性發展的應然方向。換言之,在先秦時期較多的思想家並不盡然認同以「善」來定位人的自然本性。雖然這些思想家對於「善」的詮釋也不盡相同,但是卻都認同人有「向善」發展的必要性與應然性,並依此來建構對「人之所應是」的詮釋。此中,或是訴諸「宗教」的導向,而視人之爲「人」即應是爲「宗教人」,如墨家的墨子[14];或是訴諸「教育」的導向,而視人之爲「人」即應是爲「文化人」,如儒家的荀子[15];或是訴諸「政治」的導向,而視人之爲「人」即應是爲「政法人」,如法家的韓非[16]等。這些思想家們即是希望藉由這些導向所開展出來的存在活動能反塑人的自然本性,使人按照他的後天習性而爲「人」。這些思想家們之所以

---

12 《莊子・大宗師》:「不以心揖道,不以人助天,是之謂真人。」
13 《孟子・萬章》:「夫義,路也;禮,門也。惟君子能由是路,出入是門也。」
14 《墨子・天志》:「今天下之士君子,中實爲將欲仁義,求爲上士;上欲中聖王之道,下欲中國家百姓之利者,當天之志不可不察也。」
15 《荀子・勸學》:「學,…其數則始乎誦經,終乎讀禮;其義則始乎爲士,終乎爲聖人。…故學數有終,若其義則不可須臾舍也。爲之,人也。」
16 《韓非子・有度》:「有口不以私言,有目不以私視,而上盡制之。…世治之民,奉公法,廢私術,專意一行,具以待任。」

爲「人」開出如是的導向，之所以強調後天習性對人的影響，就在於對人之應有其「向善」發展而爲「善之存在物」的肯定。

　　在兩漢時期，對先秦「人性」論首先作出總結性詮釋的是董仲舒。董仲舒以儒家孟、荀二子對「人性」的詮釋爲基礎，一方面將「人性」區分爲「純善」、「純惡」與「有善有惡」的三種類型，另一方面也將「人性」定位爲須藉文化導向以趨向於完善的未完成者[17]。在孟子的「人性」論中，由於他肯定人生而即具本然善性[18]，故視「自然人」即是「道德人」；但是在荀子的「人性」論中，則由於他否定了人有生而即具的本然善性[19]，故視「文化人」才是「道德人」。董仲舒就是藉由對儒家孟、荀二子之論的重構，而將二子之論解構，再建構出以「自然本性之善」爲起點、以「人文道德之善」爲終點的「人性」論。當漢武帝以政治性的選擇，而將董仲舒的思想提升爲統一天下的意識型態時，這本爲儒家思想之內在轉化的「人性」論就成爲普遍的共識，進而也深刻的影響了此後中國人對人自身的自我認知。

　　在先秦時期，儒家對「人」所作的詮釋與其他各家所作的詮釋一樣，都是基於人的主觀信念而作的詮釋，皆非絕對的真理。但是自兩漢以後，隨著政治對文化發展的影響，儒家對「人」所作的詮釋不僅被視爲是絕對的真理，而且也成爲此後中國人詮釋「人之所是」與「人之所應是」的理解基礎。因此，由對「人」之詮釋的歷史性發展而觀，即見先秦時期所開展出來的多元化詮釋，卻在兩漢時期因著專制政體的確立，而侷限爲一元化的詮釋。

---

17 《春秋繁露・實性》：「性待漸於教訓，而後能爲善。善，教訓所然也，非質樸之所能至也。」
18 《孟子・盡心》：「君子所性，仁義禮智根於心。」
19 《荀子・性惡》：「人之性惡，其善者僞也。」

於是，中國人自此便視人之為「人」就應是由「自然人」而為「文化人」，「文化人」也就是「道德人」。換言之，中國人對於「人」的定義，即已鎖定在視「人為道德動物」的單一詮釋上。

　　人藉由對「人」的詮釋，來建構對「人之所是」的理解與對「人之所應是」的規劃，也就是建構對「人是什麼」的回答。雖然在先秦時期的各家人學思想中，對「人」的詮釋各有不同，卻都已蘊含了對人之本質有其動態性發展的肯定，從而以「人之所應是」來定義人的終極完成。因此，在先秦以後的歷代人學思想之建構上，人對「人之所應是」的主觀認定，就已決定了人對「人之所是」的理解與詮釋。換言之，從人對「人之所應是」的詮釋上，即已可預期詮釋者對「人是什麼」之問題所作的回答。

　　詮釋的確立，就是觀點的確立，也就是存在方式的確立。因此，當儒家思想成為中華文化的正統後，使一切存在活動「道德化」，以助成人之為「道德人」，就成為中華文化發展的定向趨勢。

人應如何為人

　　人對「人之所應是」的詮釋，已涵攝了對「為人之道」的規劃。如以先秦時期的儒、墨、法、道四家之論為例，儒家視人之為「人」即應是為「文化人」，故而側重於人之文化面向的開展，試圖以「教育」的導向來塑造人的自我完成；墨家視人之為「人」即應是為「宗教人」，故而側重於人之宗教面向的開展，試圖以「宗教」的導向來塑造人的自我完成；法家視人之為「人」即應是為「政法人」，故而側重於人之政治面向的開展，試圖以「政治」的導向來塑造人的自我完成；唯獨道家視人之為「人」即應是為「自然人」，故而側重於人之自然面向的開展，試圖以還原人的自然本性來實現人的自我完成。

　　先秦時期是以對「人性」的詮釋來建構對「人之所是」的詮釋，因此對「人之所應是」的規劃也是針對「人性」而發。但是到了西漢時期，董仲舒則是綜合了儒家的「人性」論與黃老道家的「人體」觀，依陰陽家的「五行」說，而建構起兼論「人性」與「人體」的整合性詮釋[20]。相對於董仲舒所設定的形上預設，他以「人」為聯繫「至上神」與「自然」的中介，而將「人性」神化，「人體」自然化。於是，人不僅能與「至上神」相感，也能與「自然」相應。因此，「天人同類」不僅是人之為「人」的本然狀態，「天人合一」更成為人之為「人」的應然趨勢。

　　從兩漢之後，對「人之所是」的詮釋雖然仍是以對「人性」的詮釋為主，但是對「人體」的重視卻也影響了對「人性」的理解與詮釋。在隋唐時期，印度佛學即是藉由解構人對於「人體」的詮釋，來解構人對於「人性」的詮釋[21]。但是，中土佛學則在解構人對於「人體」的詮釋之後，又重構出人對於「人性」的詮釋[22]。宋明時期，思想家們即循董仲舒所建構的詮釋路徑，而以「性」與「形」來建構對「人之所是」的理解與詮釋[23]，並依對「天人合一」的理解來建構對「人之所應是」的詮釋[24]。

　　雖然宋明儒家與兩漢儒家一樣，都是依循先秦儒家對「人之所應是」的詮釋，而視人之為「人」即應是為「文化人」、「道德人」。但是對於使人為「人」的文化，三個斷代的儒家卻有了相異

20　《春秋繁露・為人者天》:「人之形體，化天數而成；人之血氣，化天志而仁；人之德行，化天理而義…。天之副，在乎人。」
21　如《十二門論・觀因緣門疏》:「因緣生法無自性，無自性故即畢竟空。」
22　如《壇經》:「本性是佛，離性無別佛。」
23　如《朱文公文集・答黃道夫書》:「理也者，形而上之道也，生物之本也；氣也者，形而下之器也，生物之具也。是以人物之生，必稟此理，然後有性；必稟此氣，然後有形。」
24　如《二程全書・識仁》:「仁者，渾然與物同體。」

的根源性詮釋。先秦儒家，以荀子為例，視文化根源於人的理性創作[25]；兩漢儒家，以董仲舒為例，視文化根源於至上神意[26]；宋明儒家，以朱熹為例，則視文化根源於自然天理[27]。此中，除了荀子是將文化定位為人自身的產物之外；董仲舒與朱熹都是透過對「人」的詮釋而將文化與人的終極根源相聯，以強化人對於文化的認同，以使文化能積極、有效的反制於人，進而使人能在文化的形塑下而為「道德人」。

事實上，當先秦儒家確立人之為「人」即應是為「道德人」的詮釋，而兩漢時期又將儒家思想確立為中華文化的正統之後，「道德」就成為人之理解與與詮釋的基點。人遂不僅以「道德」來理解與詮釋人的生活世界與人自身，同時也以「道德」來規劃與導向人的生活世界與人自身。於是，「道德」就成為中國人認知其存在現象的唯一觀點，與開展其存在活動的不變基礎。因此，歷代對於「為人之道」的規劃，或是以培養人的道德習性為主旨，而訴諸文化的教養；或是以實現人的道德本性為主旨，而訴諸本心的自覺。規劃雖有不同，但是作此規劃的基本信念與終極目標卻都相同，也就是要助成人之為「道德人」的自我完成。

先秦時期，儒、道兩家都強調「道德」，但是對於「道德」的詮釋卻又各有不同。儒家是就「人與社會」的關係來詮釋「道德」，視「道德」即是人際關係的和諧[28]；道家則是就「人與自然」的

---

25 《荀子‧性惡》：「聖人積思慮，習偽故，以生禮義而起法度。」
26 《天人三策》：「王者上謹於承天意，以順命也；下務明教化民，以成性也；正法度之宜，別上下之序，以防欲也。」
27 《朱子語類》：「禮，謂之天理之節文者。」
28 如《荀子‧榮辱》：「從人之欲，則勢不能容，物不能贍也。故先王案為之制禮義以分之，使有貴賤之等，長幼之差，知愚、能不能之分，皆使人載其事而各得其宜，然後使愨祿多少厚薄之稱，是夫群居合一之道也。」

關係來詮釋「道德」,視「道德」即是人與自然的和諧[29]。雖然自兩漢時期開始,強調人際關係之和諧儒家的「道德」觀,確立而為中國人對於「道德」之詮釋的理解基礎。但是在魏晉時期,強調人與自然之和諧的道家「道德」觀也融入了中國文化的傳統裡,遂使得中國人對於「道德」的詮釋即兼涉了「人與社會」及「人與自然」的雙重考量,既求人際的和諧,也求人與自然的合一。就人際的和諧而言,人之為「道德人」就應是在「人與社會」的關係中完成;就人與自然的合一而言,人之為「道德人」則應是在「人與自然」的關係中實現。由是,人之為「道德人」即兼具了人之社會性與自然性的圓融開展。

人學思想的反思與批判

人藉由人的「詮釋」,使人所面對的存在現象合理化而有其意義。人再藉由人所賦予的意義,建構起作為理解存在現象的「認知系統」,從而使得在存在現象與人之間即有了作為中介的「意義世界」。於是人不僅是藉由「意義世界」來認知人所面對的存在現象,同時也藉由「意義世界」來主導人所實踐的存在活動。於是,人與其「意義世界」的互動關係即成為人與其「生活世界」之互動關係的基礎;人即是藉由與「意義世界」的互動關係,來安排與「生活世界」的互動關係。

隨著「天」、「人」、「存在」、「本質」等概念一經建構之後,人便開始有了對此等概念的再詮釋。於是,不僅是概念隨著不斷的再詮釋而更形複雜化,人的思維也隨著概念的複雜化而趨於複雜化。人遂陷溺在由概念而形構的「意義世界」之中,遺忘了概

---

29 如《莊子・天道》:「夫虛靜、恬淡、寂寞、無為者,天地之平而道德之至。」

念的始源。

概念既是起於人的創作，自然反映的是人的思維，而非事實的原樣。人藉由概念的組合，來建構他對於存在現象的詮釋，從而使存在現象成為可理解、可言說、甚至是可被建構的對象。當存在現象成為可言說的對象之後，存在現象即區分為二，一為言說的對象，而有其相對的獨立性；一為實踐的成果，而有其相對的從屬性。

在中國人學思想的建構中，人藉由對存在現象的詮釋，使存在現象成為言說的對象。當人依人的詮釋來指導人的存在活動時，存在現象就顯現而為實踐的成果。存在現象即在作為言說的對象與作為實踐的成果的辯證歷程中，為人所佔有。

作為言說對象的存在現象，本即有其多樣化的展現，以致於人對存在現象不僅可以有多重角度的觀照，也可以建構起多元化的詮釋。然而當人的詮釋一經建構，往往又會受諸多外緣因素諸如政治、歷史、社會、教育等的影響，而會反制人的理解，遂使人就是按此詮釋而來進行其認知、思維乃至於實踐活動。

以中國人學為例。中國在先秦時期本是存在對「人」的不同詮釋，但是到了兩漢時期儒學被定為一尊之後，中國人對「人」的詮釋就被侷限在儒家的詮釋中，視人之為「人」就應是為「道德人」。兩漢時期經學鼎盛，而經學的傳承多得自於荀學一系[30]。因此，在使人為「人」的「為人之道」上，即取向於荀子所重的文化教養，而視人之為「人」就應是透過文化教養的中介，使「自然人」轉化為「道德人」。及至宋明時期，義理之學興起，以孟子的道德心性之學為宗[31]。因此，在使人為「人」的「為人之道」

---

30 《荀子與兩漢儒學》，徐平章著，台北市：文津出版社，77 年版，頁 112-120。
31 《荀子與兩漢儒學》，頁 113。

上，便是取向於孟子所重的本心自覺，而視人之為「人」就應是由「自然人」直通「道德人」。當代的新儒家以宋明儒學的詮釋來理解先秦儒學，遂使得以本心自覺來自成「道德人」的詮釋就成為中國人理解「為人之道」的不變基礎。因此，對中國人而言，人之有與生俱來的道德良知、道德本性，就被視為是永恆不變的絕對真理。

由此可知，人不僅是藉由人的詮釋而建構人之存在的意義；同時也是藉由人的詮釋而塑造了人的存在。但是，人的詮釋既是出於人的主觀信念，又受外緣因素所影響，所以人的詮釋即非是永恆不變的絕對真理。人可以建構人的詮釋，人也可以解構人的詮釋，因此由人的詮釋而賦予的意義也就不具必然性。

然而，人作詮釋的目的不僅是為說明人所面對的存在現象，也是為指導人的存在活動。因此，人仍可以藉由人學思想的建構而開展出對「人」的多元化詮釋，使人能依此而對人自身有更多角度的認知。同時，人也可以藉由既存之人學思想中所提供的詮釋而作自主性的選擇，以作為自身處世的實踐依據與行動準則。

結　語

只要有人的存在，「人是什麼」的提問與回答就會持續下去，而難以有最終的答案可以被確立。因此，我們可以探討的是人學研究的觀點與方法，而不是去判定何種答案才是絕對的真理。

先秦人學的現代反思

序　言

　　當我們在面對著日益嚴重的社會問題時，我們不禁要問：經過了兩千多年以儒家思想爲核心的文化塑型之後，爲何仍不能有效的化解中國社會的道德危機？是儒家思想的陳義過高，讓人難以貫徹執行，從而導致了人的知行分離？還是儒家思想侷限了人對自身的真實認知，使人無法掌握問題的生發根源，以致於不能作出適當的因應？

　　社會問題，歸根究底仍是「人」的問題。回顧春秋戰國時期，隨著神權思想的日趨解構，中國知識份子轉向從人的本質與活動之中去尋思社會亂象的起因與解決之道，遂有了中國人學思想的啓蒙與建構。儒家的人學思想僅是其中一支，其他尚有墨、道、法諸家也針對人與其生活世界的互動關係，提出了各自的人學思想，試圖藉由對「人之所應是」的設定來定義「人之所是」與規劃導世歸治的發展取向。如儒家視人之爲「人」就應是爲「文質彬彬的君子」，故而強調「人是道德動物」，主張以「禮教」治世；墨家視人之爲「人」就應是爲「兼愛天下的義人」，故而強調「人是宗教動物」，主張以「天志」治世；道家視人之爲「人」就應是爲「返樸歸真的真人」，故而強調「人是自然動物」，主張以「天道」治世；法家視人之爲「人」就應是爲「崇法尊君的術士」，故而強調「人是政治動物」，主張以「政法」治世。

先秦時期的儒、墨、道、法四家既已提供了四種論點各異的人學理論，因此當我們尋思社會亂象的起因與解決之道時，若能反觀先秦人學所提供的思維向度，則不僅能有益於開擴我們對於當前社會問題的解析視野，且能有利於開展我們在處理當前社會問題時的各種可能途徑。本文即欲就儒、墨、道、法四家人學思想所開展出來的文化、宗教、自然與政治等四種導向，來分別探究這四種導向的現代意義與其利弊效應，再據之以思索化解當前社會問題的可行途逕。

先秦四家學者對社會亂象的解析與對治之道

中國的信史始自殷商時期，而可信據的史料即是刻在龜甲獸骨上的貞卜文字。藉由對貞卜文字的研究，可知在殷商時期不僅已有至上神概念的出現，並以「上帝」（或「帝」）之名來指稱此至上神；同時肯定此至上神具有管理眾神、自然與人事的無上權力，從而提出了「君權神授」的思想，強調凡事皆需以神意為依歸。

及至武王克殷立周之後，周人除了以「天」代「帝」來指稱此至上神之外，同時也提出了「天命靡常，惟德是輔」的思想，從而提昇了人在宇宙中的存在地位，也強化了人對其自身存在責任的擔負，故而就有了以「宗法」為紐帶、以「封建」為架構的禮文制度之制訂。西周禮文的制訂，不僅確立了人際關係的基本架構與行為規範，並且也開啓了人為其存在立法的典範。

然而，人能創造規範，人也能破壞規範。隨著周文的失控，就有了春秋戰國的亂世之起。春秋時期，士階層將禮文知識帶入民間，促成了教育的普及，也導致了新知識階層的興起。而諸侯的分立與尋求富強，更是提供了言論自由與思想多元化的契機，

從而就有了諸子百家之學的繼起。在春秋戰國時期的諸子百家之學中，尤以儒、墨、道、法四家對社會亂象的起因與對治之道作出了最深刻的解析與規劃。

先秦時期，最早創立且影響最大的一個學派就是「儒家」。儒家由春秋末期的孔子（551~479 BC）開其端，並由戰國時期的孟子（372~289 BC）與荀子（325~238 BC）加以發揚光大。「儒」本指春秋時期以教授知識為業的知識份子，自孔子以「仁」立說授徒後，「儒」就成為學派之名，而專指孔子一系的學說。先秦時期的儒家學說本為諸子百家之學中的一支，後經西漢時期的儒學獨尊政策，方始躍昇為中華文化的正統，主導著中國兩千多年來的文化發展。

孔子透過對周文創制的反省，肯定「禮教」有助於提升人的道德品格[1]，並認為人世的亂源就在於禮文教化未能深入人心，所以才引發了政治上的危機[2]。因此，他主張加強「禮教」對人的深入影響，使人人都能經由禮文教化的導引而自趨向善，自成為「文質彬彬的君子」[3]，故而強調「克己復禮為仁」、「為仁由己」（《論語•顏淵》）。孔子相信人人若皆能為具有「仁」德的「君子」，則人世就能達臻「天下歸仁」的理想之世。

孔子是由人與文化的互動關係，來尋思化解人世之亂的具體方案。然而，戰國中期的孟子則是把握了孔子「為仁由己」的思想，進而由人性與文化的互動關係來詮釋孔子的學說，強調禮文歸源於人性，道德本為人性的內涵，故有「君子所性，仁義禮智

---

1 《論語•為政》：「道之以政，齊之以刑，民免而無恥；道之以德，齊之以禮，有恥且格。」
2 《論語•子路》：「其身正，不令而行；其身不正，雖令不從。」
3 《論語•雍也》：「質勝文則野，文勝質則史。文質彬彬，然後君子。」

根於心」(《孟子‧盡心》)之議的提出，主張以「禮教」啓發人先天即具的道德本性[4]，以自成爲「君子」；「君子」就是實現人之道德本性的「道德人」。

孟子是以人的主體性爲核心，來構思止亂歸治的因應之道。然而，戰國後期的荀子則是把握了孔子「克己復禮爲仁」的思想，進而以人的群體性爲核心，並由人性與社會的互動關係，來構思化解人世之亂的具體方案，強調人的道德性不是人性所本有，而是來自於外在禮教對人的形塑所致，故有「古者聖王以人之性惡，以爲偏險而不正，悖亂而不治，是以爲之起禮義、制法度，以矯飾人之情性而正之，以擾化人之情性而導之也。始皆出於治而合於道者」(《荀子‧性惡》)之議的提出，主張以「禮教」形構人的道德知識，塑造人的道德品格，進而使人世能因此而成爲「道德之世」。然而相對於孟子以人之性善而強調以「仁政」治世[5]，荀子則是視人之性惡而主張「禮法兼制」。

先秦時期，由墨子所創立的學派就稱爲「墨家」。墨家思想分前後期，前期思想以墨子學說爲主，具有濃厚的宗教色彩，與重視人文自覺的儒家對峙而立，並稱爲「顯學」；後期思想則由崇尚宗教轉而著重科學。秦漢之後，墨家思想被其他學派所吸收，墨家學派則不復存在。直到近代，墨家學說才因反儒思想的興起而再度受到重視[6]。

墨子（476~390 BC）透過對社會現象的反省，認爲人世的亂

---

4 《孟子‧告子》：「仁，人心也；義，人路也。…學問之道無他，求其放心而已矣。」
5 《孟子‧離婁》：「不以仁政不能平治天下。」
6 請參考潘富恩主編之《中國學術提要--哲學卷》，上海市：復旦大學出版社，1992 年版，46 頁。

源就在於人與人的不相愛，以致虧人自利[7]，因此主張以「兼愛」
思想來導正人際的互動關係，強調「若使天下兼相愛，愛人若愛
其身，猶有不孝者乎？⋯若其身，誰賊？⋯兼相愛則治，交相惡
則亂」（《墨子・兼愛》）。然而，相異於儒家從文化的導向上來推
展其治世方案，墨子則是從宗教的導向上來推展其治世理念，故
有「順天意者，兼相愛，交相利，必得賞；反天意者，別相惡，
交相賊，必得罰」（《墨子・天志》）之議的提出，強調「今若使天
下之人，偕若信鬼神之能賞賢而罰暴也，則乎天下豈亂哉」（《墨
子・明鬼》）。因此，墨子認為要先強化人的宗教信仰，使人人信
從「天志」而為「兼愛天下的義人」[8]，才能使天下歸治；「義人」
就是能獻身於為民興利除害的「宗教人」。

　　先秦時期，主張以「道」為萬物本源的諸子，統稱為「道家」。
道家諸子中，較著名的有主張「無為而治」的老子、主張「虛己
遊世」的莊子與主張「為我貴己」的楊朱等人，其中尤以老子與
莊子的影響最大。先秦時期以自然為本的原始道家，與以人為本
的原始儒家對峙而立。兩漢時期的黃老道家，則已呈顯儒道融合
之勢。魏晉玄學融儒入道，將儒家的仁義綱常之教納入黃老之學
中，遂使得中華文化由儒學獨尊拓展而為儒道互補。

　　老子（？～？　BC）透過對文化建制的反省，認為人世的亂源
就在於人創立了文化，使人迷亂於文化的導向之中，才導致了人

---

7 《墨子・兼愛》：「聖人以治天下為事者也，⋯當察亂何自起？⋯臣子之不孝
　君父，所謂亂也。⋯父自愛也，不愛子，故虧子而自利；⋯君自愛也，不愛
　臣，故虧臣而自利。是何也？皆起不相愛。」

8 《墨子・天志》：「今天下之士君子，中實將欲仁義，求為上士；上欲中聖
　王之道，下欲中國家百姓之利者，當天之志而不可不察也。天之志者，義之
　經也。⋯順天之意何若，曰：兼愛天下之人。」

世的危亂[9]，因此主張解消文化對人的制約與形塑[10]，使人復歸其自然本性的自顯，順諸「天道」而行，故有「道常無爲而無不爲。侯王若能守之，萬物將自化。化而欲作，吾將鎮之以無名之樸。無名之樸，夫亦將無欲。無欲以靜，天下將自定」（《老子》第三七章）之議的提出，強調唯有「處無爲之事，行不言之教」（《老子》第二章）的「無爲而治」[11]，才能使人回歸於道德純樸的「自然人」，也才能使人世重循常道而復歸爲理想的「自然之世」。

　　莊子（369~286 BC）承襲老子的「天道」觀，認爲人世的亂源就在於人創立了仁義禮文，使人迷失了自然本性，才造成了人世的危亂[12]，故而肯定理想的人世就應是爲回歸於禮文創制之前的「自然之世」[13]。但是莊子不同於老子就人與政治的互動關係來思考人世的止亂之道，他則是就人與社會的互動關係來思考個人的處世之方。莊子認爲與其致力於改變已然成形的文化，不如將文化規範視同一套遊戲規則，並利用這套遊戲規則來與人相處，使自身能「遊於世而不僻，順人而不失己」（《莊子・外物》）。如是就能超脫被規則所限，而安然自處於已爲文化所形塑的社會群體之中，故有「知天之所爲，知人之所爲者，至矣。.. 以刑爲

9　《老子》第五七章：「天下多忌諱，而民彌貧；民多利器，國家滋昏；人多伎巧，奇物滋起；法令滋彰，盜賊多有。」

10　《老子》第十九章：「絕聖棄智，民利百倍；絕仁棄義，民復孝慈；絕巧棄利，盜賊無有。」

11　《老子》第五七章：「故聖人云：我無爲而民自化，我好靜而民自正，我無事而民自富，我無欲而民自樸。」

12　《莊子・馬蹄》：「夫至德之世，同與禽獸居，族與萬物並，惡乎知君子小人哉！同乎無知，其德不離；同乎無欲，是謂素樸；素樸而民性得矣。及至聖人，蹩躠爲仁，踶跂爲義，而天下始疑矣；澶漫爲樂，摘辟爲禮，而天下始分矣。…毀道德以爲仁義，聖人之過也。…及至聖人，屈折禮樂以匡天下之形，縣跂仁義以慰天下之心，而民乃始踶跂好知，爭歸於利，不可止也。」

13　《莊子・天道》：「夫虛靜恬淡寂寞無爲者，天地之平而道德之至，故帝王聖人休焉。」

體，以禮爲翼，以知爲時，以德爲循。以刑爲體者，綽乎其殺也；以禮爲翼者，所以行於世也；以知爲時者，不得已於事也；以德爲循者，言其與有足者至於丘也，而人真以爲勤行者也。…其一與天爲徒，其不一與人爲徒。天與人不相勝也，是之謂真人」（《莊子‧大宗師》）之議的提出。莊子認爲唯有能超脫社會、文化所束縛的人，才能成就人之爲「人」的理想，而爲「返樸歸真的真人」[14]；「真人」也就是實現其自然本性的「自然人」。

先秦時期，以「法治」爲核心思想的諸子，統稱爲「法家」。法家諸子中，較著名的有編撰《法經》的李悝、強調以法治國的商鞅、主張抱法處勢的慎到、重視統御之術的申不害、力倡以法爲教的韓非等。其中，尤以融合法、勢、術於一體而集法家之大成的韓非影響最著。戰國末際，秦以法家之治統一天下，建立了中國歷史上第一個大一統的專制帝國。漢繼秦興，法家學派消失，但其思想則融入儒、道兩家學說之中。漢高祖時期以道、法思想相融的黃老之學爲治，形成陽道陰法之治；漢武帝時期獨尊儒、法思想相融的新儒學，則形成陽儒陰法之治。至此，法家思想便深刻的影響了中國政治體制的定型與發展。

韓非（280~233 BC）透過對人性好惡的反省，認爲人世的亂源就在於人君未能深切的瞭解人之好逸惡勞的自然本性，從而誤導了人性的趨向所致[15]，因此主張以「政法」治世，使人經由政治的導引與刑賞的控制而齊一爲國，故有「賞莫若厚而信，使民利之；罰莫若重而必，使民畏之；法莫若一而固，使民知之。故

---

14 《莊子‧天下》：「不離於真，謂之真人。」
15 《韓非子‧五蠹》：「今修文學，習言談，則無耕之勞而有富之實，無戰之危而有貴之尊，則人孰不爲也。是以百人事智，而一人用力。事智者眾則法敗，用力者寡則國貧，此世之所以亂也。」

主施賞不遷，行誅無赦，譽輔其賞，毀隨其罰，則賢不肖俱盡其力」(《韓非子‧五蠹》)之議的提出。韓非強調「法治」雖未必能導人為善，卻能禁人為非，從而導世歸治，因此主張「不務德而務法」(《韓非子‧顯學》)。韓非認為人君若能加強「法治」對人的制約與形塑，就能使人人皆為「崇法尊君的術士」[16]，而使天下歸治；「術士」即是遵守法治的「政治人」。

大體而論，儒、道兩家所關切的是「人」的問題，故由「人」的定位來申論「人世」的歸治，如儒家將「人」先定位為「道德人」，再由是而將人世導向為「道德之世」；道家則是將「人」先定位為「自然人」，再由是而將人世導向為「自然之世」。然而，墨、法兩家所關切的則是「人世」的問題，故由「人世」的歸治來形構「人」的定位，如墨家以「宗教之世」為理想的人世，故為實現此理想而將人導向為「宗教人」；法家則以「法治之世」為理想的人世，故為實現此理想而將人導向為「政治人」。

有人的存在，就有人的活動。儒、墨、道、法四家分別依人的四種活動面來建構各自的治世方案，於是就有了文化、宗教、自然與政治的四種導向。社會既是由人所構成，所以我們也可以依先秦四家所提供的四種導向來反思我們現今的社會問題，藉以尋索止亂歸治的可行之道。

文化導向的反思與批判

儒家從人的文化活動中，體認到人不僅能透過文化的創制，來建構人之為「人」的理想形象；同時也能在文化的形塑之中，依人所建構的理想形象來使人達到其自身的完善。因此，儒家歸

---

16 《韓非子‧姦劫弒臣》：「夫有術者之為人臣也，效度數之言；上明法度，下困姦臣，以尊主安國者也。」

結出文化是人類發展的必經歷程，也是人類使其自身導向於完善境界的必要機制，故而主張以「文化」來導向人的自我完善與人世的整體歸治。

文化既是以人為主體，而文化的傳承與發展也須以教育為之，所以儒家所主張的「文化」導向，也就是以「教育」為導向，使人經由文化的教養而為「人」。儒家以「道德人」來定義「人」之所是，故而以道德教育為本，主張以「禮教」治世，強調「道之以德，齊之以禮，有恥且格」(《論語‧為政》)。

若就荀子的觀點來看，他認為人若能運用其天生的智慧來利用自然萬物，就能夠改善人的生活條件，創造出更有利於人的生活環境[17]；但是，人若不能夠透過禮教的形塑，來塑造人的道德品格，以維繫人際的和諧與社會的整合，就會為人自身帶來更大的災難，而威脅到人自身的存續[18]。所以，荀子十分重視道德教育對人與人世的影響，強調「從人之性，順人之情，必出於犯分亂理而歸於暴。故必將有師法之化，禮義之道，然後出於辭讓，合於文理而歸於治」(《荀子‧性惡》)。

試觀今日，經濟掛帥，科技為先，使得「智育」重於「德育」，以致於知識水準提高了，生活條件改善了，但是人的道德品格卻被忽略了，所以社會問題層出不窮，社會亂象也始終未能化解。如何重振道德教育，的確是個值得我人深思的課題。

不過，中國文化既以儒家思想為核心，而儒家思想又重視道德教育對人的導向，何以今日的中國仍不免於亂？若依孔子的觀

---

17 《荀子‧王制》：「春耕夏耘，秋收冬藏，四者不失時，故五穀不絕，而百姓有餘食也；汙池淵沼川澤，謹其時禁，故魚鱉優多而百姓有餘用也；斬伐養長不失其時，故山林不童而百姓有餘材也。」
18 《荀子‧王制》：「人生不能無群，群而無分則爭，爭則亂，亂則離，離則弱，弱則不能勝物，故宮室不可得而居也，不可少頃舍禮義之謂也。」

點來看，我們可以說，道德教育已淪爲形式，徒然只是知識的傳遞，卻不能深入人心，以致於無法形塑人的道德品格，培養人的道德實踐所致。如果連道德教育的執教者本身都不能內化道德規範而爲自身的行事準則，又如何能期待受教者透過道德教育的學習就能自趨向善呢？更何況道德教育僅是軟性的社會控制機制，雖能導人向善，卻不足以禁人爲非。所以人若是執意要知行分離，明知故犯，則縱使是加強了道德教育，也未必能就此預防人的作惡爲亂，更不用是說是使人成爲「道德人」了。

人能爲善，也能爲惡。先秦時期的孟、荀二子依其各自對人性的詮釋，開出了立場各異的教育理論。此中，孟子肯定人有善端，強調道德教育的目的在於開顯人的道德本性，以使人自趨向善，故而主張啓發式的教育；荀子則肯定人之性惡，強調道德教育的目的在於塑造人的道德習性，以導人向善，故而主張灌輸式的教育。然而，若就人性的顯現而言，人性不僅兼具爲善與爲惡的雙重潛能，同時也會受外在環境的刺激與形塑而表現出複雜多變的行爲實踐。因此，若依孟子之教，固然是可以彰顯人的道德良知，挺立人的主體價值與存在尊嚴；卻也難以有效的掌握人性實現的自發趨向，無法確保人之必然爲善[19]。但是若依荀子之教，則雖能使人習得立身處世的道德知識，使人知所當行，從而維繫社會的整合，確保社會的安定；卻也使人受限於規範的制約，而易於爲人所操控[20]。所以，無論是孟子之教或是荀子之教，仍是有其利弊可議，不能獨行其道。

---

19 如荀子即言：「凡古今天下之所謂善者，正理平治也；所謂惡者，偏險悖亂也；是善惡之分也已。今誠以人之性固正理平治邪，則有惡用聖王、惡用禮義矣哉。」（《荀子・性惡》）。
20 如孔子即言：「君子學道則愛人，小人學道則易使。」（《論語・陽貨》）。

儒家欲以道德教育來使人成為「道德人」，進以使人世因之而為「道德之世」。這樣的教育理念固然是給人理想以改善現實，卻也限制了人對人性的全面認知[21]，使人無法深切的瞭解人性的內涵及其與環境的互動關係，遂使得道德教育漸與現實社會疏離。縱觀當前的道德教育雖是教人應守道德規範，培養道德品格，卻又無法對適用於當前社會的具體規範做出明確的定義，致使人無法有效的應用道德規範來處理其人生問題，從而也就減損了道德教育對人的影響效力。因此，當我們若要以道德教育來作為改善社會亂象的依據時，我們就應該對道德教育作更周延的考量與更符應於時代所需的及時修正，以免因理想與現實之間的衝突，而使道德教育淪為空談，無法獲致改善社會亂象的實際效益。

宗教導向的反思與批判

墨家從人的社會活動中，體認到人不僅會為確保自身的利益而制訂規範，同時也會為確保自身的利益而破壞規範。因此，墨家認為訴諸於人所制定的道德規範猶不足以導人向善且禁人為非，必須要在人世之上樹立一個更具有賞善罰惡之無上權力的最高主宰，才能使人為求賞避罰而行善止惡，故而主張以「天志」治世。墨家就是要藉「宗教」的導向來促成人的自我完善與人世的整體歸治。

墨家認為若能強化人的宗教信仰，則縱使是在「禮教」不彰之時，或是「法治」不及之處，藉助於宗教信仰的制約，仍能獲致導人向善、禁人為非的實效[22]。然而，若就《墨子》一書中所

---

21 如莊子即言：「中國之君子，明乎禮義而陋於知人心。」(《莊子‧田子方》)。
22 《墨子‧明鬼》：「吏治官府之不絜廉，男女之為無別者，鬼神見之；民之為淫盜寇亂盜賊，以兵刃毒藥水火退無罪人乎道路，奪人車馬衣裘以自利

言:「子墨子置立天志,以爲儀法」(〈天志〉)來看,則見墨子實是藉神道設教的方式,針對人的好利惡害之心,而以「宗教」爲工具,來推行他的「兼愛」思想。所以墨子的思想雖貌似以「神」爲中心,卻實是以「人」爲中心,意圖藉由人的宗教活動,來重建人際的和諧與社會的整合。

「宗教」本是立基在人對於未知的恐懼,而試圖給予合理的解釋上。然而,當人深信此種由人所賦予的詮釋爲絕對的真理時,此種人爲的詮釋就會限制了人的認知,進而影響了人的人生觀與處世態度。正如「教育」的導向是由人而定,「宗教」的導向也是由人所決定。每一個宗教都有其內含的道德觀,設若此道德觀重在勸人爲善,則其信眾就會依此道德觀中所界定之「善」而行。諸如佛教與基督宗教等信眾所推行的各種救人濟世的公益活動,即是在實踐其信仰中的道德觀。但是,若此道德觀同時也具有排他性,則此宗教固然能促成其教友間的和諧,卻也會導致其教友與非教友間的對立與衝突,而損及整體人世的和諧與共融。試觀西方歷史上的宗教戰爭,即可窺見一般。

倘若我們再反思人的宗教意識,就不難發現在人的虔誠信仰之外,確實也含具了一份功利心態,意圖藉由對神意的順從,以求福避禍,使今生或來世都能得到庇佑。因此,人常以己意來詮釋神意,以討好人的方式來取悅神明。如果期待落空,或是否定神明,或是加倍順從,卻不自覺內在的功利取向。所以在台灣,藉諸「宗教」之名而利用人之「求福避禍」的功利心態來詐財騙色者,屢見不鮮。縱使是高級知識份子,也同樣易於爲之所惑。

者,有鬼神見之。是以,吏治官府不敢不絜廉,見善不敢不賞,見暴不敢不罪;民之爲淫盜寇亂盜賊,以兵刃毒藥水火退無罪人乎道路,奪人車馬衣裘以自利者,由此止,是以天下治。」

　　人之有功利心態，爲人性的本然，可導之向善，亦可導之爲惡。若能藉助於宗教而導之向善，固能有助於端正人心，化解社會的亂象；但是若順諸宗教而導之爲惡，則不僅會混淆人心，且會加劇社會的亂象。因此，當我們若要以「宗教」的導向來化解社會的亂象時，我們就應先針對其中所可能產生的負面效應來構思因應之道。然後循此導向而爲，才能真正的有助於改善社會的亂象，維繫人際的和諧，確保人世的穩定與共融。

自然導向的反思與批判

　　道家和儒家一樣是從人的文化活動中，來尋思社會亂象的起因。但是，道家反對人的文化活動，並且視人的文化活動正是導致人世之所以危亂的根由。道家認爲人創立了文化，又被文化所形塑，從而使人陷溺在人所構建的框架裡，終其一生都在徬徨於本性與規範的衝突中，所以才會有種種的亂象層出不窮。因此，道家主張解消人的文化活動，以「天道」治世，使人能復歸其本性的自然活動，從而順「自然」的導向來遂成人的自我完善與人世的整體和諧。

　　若由人類的發展歷程來看，人雖不是世界上最完善的動物，但是人卻能以人的智慧來彌補了人的不足，從而在自然環境之中開創出以人爲主體的文化世界，使人因此而躍居爲萬物的主宰，挺立了人的存在尊嚴。萬物是依其本能而活動，人卻是依其文化而活動。因此，文化活動就成爲使人有別於萬物的本質特徵。

　　文化既是由人所創造，也就是由人所決定。人本是要藉文化的創造來開放人自身的自由，但是人卻也因著文化的建制而侷限了人自身的自由。因此，不同的文化塑造了不同的認知與規範，從而也導致了文化族群間的對立與衝突，如西方社會裡的「種族

歧視」，中國社會裡的「夷夏之辨」等。縱使是在同一個文化氛圍中，也會因著文化內涵中的矛盾，而導致了人際的衝突與個人的危難，如台灣社會裡的「省籍衝突」與「統獨之爭」等。若再探究當今科技文化對人的影響，則又見科技的發展雖能帶給人類更便利的生活，卻也能帶給人類更殘酷的傷害與更複雜的道德迷思。諸如「經濟發展」與「生態保育」的兩難，「試管嬰兒」、「代理孕母」與「複製人」所引發的倫理危機等。尋此反思，我們不禁要問，文化的創造究竟是對人有利還是有害？

但是，若我們依循老子的建議，解消一切的文化建制，使人復歸自然本性的自顯，開放人的存在自由，是否真的就能化解社會的亂象，而成就人世的和諧呢？沒有了規範的制限，人當真就會自我節制而不侵犯他人了嗎？沒有了知識的導引，人當真就能安然自處於自然環境之中嗎？又若我們依循莊子的建議，遊走於「文化」與「自然」之間，藉「無用」與「有用」的擺盪來保護生命的延續與存在的自由[23]，我們當真就能夠獲得心靈的安適而無所畏懼了嗎？社會是複雜的，文化是多變的，要想超脫社會與文化的束縛，的確是需要更高的智慧來為之。但是，排除了社會的制約與文化的形塑，人際當真就能因此而趨向於和諧嗎？人人都以自身的安危為考量來遊戲人間，人群社會又如何能藉整體的力量來確保共同的福祉與個人的權益呢？自由意志是人的自然本質，追求自由也是人的本能趨向。人會為確保自身的自由而制訂規範，同時也會為確保自身的自由而破壞規範。當人解除了一

23　《莊子‧山木》：「周將處於材與不材之間。材與不材之間，似之而非也，故未免乎累。若夫乘道德而浮遊則不然。無譽無訾，一龍一蛇，與時俱化而無有專一；一上一下，以和為量，浮遊乎萬物之祖。物物而不物於物，則胡可得而累也。」

切規範的制限，順諸人的自然活動，人是否就能真的因此而獲得自由呢？難道絕對的自由，不正是導致了絕對不自由的危機嗎？

　　因此，當我們若要以「自然」的導向來解消社會的亂象時，我們勢必得先思考「自由」的意義與界限，以免在解除規範制限的同時，又陷入到更混亂也更不確定的危機之中。

政治導向的反思與批判

　　法家與墨家一樣從人的社會活動中，體認到人的好利惡害之心對人之思行的影響。然而，法家排斥人的宗教活動，而試圖從人的政治活動中，去建構止亂歸治的具體方案，故而主張以「政法」治世，意圖藉由「政治」的導向來促成人世的整體歸治[24]。

　　法家並未否定人有爲善的潛能，只不過是基於國家整體利益的考量，而更重視人的好利惡害之心，強調人君若能掌握人的此種本能傾向，並以賞罰來加以控制，則不僅可以禁人爲非，更可以維繫社會的整合而導世歸治[25]。因此，法家不僅主張「以法教心」（《韓非子‧用人》），建立人們的法治觀念；同時主張「嚴刑峻法」，以確保社會的穩定與國家的長治[26]。由是可知，法家所主張的「政治」導向，也就是「法律」導向，著重以「法」治世[27]。

24　《韓非子‧五蠹》：「故明主之國，無書簡之文，以法爲教；無先王之語，以吏爲師；無私劍之捍，以斬首爲勇。是境內之民，其言談者必軌於法，動作者歸之於功，爲勇者盡之於軍。是故無事則國富，有事則兵強。」
25　《韓非子‧顯學》：「夫聖人治國，不恃人之爲吾善也，而用其不得爲非也。恃人之爲吾善也，境內不什數；用人不得爲非，一國可使齊‧爲治者用眾而舍寡，故不務德而務法。..不恃賞罰而恃自善之民，明主弗貴也。何則？國法不可失，所治非一人也。」
26　《韓非子‧姦劫弒臣》：「聖人者，審於是非之實，察於治亂之情也。故其治國也，正明法，陳嚴刑，將以救群生之亂，去天下之禍，使強不陵弱，眾不暴寡；耆老得遂，幼孤得長，邊境不侵，君臣相親，父子相保，而無死亡繫虜之患。」
27　《韓非子‧有度》：「一民之軌，莫如法。」

　　社會是由人所組成，人的活動就構成了社會的各種現象。然而，社會一經形成，又會如文化反制於人一樣的影響了人的思行。儒家從「人」的微觀角度來進行思考，認為樹立人的道德意識，就能夠維持社會的和諧與穩定；法家則從「社會」的鉅觀角度來進行思考，認為要維持社會的整合與穩定，就必須確立客觀有效的法治，使人人都能知所依循。故就治世的效果而言，儒家之道可收「治本」之效，而法家之道則可收「治標」之功。但是要徹底的改善社會的亂象，化解社會的危機，如何做到「標本兼治」，實在是值得我人深思的課題。

　　試觀今日，道德教育的不彰，使道德意識不足以抑制人欲的橫流，促成了社會問題的層出不窮。當社會亂象已然形成，再訴諸道德教育，似乎也不足以有效的遏制人之為非的動機。因此，「治亂世用重典」的呼聲又再度引起人們的重視，目的無非是希望在「嚴刑峻法」的制約之下，能夠確保個人的人身安全與現實權益，重建社會的善良風氣與穩定秩序。

　　但是，人不僅會為確保自身的利益而制訂規範，同時也會為確保自身的利益而破壞規範。如果法律的制定不足以涵蓋各階層乃至於個人的權益，仍將無法控制人心，進而潛藏了使人違法亂紀的危機。諸如當前的「勞資糾紛」，仍無適當的法律來保障勞工的權益，從而引發勞工階層的抗爭不斷，就是一個實例。如果法律的執行又不足以做到賞罰分明，更將無法使人心信服，從而也就會瓦解了法治施行的客觀效力。諸如「違建的就地合法化」，便使得人民心存僥倖之心，而遊走於法律邊緣，意圖削弱法律的威信，以取得自身的利益。

　　法律的制定，乃是針對現實情況所需而作的合理規範。如果法律不能嚴格執行，法律勢將無法維持社會的穩定秩序；但是，

如果法律嚴格執行，又有可能會阻礙了社會的發展，甚至使文化也因之而停滯不前。再者，法律的制定，也是爲對治人情而發，如果法律的執行顧及人情，就會減損法律的威信，而削弱法治的控制效力；但是，如果法律的執行不顧及人情，又有可能會造成民意的反彈，同樣會削弱法治的控制效力。如何因應複雜多變的現實情況，以制訂出合理而又有效的法律規範；如何兼顧人情與公理，以使法律規範能爲人民所共同信守，同時也可以解除執法者的顧忌與爲難。這似乎仍是我們在尋求「法律」導向以改善社會亂象時，所應深切省思的議題。

法律出於政治，政治主導法律。專制時代的法律是以君意爲依歸，使人民受君權所宰制，無法確保人身的自由，維護個人的權益。如今民主時代雖是有民意代表參與法律的制訂，但是仍不能擺脫政治的干預，猶不能解消權力的傾軋與利益的分贓，使得人民的自由與權益仍未能受到周全而又合宜的保障。所以，縱使是貫徹了法治，採行了「嚴刑峻法」的措施，是否就能因此而改善社會亂象，化解社會危機，似乎還是值得我們再作審慎的評估。

「文化」是人的創造，「政治」是人的管理。從事政治活動的人，或許是懷抱濟世理想的「政治家」，也或許是想爭取私利的「政客」。然而，當人一旦取得了權勢，掌握了既得的利益，是否依然能夠以人民的共同福祉爲念，或是更加的爲所欲爲，似乎還是個值得爭議的話題。所以當我們選擇以「政治」的導向來重建社會的秩序時，我們還是不能忽略對「人性」的瞭解，不能輕視「人」的問題。

結　語

先秦時期的儒、墨、道、法四家針對該時期的社會亂象，分

別提出了文化（教育）、宗教、自然與政治（法律）等四種導向，以建構各自理想的治世之道。不過，凡事有利必有弊，在肯定其正面效益的同時，也不能忽略其負面的效應。縱使在先秦時期，儒、墨、道、法四家也已注意到相互的缺失而各有所批判。如儒家反對以刑政為治，認為法治刑罰不足以培養人的道德品格[28]；同時也反對以宗教治世，認為宗教信仰會阻礙了人對自身的責任擔負[29]。墨家則反對儒家的禮文教化，認為繁文縟節徒然是誤導了人民的認知，加重了人民無謂的負荷[30]。道家同樣是反對儒家以禮為治，並認為仁義禮文正是使人世危亂的根本原因[31]。法家則直接的批判了儒家的禮文教化[32]、墨家的宗教信仰[33]與道家的貴己重生[34]，認為三者皆不足以導世歸治。時至今日的我們若依循四家所提供的四種導向而作反思，也一樣是可以發現四種導向仍有其利弊可議。

事實上，若我們反觀中國文化的流傳與發展，我們其實不難

28　《論語・為政》：「道之以政，齊之以刑，民免而無恥。」
29　《荀子・天論》：「卜筮然後決大事，非以為得求也，以文之也。故君子以為文，而百姓以為神。以為文則吉，以為神則凶也。」
30　《墨子・非儒》：「夫儒，浩居而自順者也，不可以教下；好樂而淫人，不可使親治；立命而怠事，不可使守職；宗喪循哀，不可使慈民；機服勉容，不可使導眾。孔某盛容脩飾以蠱世，弦歌鼓舞以聚徒；繁登降之禮以示儀，務趨翔之節以觀眾；博學不可使議世，勞思不可以補民；累壽不能盡其學，當年不能行其禮，積財不能瞻其樂；繁飾邪術以營世君，盛為聲樂以淫遇民。其道不可以期世，其學不可以導眾。」
31　《老子》第三八章：「失道而後德，失德而後仁，失仁而後義，失義而後禮。夫禮者，忠信之薄而亂之首。前識者，道之華而愚之始。是以大丈夫處其厚不居其薄，處其實不居其華。故去彼取此。」
32　《韓非子・五蠹》：「行仁義者非所譽，譽之則害功；工文學者非所用，用之則亂法。…無功而受事，無爵而顯榮。有政如此，則國必亂，主必危矣。…故舉先王、言仁者盈廷，而政不免於亂。」
33　《韓非子・亡徵》：「事鬼神，信卜筮而好祭祀者，可亡也。」
34　《韓非子・五蠹》：「今有人於此，義不入危城，不處軍旅，不以天下大利易其脛之一毛。…今上尊貴輕物重生之士，而索民之出死而重殉上事，不可得也。」

發現儒、墨、道、法四家的理論已經融入到中國人的生活裡，以致於中國人可以依儒家的道德理論來修養個人的品德，依道家的自然理論來調適身心的衝擊，依墨家的宗教理論來寄託功利的期許，還可以依法家的政治理論來管理眾人。既然四種不同導向的人學理論可以相融在人的日常生活裡，那麼整合四家的人學理論，進而從中構建一個兼顧四種導向之利，又能避免四種導向之弊的具體方案，似乎還是可行之道。只不過，要做到面面兼顧的融合，又要防止各種弊端的產生，仍有待於作更深入也更周全的探究才行。

天理與人權

序 言

「存天理，去人欲」是宋明儒者的共同呼聲，也是中國倫理思想的主流。

中國的倫理思想是以儒家的道德理論爲正統，強調仁義心性的自覺與道德主體的挺立，肯定凡人皆能實現其天賦德性而自臻與天合一的聖人之境。宋明儒者視「天人合一」的基礎，就在於「天理」與「人性」本爲一體，強調：「性即理，理即天」（《朱子語類》卷六十一）。宋明儒者並認爲要實現「天人合一」，就須排除「人欲」的蔽障，以使「人性」的實現全然爲「天理」的顯現，如見朱熹所言：「人之一心，天理存則人欲亡，人欲勝則天理滅，未有天理人欲夾雜者」（《朱子語類》卷十三）。於是，「去欲存理」就成爲人之自趨完善以達「天人合一」之聖境的唯一準則。

但是，若「去欲存理」真是人之自趨完善的應然準則，那麼清初大儒戴震又何以會提出「後儒以理殺人」（《戴東原集》卷九）的批判？「天理」的內涵究竟是什麼？「天理」與「人欲」是否不相並容？其中對於「人權」的定位又是如何？

從明末清初的反理學思潮到民國八年的五四運動，在在都刺激了我們重新省思傳統道德理念的合理性與有效性，以圖爲中國的存續找到更合宜的發展方向。此中的諸學者或是以儒反儒，或是以諸子非儒，甚或是以西代儒，無不是認爲傳統儒學有其值得

批判的盲點，而須加以修正或予以替換。時至今日，隨著「人權」呼聲的日益高漲，這種對傳統道德理念的反思與批判仍是有其必要性。

當代的中國文化雖是以新儒家思潮爲主軸，但是新儒家所依據的仍是延續宋明儒者所發揚的傳統道德觀，所以本文即欲從朱熹的「理欲」論切入，一則以回溯其源頭的發展，一則以省思其間所涵攝的「人權」議題，然後批判中國人權思想的缺失，並且構思中國人權思想之發展的可能方向。

值此世紀之交，省思人權，發揚人權，當是我們在進行中國哲學研究時所應有的認知與使命。

天理與人性

一般學者皆視朱熹之學，上接二程的「天理」觀，爲宋代理學之集大成者。然而，「天理」一詞非源自二程，而是可遠溯《禮記·樂紀》：「人生而靜，天之性也，感於物而動，性之欲也。物至知知，然後好惡形焉。好惡無節於內，知誘於外，不能反躬，天理滅矣。夫物之感人無窮，而人之好惡無節，則是物至而人化物也。人化物也者，滅天理而窮人欲者也」。此中即已涵攝了「人性」即「天理」的形上思想，與「去欲存理」的道德期許。因此，我們可以說，程朱之學實則是在闡揚內含於《禮記·樂紀》中的形上思想與傳統道德觀。

以「天理」詮釋「人性」，雖是宋明儒學所獨具的特徵，但是對於「人性」之定義與定位的爭議，卻是歷代學者所共同研討的重要課題。

先秦時期，孔子雖未對「人性」作明確的界定，卻明白地以「仁」來定位「人之所應是」，強調人之爲「人」就應是「克己復

禮爲仁」(《論語・顏淵》)，從而使「仁」成爲儒學開展的核心概念。

孟子重構孔子的「仁」學，以「仁」釋「性」，肯定人生而即俱天賦的善性，強調人之爲「人」就應是實現此善性以完遂天命而爲有德的君子。荀子則是把握了孔子對「禮」的重視，而以「生」釋「性」，強調人若順其自然本性實現於人群社會之中，就會造成人際的衝突而導致人世的危亂，故而肯定人應建立禮義規範以導人向善。循此二說，遂有「性善」與「性惡」之論的開展。

然而，與此同時，道家的莊子也有其對「人性」的詮釋，認爲「人性」即是人所得自於「道」的自然本性，也就是「德」。「德」不僅是內在之「道」，更是超越於人文規範而爲天地萬物所同具的真正之「善」。因此，莊子雖與孟子一樣肯定人應實現其生而即俱的自然本性，但是孟子是要將傳統的道德規範納入到人性之中，而莊子則是要將人性從傳統的道德規範之中解放出來。因此，就論述的角度而言，莊子論「性」是就「天」而言「人」，意欲超越人文規範對人性的制約；孟子論「性」則是就「人」而言「天」，意欲強化人文規範對人性的制約。

縱使如莊子一樣肯定「人性」之中本無禮義的荀子，也對人文規範採取了不同的價值判斷。莊子認爲人文規範有害於人性的實現，所以主張返樸歸真，回歸自然；荀子則認爲人文規範有益於人性的發展，故而主張積學禮義，化性起僞。因此，就兩者對「人性」的定位而言，莊子所肯定的是人生而即俱的自然本性，而荀子所肯定的則是後天習染的文化習性。

到了兩漢時期，「人性」論的爭議有了漸趨一致的見解，整合型態的「性三品論」也於焉確立。以成爲漢代思想主流的新儒家學者董仲舒之論爲例，董仲舒便是將人所與生俱來的「人性」區

分爲「性善」、「性有善惡」與「性惡」三品，既肯定了個別人性有其天生的差異，也肯定了人的自然本性之中兼含爲善與爲惡的雙重潛能。

不過，董仲舒爲論的主軸是欲以宗教主導政治，以政治主導教育。因此，他一方面以孟子的「性善」論爲基，強調人性之「仁」是分享神性之「仁」而得[1]，肯定唯有能全顯「仁」性的聖王獨能效法天道，立綱常之教，代天治民；另一方面，他也強調人是上帝藉自然之氣而造，是言：「天兩有陰陽之施，身亦兩有貪仁之性」（《春秋繁露・深察名號》），故須待本性純善之聖王施予教化，而後始能去惡爲善，與「天」合一。

董仲舒之論不僅是確立了中國「人性」論的基本模式，同時也由於他將「三綱五常」的道德規範一併納入到「自然天道」與「自然人性」之中，從而強化了傳統道德規範的神聖性與權威性而爲不容質疑的絕對真理。隨著經學教育與專制政體的結合，董仲舒所開展的儒家道德理論就成爲中國倫理思想的正統與核心，深刻地影響了中國人對於「人性」與「道德」的認知與詮釋。

魏晉時期，神權思想崩解，黃老道家之學復興。董仲舒所建立的神學體系雖然已失去其影響力，但是他所強化的道德理論卻仍保有其權威性，故有「名教」與「自然」之爭的出現。此中，雖有如嵇康、裴頠等各以道、儒兩家之立場而分呈兩極之論，但是採折衷調合之說如王弼者，則仍是將「三綱五常」與「自然人性」相貫聯，強調「名教出於自然」。

然而，與先秦孟子將道德規範內化於自然本性中以重構儒學相較，代表魏晉新道家思想的王弼卻是欲將道德規範內化於自然

---

1 《春秋繁露・王道通三》：「仁之美者，在於天。天，仁也。…人之受命於天也，取仁於天而仁也。是故，人之受命，天之尊。」

本性中以解構儒學，使人依其自然本性而為，故言：「仁德之厚，非用仁之所能也；行義之正，非用義之所成也；禮敬之清，非用禮之所濟也。載之以道，統之以母，故顯之而無所尚，彰之而無所競。…守母以存其子，崇本以舉其末，則形名俱有而邪不生，大美配天而華不作」（《老子注》第三十八章）。換言之，王弼實際上是以「自然」為本，強調個體的自主與個性的解放。

隋唐時期，儒學式微，佛學鼎盛，尤以禪宗為最。禪宗視人本具「真如佛性」，肯定人人皆可「明心見性，頓悟成佛」。雖然中國的佛學側重於對「佛性」的體認，與儒家孟學側重於對「德性」的自覺有所不同。但是，儒者如韓愈即以「道統說」提昇了倡心性之學的孟子在儒家中的地位，以圖與禪宗相抗衡，從而也就啟發了孟子道德心性之學於宋明時期的復興。

宋明時期，儒者以「排斥佛老，復興儒學」為己任，開啟了長達七百餘年的理學思潮。理學雖與漢學同為先秦儒學的復興與發展，但是相較於漢代復興的儒學，宋明儒學則是摒棄了漢代儒學的神權基礎，而以不隨人之主觀意志更易的「天理」為萬物生成的終極根源，故有「理學」之名。

事實上，我們若對照是為漢代思想主流的董仲舒之論與是為宋明理學之主流的朱熹思想而觀，就可發現兩者實有諸多相近之處。其中，我們若就董仲舒對於「天人關係」的立論架構：「上帝→自然→人」而觀，就不難發現朱熹立論之雛形乃是擷取了董仲舒之論的後段架構。如董仲舒之言：「人之形體，化天數而成；人之血氣，化天志而仁；人之德行，化天理而義」（《春秋繁露・為人者天》），朱熹則言：「仁義，天理之自然也」（《朱子語類》卷十三）。

據此，我們大致可以做這樣的一種論斷：朱熹之論是立基在

董仲舒以「道一氣」爲核心的自然觀與以「仁義綱常」爲要旨的道德觀上，再綜合漢代以來的形上概念，結構而成他的「天理」論，強調「宇宙之間，一理而已。天得之而爲天，地得之而爲地，而凡生於天地之間者，又各得之以爲性。其張之爲三綱，其紀之爲五常，蓋皆此理之流行，無所適而不在」（《朱文公文集》卷十七）。所以，朱熹的「天理」論可說是經由二程而批判性的繼承了董仲舒之論，從而確立了「天理」的優位性。

由是可知，朱熹對於「人性」的理解乃是延續著自孟子以至董仲舒而來的詮釋傳統，著力於將傳統的道德規範內化爲人性的本然，而強調「仁莫大於父子，義莫大於君臣，是爲三綱之要，五常之本，人倫天理之至」（《朱文公文集》卷十三）。朱熹即是藉此以期使人在自我認知上就建立起「盡性、盡禮，以實現天命」的自我要求，從而強化綱常道德對於人之所思所行的制約效力，使「父安其父之分，子安其子之分；君安其君之分，臣安其臣之分」（《朱子語類》卷九十五），期以有效地維繫社會整體的和諧秩序，故言：「君尊於上，臣恭於下，尊卑大小，截然不可犯。似若不和之甚，然能使之各得其宜，則其和也孰大於是」（《朱子語類》卷六十八）。

強調人倫關係之階級性與義務性的「三綱五常」，是由董仲舒所定。此中，董仲舒將「三綱」歸之於「自然天道」，而將「五常」則歸之於「自然人性」。

董仲舒所強調的「五常」：「仁、誼（義）、禮、知（智）、信」（《天人三策》），可溯源至孟子的「五倫」：「父子有親，君臣有義，夫婦有別，長幼有序，朋友有信」（《孟子·滕文公》），至《白虎通義》則衍爲「六紀」：「敬諸父兄，…諸舅有義，族人有序，昆弟有親，師長有尊，朋友有舊」（《白虎通義·三綱六紀》）。董仲

舒便是以「五常之道」明確的規定了人際關係中所應守的道德規範。

「三綱」之說，可溯源至《荀子‧天論》：「若夫君臣之義、父子之親，夫婦之別，則日切磋而不舍也」。爾後經韓非強化爲三種足以有效維繫社會秩序的人倫規範，而言：「臣事君，子事父，妻事夫，三者順則天下治，三者逆則天下亂」（《韓非子‧忠孝》）。及至西漢時期，董仲舒以「陽尊陰卑」的原則，強調「仁義制度之數，盡取之天。…王道之三綱，可求於天。…君臣、父子、夫婦之義，皆取陰陽之道。君爲陽，臣爲陰；父爲陽，子爲陰；夫爲陽，妻爲陰」（《春秋繁露‧基義》），「天下之尊卑，隨陽而序位。…陽貴而陰賤，天之制也」（《春秋繁露‧天辨在人》），從而使此三種人倫規範成爲具有神聖性與權威性的絕對律令。東漢時期，《白虎通義》更將此明確化爲「君爲臣綱，父爲子綱，夫爲妻綱」（《白虎通義‧三綱六紀》）的「三綱」之說，由此確立了維繫中國社會之整體秩序的三大基本綱領。到了主導宋、元、明、清四代官學的朱熹手中，這種突顯君權、父權與夫權之優位性與宰制性的「三綱」之說，更被強化爲永恆不變的「天理」，而言：「未有君臣，已先有君臣之理；未有父子，已先有父子之理」（《朱子語類》卷九十五），「三綱五常，終變不得」（《朱文公文集》卷十三）。

隨著理學對於中國文化的深刻影響，國人不但是認同了這種隱含著不平等與不自由之理念的價值觀，也以這樣的價值觀來作爲責成自己、要求別人的道德準繩，從而也就導致了如清儒戴震所謂「理欲之分，人人能言之。…尊者以理責卑，長者以理責幼，貴者以理責賤，雖失，謂之順；卑者、幼者、賤者以理爭之，雖得，謂之逆。於是下之人不能以天下之同情、天下之同欲達之於上。上以理責其下，而在下之罪，人人不勝指數。人死於法，猶

有憐之者；死於理，其誰憐之」(《孟子字義疏證》卷上）的殘酷
景象。到了清末，譚嗣同更強烈地批判了以「三綱五常」爲核心
的傳統道德觀，而言：「名之所在，不惟關其口，使不敢昌言；乃
并錮其心，使不敢設想」，「上以制其下，而不能不奉之。則數千
年來，三綱五倫之慘禍烈毒，由是酷矣」(《仁學》)，故而主張「衝
決網羅」(《仁學・自序》)，以重建人人平等、自由的自主之權[2]。
及至民初，「打倒吃人的禮教」的呼聲亦成爲追求民主、自由的強
烈訴求。

　　值得省思的是，綱常禮教所帶來的道德爭議，是不是透過孟
子心性之學一系所強調的「道德自主」，就能獲得有效的解決呢？
筆者以爲，不盡然。

　　孟子心性之學的思維路徑是將「禮」內化於「心」，視「禮」
爲人之自然心性的外顯建制，故以內心之「禮」爲外在之「禮」
的準繩，強調「非禮之禮，非義之義，大人弗爲」(《孟子・離婁》)。
但是，這樣的思維卻也能導出兩種全然不同的詮釋路徑。

　　一種是強化了傳統之「禮」對人之自我認知的制約效力，促
使人更加認同傳統之「禮」。即使傳統之「禮」已不合於人世的需
求，也不足以動搖其對認同者之所思所行的深刻影響。若循此來
理解人的「本心」或「良知」，那麼我們還是難以逃脫傳統規範對
人之自我認知的制約與束縛[3]，徒然地僅是以現代的語詞再次重構

---

2 《仁學》：「所以者何？一曰平等，二曰自由，三曰節宣。惟總括其義，曰不
　自主之權而矣。」
3 請參考王陽明於《傳習錄》卷三中之言：「如吾儒有個父子，還他以仁；有
　個君臣，還他以義；有個夫婦，還他以別。何曾著父子、君臣、夫婦的相」，
　與朱熹於《語類・卷九十五》中所言：「如未有君臣，已先有君臣之理；未
　有父子，已先有父子之理。不成元無此理，直待有君臣父子，卻旋將道理入
　在裡面」，可見心學派與理學派同樣是就「綱常之禮」來理解「天理」。所以，
　若不更易對「天理」的詮釋，縱使循道德心性之學來建構人的自我認知，所
　見於「心」者仍將是強調階級性與義務性的「綱常之禮」。

儒家既有的詮釋而已。

　　另一種則是正與此相反，也就是藉由「禮」的溯源而自根本處解構了傳統之「禮」，使「禮」可以有新的面向、新的發展。如明末泰州學派的李贄視「禮」源於人心本然之「欲」[4]，強調「齊之以禮，是欲強使天下人從己，趨天下使從禮」（《明燈道古錄》卷上），從而主張「各從所好，各騁所長」（仝上）。若循此來理解人的「本心」或「良知」，那麼我們或可將對個人權益的肯定與尊重自傳統規範中解放出來，回歸於對「人性」的全面理解，然後再重新確立道德規範的具體內涵。但是，此種思路終究非心學的主流，而是被當作「異端」來看待之。

　　筆者並非排斥儒家的道德理論，而是質疑這樣的道德理論是否真的為人有益？試觀孔子之言：「君子學道則愛人，小人學道則易使」（《論語‧陽貨》），後儒所發揮的不就正是使人「易使」的這個部分嗎？

　　筆者認為，儒家的道德理論實則內含強烈的權力意識，意欲建構「權威導向」的人際關係。所以，縱使有「仁愛之心」的強調，也要看在上位者（如為君、為父與為夫者，乃至於是以「陽」為徵的男性）是否認同，才能決定在下位者（如為臣、為子與為妻者，乃至於是以「陰」為徵的女性）的存在尊嚴與個人權益是否能受到尊重與保障。於是，上位者願否以此「仁愛之心」對待下位者，雖然端視其自由意志而未為定論，但是其宰制下位者的權力卻是得到了明確的肯定與保障。在下位者也會因著「三綱五常，終變不得」的觀念深植於自我認知之中，而難以自覺地去爭取個人權益的尊重與保障，甚至會認為順從在上位者的驅使就是

---

4 《明燈道古錄》卷上：「好惡從民之欲，而不以己之欲，視之謂禮。」

合於「天理自然」的道德表現。因此，要在儒家的道德理論中尋求立基在自由、平等之「人權」的可行性，勢必會遇上其無法消解的困境，那就是以「綱常天理」爲內涵的「人性」論。

天理與人欲

當孔子提出「克己復禮爲仁」來說明使人爲「人」的修養功夫時，就已諭示了人應遵守道德規範來約束人自身。但是由於孟、荀二子對於道德規範的根源有不同的見解，以致於對「克己」的詮釋也就有所差異。

孟子視道德規範源自於人的本然善性，所以認爲人只要能寡欲存心，就能實現本性而爲符合於道德規範的君子。然而，荀子視道德規範乃是人爲矯正其自然本性而運用人的理智思慮所制定的文化產物，所以認爲人必須依循道德規範所給定的範圍來節制自身的慾望，以使自身成爲具有道德品格的君子。孟子所突顯的是人的道德自律，而荀子所突顯的則是人的道德他律。

由孟子所強調的「寡欲」[5]與荀子所強調的「節欲」[6]，我們就不難看出儒者視「欲望」爲影響人之成德與否的關鍵。此中，孟子認爲追求欲望的滿足有礙於主體的道德自覺，所以主張人應依其天生的良知而對自身的欲望作自我克制；而荀子則認爲追求欲望的合理滿足即是道德的表現，所以主張人應依禮文的規範而對自身欲望作合理的疏導。然而，無論是孟子所主張的「良知」或是荀子所主張的「禮文」，其內涵都是以傳統的道德觀爲準，以維繫社會整體的和諧秩序爲主要目的。

至於在先秦時期倡導回歸自然本性的道家，則不僅是肯定「寡

---

5 《孟子・盡心》：「養心莫善於寡欲。」
6 《荀子・解蔽》：「聖人縱其欲兼其情而制焉者，理矣。」

欲」[7]之必要性，甚至要求人應「無欲」[8]。因為在道家的觀點裡，追求欲望的滿足既會導致個人身心的束縛與戕傷，也會導致文化的創制而為人世帶來災難，故以「寡欲」為始，以「無欲」為終，要人超脫「有形」的制限，追求「無形」的自由。

到了漢代，董仲舒採行的是荀子「以道制欲」（《荀子・解蔽》）的立場，強調「聖人之制民，使之有欲，不得過節」（《春秋繁露・保位權》），肯定人的欲望仍應得到合理的滿足。

及至魏晉與隋唐時期，「縱欲」、「節欲」、「寡欲」、「無欲」、「禁欲」等論點紛起。但是大致而言，儒家學者多主張「節欲」，道家與道教學者則主張由「寡欲」以至「無欲」，佛教學者亦主張由「禁欲」以至「無欲」。

宋明時期，是為理學開山始祖的周敦頤，會通儒、釋、道三教，而主張由「禁欲」以至「無欲」，強調「君子乾乾，不息於誠，然必懲忿窒欲，遷善改過而後至」（《通書・乾損益動》），「養心不止於寡欲而存耳。蓋寡欲焉以致於無，無則誠立」（《通書・養心亭說》）。此後之二程便朝著「禁欲」的方向發展，視「人之為不善，欲誘之也。誘之而弗知，則至於天理滅而不知反」（《河南程氏遺書》卷二十五），從而強調「損人欲以復天理」（《周易程氏傳》卷三），故有「去欲存理」之說的提出。朱熹也依此思路而認為「天理人欲，同行異情。循天理而公於天下者，聖人之所以盡其性也；縱欲而私於一己者，眾人之所以滅其天也」（《孟子集注》卷二），故而強調「天理人欲，不容並立」（《孟子集注》卷十三），遂主張

7　《老子》第十九章：「絕聖棄智，民利百倍；絕仁棄義，民復孝慈；絕巧棄利，盜賊無有。此三者以為文不足，故令有所屬－見素抱樸，少私寡欲。」
8　《老子》第三七章：「道常無為而無不為。侯王若能守之，萬物將自化。化而欲作，吾將鎮之以無名之樸。無名之樸，夫亦將無欲。無欲以靜，天下將自定。」

「革盡人欲，復盡天理」（仝上）。

　　在宋明儒者的觀點，「理欲之辨」即等同於「義利之辨」、「公私之辨」、「善惡之辨」，乃至於「王霸之辨」。因此針對陳亮以「天理人欲，可以並行」（《陳亮集》卷十二）而主張的「義利雙行，王霸並用」（《陳亮集》卷二十）的觀點，朱熹即就「人有此身，便有所以爲人之理，與生俱來，乃天之所付」（《朱文公文集》卷六十三）的觀點而強調人之爲「人」就應是「絀去義利雙行，王霸並用之說，而從事於懲忿窒欲，遷善改過之事，粹然以純儒之道自律」（《寄陳同甫書》）。

　　及至明代，是爲心學派之集大成者王陽明，仍舊是以「天理人欲不並立」（《傳習錄》）的觀點，而強調「學是學去人欲、存天理。從事於去人欲、存天理，則自正」（仝上）。

　　所以，大體而言，在宋明儒者之中，除事功學派的陳亮等人是主張「理欲並行」之外，理學派與心學派則皆主張「去欲存理」。此中，程頤所強調的「餓死事極小，失節事極大」（《河南程氏遺書》卷二十二），可謂是把「禁欲」思想發揮到了極點。再經由朱熹的傳承與發揚，即使「禁欲」成了通往「道德」的唯一途徑。

　　雖然在朱熹的觀點裡，「去欲存理」是決定在主體的道德自覺與主動踐履上，但是「欲」真爲「惡」，「理」又真爲「善」嗎？人真能做到「禁欲」以致於「無欲」嗎？難道這樣的道德要求不會如陳确所說：「真無欲者，除是死人」（《陳确別集》卷五）一般的不切實際嗎？

　　「理」、「欲」、「善」，「惡」，都是人造之名。既是人所自造，也就會隨使用者來賦予其義。所以，朱熹可以視「天理」爲「善」、「人欲」爲「惡」，譚嗣同同樣可以視「天理，善也；人欲，亦善也」（《仁學》）。這樣的不同詮釋不僅反映了詮釋者自身的不同道

德觀，也同時顯現了詮釋者對於人之所思所爲的不同期許。因此，當我們接受某種詮釋時，只能說我們是認同了此人的觀點，而不能說我們就是認同了真理。

再者，就朱熹所理解的「天理」而觀，他把「三綱五常」視爲「天理」的內涵，強調「三綱五常，終變不得」（《朱文公文集》卷十三）。這樣的觀點雖是有利於社會的整合與群體秩序的維繫，卻也賦予了在上位者侵犯在下位者之人權的合理性與合法性，這又何嘗是於人爲「善」呢？

如果我們一定要視「天理」爲「善」，以作爲人世規範的應然準則，那麼我們就應當重新詮釋「天理」，使「天理」的概念與「人權」的思想相合一，或許才真是爲人有益。

其三，「人欲」是否爲「惡」？這的確是個有待爭議的問題。朱熹認爲「人欲」之爲「惡」，是就其「爲私」[9]與「過度」[10]而言。所以他所說的「遏人欲而存天理」（《孟子集注》卷二），也當是就此而論。但是，若只是不合於「天理」（即「三綱五常」之「禮」）的「人欲」爲「惡」，那又何須「革盡人欲」（《孟子集注》卷十三）呢？那豈不是會讓人從「寡欲」而導向「禁欲」，乃至於「無欲」嗎？

不過，若依朱熹的觀點而論「人欲」，我們又可就雙向思考來提出質疑。因爲任諸「爲私」或「過度」的「人欲」，的確會造成人權的侵害與人際的衝突，故可視之爲「惡」；但是，同樣任諸「爲私」或「過度」的「人欲」，卻也能刺激物質文明的進步與精神文化的開展，這又何嘗不能視之爲「善」？如果我們只強調一面而漠視另一面，這樣的思考與主張真是對我們有益嗎？難道這不就

---

9 《朱子語類》卷九十四：「此寡欲，則是合不當如此者，如私欲之類。」
10 《朱子語類》卷十三：「飮食者，天理也；要求美味，人欲也。」

是造成中國的道德理論高揚，國勢卻瀕臨危亡的原因之一嗎？

其四，朱熹的「理欲」論不僅是承襲了儒家所維護的傳統道德觀，並且也強化了自漢代以來的綱常禮教，同時還成為貫穿宋、元、明、清四代的官方哲學。故有當代學者稱「朱熹不僅是宋明理學的集大成者，也是中國傳統倫理精神的集大成者」[11]。然而，這樣的理論是給中國人帶來了人生的幸福，還是人生的苦難呢？

姑且不論俗民大眾，單就讀經習禮的知識份子而言，「去欲存理」的道德要求就是一件極嚴苛的自我挑戰。在《浪漫與悲涼的人生》一書中，作者有一段對當時文人的描述也頗值得我們當代知識份子以為自省，「因為人欲與身俱在，同時人生充滿著各種誘惑，要做到遵循天理溫馴就範並非一件容易的事情。這樣，就出現了三種文人：真道學者；偽道學者；痛苦掙扎心靈衝突者。第一種文人漸漸失去人的天性，人的自我被天理規範全面壓制，人的主體意識喪失殆盡。第二種文人是滿口仁義道德、滿肚子男盜女娼的偽君子。第三種人最多，他們無時無刻不在品嚐 "天理" 與 "人欲" 之間相互衝突的痛苦，既無法做聖人，又不願作偽君子，在修身養性道路上艱難而行」[12]。試觀今日，又何嘗不然？

儒家對於「去欲存理」的詮釋一旦成為社會大眾的普遍共識、絕對律令，強大的輿論壓力就會逼使著個體形成第二個自我，也就是與人相處的「公我」，以便能被社會群體所認同與接納。

但是「公我」就如同一張「面具」一樣，遮蔽了真實的「私我」，使人縱使不願作偽君子，也會時常面對內外衝突、公私交戰

---

11 《中國倫理精神的歷史建構》，樊浩著，南京市：江蘇人民出版社，1922年版，357 頁。
12 《浪漫與悲涼的人生》，江冰、胡穎峰著，北京市：中國人民大學出版社，1993 年版，44-45 頁。

的心理磨難。推己及人，於是，「對人的不信任感」與「對環境的不安全感」便在每一個受苦的心靈中滋長。尚能自作調適的，還是能夠從容自處於人世之中；無法調適或不願調適的，或是得了心理疾病，或是自溺於人欲之中，或是乾脆離群索居…。這難道就是如朱熹這些大儒們所期待的結果嗎？

再好的道德理論，也不應是個可望而不可及的烏托邦。或許這些大儒對於「人性」的理解是受到傳統儒家詮釋的束縛，也或許僅是出於他們的一廂情願。總之，他們對於「人性」的詮釋與對「人生」的規劃，雖是為中國社會帶來了整體秩序的維繫，卻也為中國人的心靈帶來了極大的災難。

道德與人權

朱熹的「理欲」論所探討的即是「道德原則」與「感性欲望」間的問題，強調的是「道德原則」的優位性與權威性，目的則是要解消個體的私欲，以確保社會群體的整合與秩序，故而主張「去欲存理」。

基本上，人際的問題本就是複雜難解。因此在面對人際問題時，多數人都會希望有個足以「以簡御繁」的道德準則可循，於是就有各種道德理論的興起。朱熹傳承儒家傳統道德觀而建構的「理欲」論便是其中一支，卻也是對中國倫理思想之定型影響最大的一支。

朱熹的「理欲」論雖是就人的現實面出發，藉由理想面的設定，以圖為人建構一個超越時空制限的道德準則，使人不僅是思行有據，而且也可循之以達人格的完善。雖然這樣的道德理論確實也為中國的社會帶來了「和」與「齊」的制約效應，但是何嘗不也造就了中國人的「虛偽」與「罪惡」。

　　試觀今日的台灣社會，「陽尊陰卑」、「三剛五常」的觀念仍束縛著多數的人心，以致於女性的存在尊嚴、個體權益乃至於人身安全，仍未受到應有的尊重與保障。縱使有再多肯定儒家尊重人格平等的道德文章見世，但是綜觀現實的景況，無論是社會事件或是刑事案件，女性仍然是居於弱勢或受害者的處境。尚有勇氣敢與傳統觀念相抗衡者，或能起而挺身爭取自己的權益；但是多數的女性卻往往是自怨自責，躲在暗夜裡獨自低泣。難道「女性的人權」就不在「天理」的保護範圍之內？難道「女性的人權」就必須要依靠男性的施予，才算是合於「天理自然」？難道女性就必須要依附於男性，才算是「天經地義」？這些難道就是我們應守的「道德」嗎？

　　讓我們看一下聯合國於 1948 年 12 月 10 日所通過的「世界人權宣言」（Universal Declaration of Human Rights），其中的一至三條所示：

　　「第一條、人人生而自由，在尊嚴及權利上一律平等」[13]。

　　「第二條、人人有資格享受本宣言所載的一切權利與自由，不分種族、膚色、性別、語言、宗教、政治或其他見解、國籍或社會出身、財產、出生或其他身份等任何區別」[14]。

　　「第三條、人人有權享受生命、自由與人身安全」[15]。

　　若據此再來檢視我們的傳統道德觀，我們真要質疑這樣的「道德」是真正維護「人權」的「道德」嗎？難道我們可以為了維繫

13　「Article 1.All human beings are born free and equal in dignity and rights.」

14　「Article 2.Everyone is entitled to all the rights and freedoms set forth in this Declaration, without　distinction of any kind, such as race, color, sex, language, religion, political or other opinion, national or social origin, property, birth or other status.」

15　「Article 3.Everyone has the right to life, liberty and security of person.」

社會的「和」與「齊」，就要犧牲個人的自由、權益與尊嚴嗎？

筆者同意「道德規範」的必要性，但是並不認同「傳統規範」的權威性。筆者以為，任何「道德規範」的制定，都應當是出於人的理智思慮，依據人的自然本性與天賦權利，針對人世的實際狀況與可能的發展，做多向度、多層次的考量之後而定。

再者，任何事情都有「一體兩面」，「道德規範」也不例外。所以在制定「道德規範」的同時，我們也應當容許對它的批判與修正，而不是據之以使人「關其口，使不敢昌言；乃并錮其心，使不敢設想」（《仁學》）。這不是「道德」，這是「愚民」。

「道德規範」既是出於人所制定，那麼我們就應當對「人」有信心。古代人能用其心智來制定規範，解決人世與人生的問題，難道現代人就不能嗎？如果我們要「以古非今」，那是不是就否定了現代的人也是「人」呢？

再說，若古代人所制定的「道德規範」是最完美的，那何以到今日我們依然在面對他們當時就要處理的問題？尤有甚者，我們還得去處理因他們所制定的「道德規範」而衍生的新問題。

因此，筆者以為，「制定道德規範」可視之為「天理」，但是絕不可將「道德規範」本身視為「天理」。縱使這樣的做法確實能獲致約束人心乃至於人之言行的實踐效應，但是它對於人心的壓制與僵化，卻也會為人與人世帶來莫大的傷害，這不可不慎。

人能製造問題，人也能解決問題。朱熹的「理欲」論提供了我們一條解決問題的路徑，我們可據之為參考，但是不需要守之以為圭臬。人與環境（無論是物質環境或是精神環境）的互動，已為人類開展出更豐富也更多元化的生活世界，也為人類提供了更多解決問題的路徑。我們應當把握先人解決問題的精神，充分地發揮人的主動性來解決問題；而不是死守著先人的理論，卻無

視於人心與人世的苦難，任諸問題的惡化與蔓衍。

　　重新理解「人心」，重新理解「人世」，不僅能有助於我們重新理解朱熹的「理欲」論，更能有助於我們擺脫權威的束縛，去尋索更合於「人性」、更合於「人權」的「道德規範」，以爲人類提供更合宜的存在之道。

家暴、道德與人權

序 言

　　在日益重視人權的今日,「家庭暴力的防治」已成為世人所關注的重要議題之一。試觀當前的台灣社會,「家庭暴力」的頻傳,已達到讓人怵目驚心的地步。然而高揚儒家仁義道德的中國文化下,何以會有如此高頻率的「家庭暴力」呢?是傳統道德的淪喪?還是傳統道德的內在衝突衍生了如此的結果?

　　思想影響行為,行為構成現象。家庭暴力雖是一種社會現象,卻是源自於人類自身的行為表現;而人類的行為表現,又常是反映了行為者自身所依持的觀念。因此,當我們去探究「家庭暴力」之所以發生的原因時,我們就不應忽視內蘊在傳統文化中的道德觀念對於行為者的影響。

　　家庭的基本結構,就是父母與子女。雖然從「家庭暴力」的多數案例顯示,婦女與孩童常是「家庭暴力」的受害者。但是是,事實上,家庭當中的每一個成員都有可能成為暴力的來源。因此,檢視每一個成員可能產生暴力的原因,應能提供我們了解「家庭暴力」之所以發生的重要線索。

　　不過,本文的重點不在於心理層面的深究,而是在於探究傳統道德對於該成員之心理層面的影響。傳統道德的主軸,即是儒家的道德理論。因此,本文即欲就儒家之道德理論的固有特徵與內在衝突,來反思儒家道德理論中的「人權」思想,與其對國人

之認知與行為的影響。而本文的目的，則是要透過觀念的反思，來解析「家庭暴力」之所以發生的深層結構，以期建構化解「家庭暴力」的可能途徑。

家庭暴力與人權省思

依據「家庭暴力防治法」第二條之定義：「本法所稱家庭暴力者，謂家庭成員間實施身體或精神上不法侵害之行為。本法所稱家庭暴力罪者，謂家庭成員間故意實施家庭暴力行為而成立其他法律所規定之犯罪。」簡單地說，凡是以行為或語言等暴力手段造成家庭成員之生理或心理傷害者，皆歸屬為「家庭暴力」的範圍。

「家庭暴力」的發生原因，絕非導因於單一因素所致。無論是心理的、生理的、社會的、經濟的、文化的各種因素，都有可能引發「家庭暴力」。而本文將著重在文化因素，特別是就內蘊在傳統文化中的道德觀，一探「家庭暴力」的發生原因。

「家庭暴力」的表現型態也不只一種，諸如夫妻或親子或手足之間的暴力相向、精神虐待、惡意遺棄與性侵害等，都可視為是「家庭暴力」。不過，本文不擬對「家庭暴力」的各種型態作逐一探討，而僅是就其中的（１）婚姻暴力（２）亂倫（３）惡意遺棄等三種型態作一省思。

婚姻暴力

家庭的構成是以夫妻為主軸，因此夫妻之間的互動關係就會直接的影響到整個家庭的和諧與否。而夫妻之間的暴力行為，無論是肢體暴力或是語言暴力，也會成為子女所模仿的對象，進而影響到子女的人格發展與婚姻生活。所以，要檢視「家庭暴力」

的發生，首先就當探索「婚姻暴力」的形成。

　　所謂「婚姻暴力」，也就是指夫妻之間以肢體暴力或是語言暴力的方式來侵害對方，使對方的生理、心理（包含情緒、認知與精神等方面）受到傷害。

　　此中有一個值得我們注意的地方，那就是女性常用語言暴力（如譏諷丈夫），而男性則多用肢體暴力（如毆打妻子）。在相關或非相關的情況下，都會使一方受到了傷害，也有可能導致了惡性循環的相繼而起。然而在大多數的案例中，婦女往往是受害最深的一方。

　　導致婦女成為「婚姻暴力」之受害者的因素有很多，諸如生理（如體型、氣力皆不如男性）、情感（如對丈夫與子女的深情愛戀）、經濟（如無經濟自主能力）與社會（如以男性為主的家庭結構）等因素之外，最主要的因素還是在於內蘊在我們傳統文化中之「男尊女卑」與「夫為妻綱」的倫理觀念所使然。

　　「男尊女卑」的觀念，並非是中國文化所獨有，而是普遍存在於各個父系社會的價值觀中。但是是在中國文化中，「男尊女卑」的觀念不僅被合理化為恆常不變的「天道」，更因著「夫為妻綱」的具體規範而成為人倫道德的準則。於是，丈夫控制、要求乃至於教訓妻子，都被視為是理所當然；而妻子的順從與容忍，也被視為是道德的體現。因此，當丈夫自認需要以強制方式來使妻子順從時，「婚姻暴力」就成了必然的結果。至於在妻子方面，則在傳統道德觀念的束縛下，縱使遭受了「婚姻暴力」，受虐婦女仍多是百般隱忍，也不敢求助於他人。不可諱言的，縱使受虐婦女去向他人求助，但是是她所面對的很可能就是道德的責難與冷漠的勸說。因為「夫為妻綱」的觀念早已深植在人們的心中，導致旁人也多會以男性中心主義的觀點來看待受虐的婦女，而要求其順

從丈夫的期許或容忍所受到的傷害，卻忽略了對受虐婦女之「人權」的關切與保障。所以，在丈夫的暴力無法消解，又要恐懼旁人「二次傷害」的情況下，多數的受虐婦女只有留在原來環境中，默默地承受「婚姻暴力」所帶來的無盡傷害。

設若我們檢視現今所制定的「家庭暴力防治法」，就不難發現其中的規定多是針對「婚姻暴力」而設，重點就是在保護這些「人權」受到侵害的受虐婦女遠離傷害。但是是，這是在「人權」思想逐漸覺醒後的產物，而不是在傳統道德觀之自然發展下的結果。

事實上，在「婚姻暴力」中，受傷的不只是婦女而已，子女所受到的傷害更甚於大人。子女不僅有可能受到暴力的波及而受傷，更會因為目睹了暴力的行為而影響了他們的人格發展，以致於在他們未來的戀愛過程與婚姻生活中都有可能重複同樣的暴力行為（代間傳遞，intergeneration transmission）。因此，如何防止「婚姻暴力」，的確是應列為「家庭暴力防治」的首務。

亂倫

本文中所謂的「亂倫」，是特指在近親之間以暴力手段達成的「性侵害」。

在「婚姻暴力」中，我們可以看到「夫權」的強化對於妻子之「人權」的侵害。同樣的，在「亂倫」事件中的「父權」對於女兒之「人權」的侵害，也是不容我人所忽視。

在「夫權」觀念的主導下，妻子被視為是丈夫的所有物，不僅是依附於丈夫而生存，更是任由丈夫而處置，於是就有了「婚姻暴力」的產生。同樣的，父親對於女兒的「性侵害」，也是在「父權」觀念的主導下，父親將女兒視為是自己的所有物，不僅想控制女兒的生活，甚至想佔有女兒的身體，遂有了「亂倫」事件的

發生。

　　與在「婚姻暴力」中的受虐婦女相較，在「亂倫」事件中受侵害的女兒更是處於性別、年齡、階級與經濟等的多重弱勢，不僅不敢向外人求助，甚至也不敢向家人求助，只能在恐懼、無助與自卑、自責的心境中，躲在暗夜裡哭泣。

　　事實上，在「亂倫」事件中，除了父親對於女兒所作的「性侵害」之外，兄弟對於姊妹所作的「性侵害」也時有所聞。更令人震驚的是，不僅有母親主動地強使女兒作為父親洩欲的工具，甚至還有兒子為滿足性欲而強暴母親的案例。似乎在「亂倫」事件中，女性的存在不僅是被工具化，甚至連為「人」所應有的自主與自尊也被剝奪殆盡。

　　如果男性的權利，可以「父權」一詞來作概括。那麼我們將看到的不只是「權利」（Right），更是「權力」（Power）。在父系社會中，男性賦予他自身的「權力」，正是造成女性之苦難的根源。因此，無論是在「婚姻暴力」或是「亂倫」事件中，受到傷害的多是女性。

　　在「男尊女卑」的傳統觀念下，中國女性的地位一直是處於劣勢，不僅人身自由與安全得不到保障，甚至連人格尊嚴與基本人權也受到漠視。因此，在「父權」思想的主導下，男性便會以各種形式來向女性展示其「權力」，並會認為這是男性應享的「權利」。其中，讓男性覺得最能滿足其權力欲的，就是「性暴力」。換言之，男性看到的不是女性的身體，而是佔有女性身體的「權力」。如果所佔有的女性正好是他的家人，那就構成了「亂倫」。不過，也正是因為在傳統的觀念裡，女性被要求順從其父兄，所以也更易於成為父兄展示其「權力」的對象，而受到「性侵害」的凌辱。

　　雖然現在是有「家庭暴力防治法」的救助與保護，但是是在「亂倫」事件中受到「性侵害」的女性多數仍然會爲了顧及親情與自尊而不敢現身。因此，如何預防「亂倫」事件的發生是比事後的救援更爲重要，而這也就需要重新檢討我們傳統的道德觀念，重建男性對女性之「人權」的認知與尊重。如此，或許能預防的將不只是「亂倫」事件的發生，一般非親人間的「性侵害」事件也可能會因此而減少。

惡意遺棄

　　除了上述兩種「家庭暴力」型態之外，親子之間的「惡意遺棄」也是屢見不鮮。所謂「惡意遺棄」，是指刻意地排除或放棄扶養與保護之責，而任由對方自生自滅。因此，「惡意遺棄」也可以說是介於「暴力傷害」與「蓄意謀殺」之間的負向親子關係。

　　如果我們援用上述兩種型態而論，我們可以在「婚姻暴力」中看到受虐婦女之所以不願離家，也包含了害怕擔負「惡意遺棄子女」的輿論壓力與道德罪惡感。縱使她不是真的出於「惡意」，她依然會有如此的恐懼。而我們在「亂倫」事件中看到受侵害的女兒之所以不願離家，即使不會有「惡意遺棄父母」的輿論壓力，也會有「不孝」的道德罪惡感牽制著她的反應。

　　但是是，若我們排除掉這兩種情況，而單純就親子之間的「惡意遺棄」來看，我們似乎就可以很直接地看到人性陰暗的一面。正如韓非在先秦時期就已指出的，縱使在親子關係中，人際之間的互動也仍舊是「挾自爲心」（《韓非子‧外儲說左上》）而「用計算之心以相待也」（《韓非子‧六反》）。換言之，若是以個人的「利害關係」來作考量，那麼親子之間的相互傷害乃至於「惡意遺棄」就極有可能隨之而起。

　　通常在「惡意遺棄」的案例中，貧苦羸弱的老人、身心不健全的殘障、乃至於尚在襁褓中的嬰兒，都常是被遺棄的對象。這不僅反映了遺棄者以「強者」自居的自利心態，也反映了對被遺棄者之「人權」的蔑視。被遺棄者就如同「物」一樣，不僅被剝奪了他所應享的尊重與保護，甚至連他的存在價值也都一併遭到了否定。

　　正如「婚姻暴力」與「亂倫」事件一樣，「惡意遺棄」也並非只發生在台灣的社會裡。這些都可以說是普遍地存在於每一個社會裡，這是個全球性的社會問題。然而，我們應當省思的是，為什麼在高揚儒家仁義道德、強調家庭倫理的中國文化下，我們的社會不僅無法阻止「家庭暴力」的發生，甚至還有越演越烈的趨勢呢？是傳統道德的淪喪？還是傳統道德的內在衝突衍生了如此的結果？

傳統道德與人權思想

　　如果我們檢視上述三種「家庭暴力」，就會發現其中有一個共同的特徵，那就是加害者對於受害者之「人權」的漠視。但是是，誰有權利來否定他人的存在價值，侵害他人的基本人權呢？

　　思想影響行為，行為構成現象。家庭暴力雖是一種社會現象，卻是源自於人類自身的行為表現；而人類的行為表現，又常是反映了行為者自身所依持的觀念。因此，當我們去探究「家庭暴力」之所以發生的原因時，我們就不應忽視內蘊在傳統文化中的道德觀念對於行為者的影響。

　　中國傳統文化中的道德觀念，是以儒家的道德理論為主軸，以「仁」為核心，以「義」為準則，重視個人的道德修養與人際的和諧共融。

若依此而觀，儒家的道德理論不僅不應該會導致「家庭暴力」的發生，甚至還應該被視爲是消解「家庭暴力」的有力依據。但是是，事實上，儒家的道德理論卻是導致「家庭暴力」發生的一個重要因素。其中的關鍵，就在於儒家道德理論對於「人權」的態度。

依照 1948 年 12 月 10 日聯合國大會所宣佈的「世界人權宣言」中第一條之規定：「人人生而自由，在尊嚴及權利上一律平等」[1]，顯示了「自由」是「人權」的基礎。只有在「自由」的基礎上，人人才有相同的尊嚴與平等的權利。

在這裡，我們要提出兩個問題。第一個問題是：「儒家是否肯定『人人生而自由』？」第二個問題是：「儒家的道德理論是否肯定人人『在尊嚴及權利上一律平等』？」

在回答問題前，我們應先瀏覽一下儒家道德理論的歷史性發展。在先秦時期，儒家的道德理論就分作三個階段的發展。第一個階段是春秋晚期，孔子創立儒學，兼重禮文教化與個人修養；第二個階段是戰國中期，孟子發展孔學的內聖之道，強調個人的心性修養；第三個階段是戰國晚期，荀子發展孔學的外王之道，強調社群的禮文教化。到了西漢時期，董仲舒明崇孔孟，實依荀學，賦予了儒學政治性與宗教性的面貌，使儒學不僅躍升爲中國文化的正統，也使儒家的道德理論具有了不容質疑的神聖性與權威性。及至宋明時期，經由程朱理學與陸王心學的的重建，儒家的道德理論更有了貫通天人、群我的形上基礎與內在本源，也更強化了儒家道德理論對於中國人的影響力與約束力。縱使到了當

---

1 「Universal Declaration of Human Rights」：「Article 1.　All human beings are born free and equal in dignity and rights. They are endowed with reason and conscience and should act towards one another in a spirit of brotherhood.」

代，文化的主軸還是立基在宋明儒者所開展的道德理論，強調道德心性的自我體認、自我主宰與自我實現。

大體而論，先秦時期的儒學是屬於道德覺醒的階段，兩漢時期的儒學是屬於道德強化的階段，宋明時期的儒學則是屬於道德重整的階段。在此之中，承先啟後的漢代儒學對於中國文化的定型影響至鉅。漢代儒學不僅是將先秦儒學中潛藏的思想加以顯題化，同時也為宋明儒學預置了理解先秦儒學的基本視野。因此，當我們在探究儒家的道德理論時，我們就應當特別注意先秦與兩漢這兩個斷代的儒學發展。

然後，我們再來看看什麼叫做「生而自由」？這似乎是應就先天與後天兩個層次而言。先天的「生而自由」，是指人生而即有自由的條件，如人的自由意志；後天的「生而自由」，則是指人能依其自由意志而過獨立自主的生活，不受任何外在的侵害、束縛、歧視、壓迫與奴役等。

若就先天的「生而自由」來看，儒家是肯定凡人皆有自由意志，如《荀子‧解蔽》中即言：「心者，形之君也，而神明之主也。出令而無所受令，自禁也，自使也，自奪也，自取也，自行也，自止也。故口可劫而使墨云，形可劫而使詘申，心不可劫而使易意。是之則受，非之則辭」。

但是是，若就後天的「生而自由」來看，儒家則是否定「人人生而自由」的命題。孔子強調：「君子博學於文，約之以禮，亦可以弗畔矣夫」(《論語‧雍也》)，主張禮文教化的目的，就是在約束個人的自由，以維護社會的整體秩序。而荀子也強調：「今人之性生而有好利焉，順是，故爭奪生而辭讓亡焉；生而有疾惡焉，順是，故殘賊生而忠信亡焉；生而有耳目之欲、有好聲色焉，順是，故淫亂生而禮義文理亡焉。然則從人之性，順人之情，必出

於犯分亂理而歸於暴。故必將有師法之化，禮義之道，然後出於辭讓，合於文理而歸於治」（《荀子・性惡》），認爲放諸個人的自由，就會導致社會的危亂，所以主張以禮文規範來限制個人的自由，以維護社會的整體和諧。

縱使如強調心性自覺的孟子，也是將外在的人倫規範（禮）轉化爲人內在的道德心性（仁），使人的思行由外在的、後天的制約轉化爲內在的、先天的制約，藉此以強化人倫規範對於人的約束力，故其言：「無惻隱之心，非人也；無羞惡之心，非人也；無辭讓之心，非人也；無是非之心，非人也。惻隱之心，仁之端也；羞惡之心，義之端也；辭讓之心，禮之端也；是非之心，智之端也。人之有是四端也，猶其有四體也。有是四端而自謂不能者，自賊者也」（《孟子・公孫丑》）。換言之，孟子所認同的「自由」是指自由地實踐人倫規範，而非實踐人倫規範以外的自由。所以孟子對於「人性」的詮釋，不全是事實的描述，而更是理想的期許。但是是，這種詮釋經由董仲舒賦予宗教的權威，宋明儒者賦予天理的基礎後，就被中國人視爲是自我認知的形上依據，絕對的真理，堅信不疑。如此不僅是塑造了中國人對於「人性」的認知，也同時限制了中國人對於「自由」的追求。因此，在講求道德制約的儒家道德理論裡，便始終開展不出不受規範約束的「自由」。

再就第二個問題而言，「儒家的道德理論是否肯定人人『在尊嚴及權利上一律平等』？」這個問題的回答與上一個問題有密切的關聯，需要我們就儒家對於「性」與「禮」的詮釋上來作思考。

無論是孔子就「禮的功能」而言：「君子學道則愛人，小人學道則易使」（《論語・陽貨》），或是荀子就「禮的制定」而言：「禮者，貴賤有等，長幼有差，貧富輕重皆有稱者也。..由士以上則必

以禮樂節之，眾庶百姓則必以法數制之」（《荀子‧富國》），抑或是孟子就「仁性的實現」而言：「君子之於物也，愛之而弗仁；於民也，仁之而弗親。親親而仁民，仁民而愛物」（《孟子‧盡心》），都可以很明顯的看出先秦儒者所強調的是位階分判、貴賤有等、親疏有別的道德理論，帶有著強烈的「階級意識」。尤其是到了西漢時期，使儒學成為「獨尊」的董仲舒所提倡的「三綱」，更是明確的否定了人人「在尊嚴及權利上一律平等」。

董仲舒依循韓非[2]的思路，強調「仁義制度之數，盡取之天。…王道之三綱，可求於天。…君臣、父子、夫婦之義，皆取陰陽之道。君為陽，臣為陰；父為陽，子為陰；夫為陽，妻為陰」（《春秋繁露‧基義》），「天下之尊卑，隨陽而序位。…陽貴而陰賤，天之制也」（《春秋繁露‧天辨在人》），從而確立君、父、夫為尊、臣、子、妻為卑，主張卑者就應聽命於尊者而不能相違，故言：「天子受命於天，諸侯受命於天子，子受命於父，臣妾受命於君，妻受命於夫。諸所受命者，其尊皆天也，雖謂受命於天亦可」（《春秋繁露‧順命》）。這就使得「三綱」不僅是為人倫規範的應然準則，更是不容違逆的「天命」。承襲董仲舒思想的《白虎通義》，便將「三綱」明確的界定為「君為臣綱，父為子綱，夫為妻綱」（《白虎通義‧三綱六紀》），強調「陽唱陰和，男行女隨」（《白虎通義‧天地》）。於是，為臣、為子與為妻者的尊嚴與權利，不僅無法獲得與為君、為父與為夫者一樣的尊重與保障，其人身自由也是由後者所掌控，依附於後者而生活。換言之，雖然同樣是「人」，但是是因著「三綱」的確立，為臣、為子與為妻者就成為為君、為父與為夫者的所有物，一切都應以順從後者之要求為依

---

2 《韓非子‧忠孝》：「臣事君，子事父，妻事夫，三者順則天下治，三者逆則天下亂。」

歸，毫無「人權」可言。

此中不僅可以清楚的看到「君權」、「父權」與「夫權」至上的權力意識，更可以明確的看到「男尊女卑」的價值扭曲。及至宋明時期，儒學的復興更使得此種意識型態與價值觀念得到了再次的強化，也更加的削弱了「人權」思想在中國生根發芽的可能性。所以，到了明末清初的時候，戴震就提出了「尊者以理責卑，長者以理責幼，貴者以理責賤，雖失，謂之順；卑者、幼者、賤者以理爭之，雖得，謂之逆。於是下之人不能以天下之同情、天下之同欲達之於上。上以理責其下，而在下之罪，人人不勝指數。人死於法，猶有憐之者；死於理，其誰憐之」（《孟子字義疏證》卷上）的批判，強烈地抨擊了傳統道德觀對於「人權」的蔑視。

所謂的「人權」（Human Rights），按「世界人權宣言」之界定有：「生而自由，在尊嚴及權利上一律平等」、「享受生命、自由與人身安全」[3]、「不得使為奴隸或奴役」[4]、「不得加以酷刑，或施以殘忍的、不人道的或侮辱性的待遇或刑罰」[5]、「享受法律的平等保護，不受任何歧視」[6]、「不得加以任意地逮捕、拘禁或放逐」[7]、「思想、良心與宗教自由」[8]、「主張和發表意見的自由」[9]、

3 「Universal Declaration of Human Rights」：「Article 3.　Everyone has the right to life, liberty and security of person.」

4 「Universal Declaration of Human Rights」：「Article 4.　No one shall be held in slavery or servitude; slavery and the slave trade shall be prohibited in all their forms.」

5 「Universal Declaration of Human Rights」：「Article 5.　No one shall be subjected to torture or to cruel, inhuman or degrading treatment or punishment.」

6 「Universal Declaration of Human Rights」：「Article 7.　All are equal before the law and are entitled without any discrimination to equal protection of the law. All are entitled to equal protection against any discrimination in violation of this Declaration and against any incitement to such discrimination.」

7 「Universal Declaration of Human Rights」：「Article 9.　No one shall be subjected to arbitrary arrest, detention or exile.」

「享受社會保障，並有權享受他的個人尊嚴和人格的自由發展所必需的經濟、社會和文化方面之各種權利的實現」[10]等等。

　　「人權」思想雖是源自於西方，但是不是與西方的歷史同其長久，而是在西方社會與文化的相互激盪中所逐漸形成出來。所以，「人權」思想也可以說是人類對其自身之存在價值的自我覺醒，從而開展出對個人與人際之「自由」（freedom）、「平等」（equality）、「安全」（security）與「尊嚴」（dignity）之追求的成果。

　　在中國傳統文化中，道家「開放自由」的理論是比儒家「追求秩序」的理論更易於與西方的「人權」思想相結合，而開展出尊重個人之存在價值、人性尊嚴與生存權利的「人權」思想，如《老子》第五七章中所言：「聖人云：我無爲而民自化，我好靜而民自正，我無事而民自富，我無欲而民自樸」。只不過，在中國政治上的選擇，不是道家，而是儒家。從西漢時期確定「儒學獨尊」之後，儒家的道德理論就與政治的專制政體相結合，而成爲以「父權」爲主軸、具有強烈威權色彩的意識型態，深刻的影響了中國

---

8 「Universal Declaration of Human Rights」：「Article 18.　Everyone has the right to freedom of thought, conscience and religion; this right includes freedom to change his religion or belief, and freedom, either alone or in community with others and in public or private, to manifest his religion or belief in teaching, practice, worship and observance.」

9 「Universal Declaration of Human Rights」：「Article 19.　Everyone has the right to freedom of opinion and expression; this right includes freedom to hold opinions without interference and to seek; receive and impart information and ideas through any media and regardless of frontiers.」

10 「Universal Declaration of Human Rights」：「Article 22.　Everyone, as a member of society, has the right to social security and is entitled to realization, through national effort and international co-operation and in accordance with the organization and resources of each State, of the economic, social and cultural rights indispensable for his dignity and the free development of his personality.」

人的人生觀與價值觀。

因此，在中國人的社會裡，「人權」思想不僅不是一種普遍意識，更是一種為維護整體秩序而刻意壓制的思想。以作為宋、元、明、清四代官學的程朱理學為例，不僅程頤曾強調：「餓死事極小，失節事極大」（《河南程氏遺書》卷二十二），朱熹也強調：「三綱五常，終變不得」（《朱文公文集》卷十三），「君尊於上，臣恭於下，尊卑大小，截然不可犯」（《朱子語類》卷六十八）。縱使如強調道德自主的陸王心學，也並未跳脫孟子將外在規範轉化為內在心性的思路，而將程朱所強調的「綱常天理」轉化為「本心良知」，以致於更加地強化了傳統道德意識對於中國人的約束力。

我們的傳統道德意識，強調的不是「自由」，也不是「平等」，而是上位者（為君、為父與為夫者）的「責任」（responsibility）和下位者（為臣、為子與為妻者）的「義務」（obligation）。設若我們參考孔子所言：「君子學道則愛人，小人學道則易使」（《論語·陽貨》），即知上位者的「責任」就是要「愛」下位者，而下位者的「義務」就是要「順」上位者。「愛」是「施予」，「順」是「服從」[11]。「愛」與「順」所彰顯出來的，就是階級意識與權力關係。所以，中國人對於道德的表現並不是立基在對人的平等觀照上，而是會視對方的身份、地位、性別、年齡和處境等因素來作尊卑的分判，以決定相稱的作為與反應。

由此，我們也可以看出儒家的道德理論之所以否定「人人生而自由」，就是因為他們否定人人「在尊嚴及權利上一律平等」。一旦人在心態上認同了階級意識與權力關係，那麼他也就很難以

---

11 《孟子·滕文公》：「以順為正者，妾婦之道也。」；《荀子·儒效》：「儒者法先王，隆禮義，謹乎臣而致貴其上者也。人主用之，則勢在本朝而宜；不用則退編百姓而愨，必為順下矣。」

「平等」的態度去對待每一個人，尊重每一個人的「自由」。最明顯的例子，就是「男尊女卑」的思想不僅導致了中國男性對於女性的歧視與壓迫，甚至也導致了中國女性一方面以此來要求自己，同時另一方面也以此來迫害其他女性。

當然，這也不是意謂著儒家的道德理論毫無可取之處。儒家的道德理論的確有許多值得被肯定與尊崇的思想，諸如孔子所言：「己欲立而立人，己欲達而達人」（《論語‧雍也》），「己所不欲，勿施於人」（《論語‧顏淵》），孟子所言：「老吾老，以及人之老；幼吾幼，以及人之幼」（《孟子‧梁惠王》）等等，都是能有助於對他人的尊重與扶助。只不過，任何一種理論都不是完美的，都有其「一體兩面」的特徵。當我們在頌揚儒家道德理論的同時，我們也應當深切地思索：儒家的道德理論已然主導了兩千多年中國文化的發展，但是是何以至今卻依然無法有效的預防與消解「家庭暴力」的發生呢？是不是儒家的道德理論的確是少了一份對「人權」的重視，尤其是對「女性人權」的重視呢？

父權思想與女性人權

雖然在中國的歷史上，不乏傑出或是能凌駕男性之上的女性，但是是終究還是少數。多數的女性在男性所制定的道德與法律規範下，仍然是過著被歧視、被奴役與被迫害的生活，卻又不曾自覺自己應有屬於個人的尊嚴與權利，十分認命的承受男性加諸其身的一切。或許在現代的我們看來，這是非常荒謬的事；但是是在過去的女性看來，這卻是她們的道德、她們的命運。如果不是有外來文化的衝擊，或許現在的我們也會跟她們有同樣的看法。但是是，這樣對嗎？

「父權」思想是父系社會的產物，但是是父系社會不是人類

社會的唯一型態。只不過，中國自西周時期開始就已成爲父系社會，所以「發言權」也就掌握在男性的手上，而有了以男性爲中心的文化發展。縱使是重視「人」之價值的孔子，也不曾自覺對女性的歧視，故而有「唯女子與小人爲難養也」(《論語・陽貨》)的批評[12]。這也可以看出儒家對於「人」的重視，實際上是對「男人」的重視，強調的是「男人」的責任，肯定的是「男人」的價值。以致於到了漢代，董仲舒藉「陽尊陰卑」的思想而來合理化「男人」的權力，從而提出「三綱」的規範，也可以說是這種以男性爲中心之文化的必然發展。其影響不僅是及於男性，也及於女性，故有班昭的《女誡》一書強調「夫者，天也。天固不可逃，夫固不可違」，推波助瀾地去強化了這種男性至上的威權思想，也加深了對女性的壓迫與束縛。

然而，加諸女性束縛的是男性，意圖解放女性束縛的也是男性，故有如譚嗣同所提出「男女同爲天地之菁英，同有無量之盛德大業，平等相均」(《仁學》)之「兩性平權」的主張。從清末到民初，婦女的權益逐漸地受到了重視，婦女的地位也開始有了顯著的變化。然而傳統的「父權」思想仍然隨著儒家的道德理論而延續在我們文化的命脈裡，婦女的「人權」也仍舊未能得到完全的尊重與肯定，所以「家庭暴力」依舊存在，婦女也依然是受迫害的一群。

在傳統的「父權」思想中，男性享有著宰制性的威權。雖然儒家的道德理論也要求男性要以「仁愛」來對待他人，但是是並沒有強制性的機制來強化這樣的意識，而僅是訴諸那若隱若顯的

---

12 若說孔子不把女性當「人」看，也不爲過，因爲在《論語・子罕》中就記載著:「武王曰:『予有亂臣十人。』子曰:『…有婦人焉，九人而已』」。所以當我們在推崇孔子的「仁」學時，我們也不當忽略了他對於女性的蔑視。

「道德良知」。因此，當他的行為對象是女性，而他又要在「仁愛」與「權力」之間作選擇時，他就算選擇了「權力」，也不會認為這是不道德的事，因為儒家的道德理論本就賦予了男性行使「權力」的「權利」。甚至當某個男性在對女性行使他的「權力」時，別的男性也不會以「道德」來非難他，反而會責成女性遵守其「義務」。尤有甚者，承襲著儒家道德觀的女性在面對同樣的情況時，也會要求女性遵守其「義務」，以體現女性應有的「道德」。所以，在「婚姻暴力」或是「亂倫」事件中的受虐婦女，不僅要背負著道德罪惡感，而且還要面對他人所給予的道德壓力。於是在雙重的磨難下，受虐婦女往往就會選擇了不再向外求助，而或是繼續佇留在原有的環境裡，或是給予男性最強烈的反擊（如鄧如雯殺夫案）。

　　雖然在當前的社會裡，隨著女性的自覺與努力，確實是使女性的「人權」比歷代的任何一個時期都要受到尊重與保障。但是是相對的也讓男性受到了極大的威脅，恐懼著「權力」的失落，所以藉對女性的暴力傷害以展示其「權力」的情形也就越來越多。如何保障婦女的人身安全？如何保護婦女應享的「人權」？也就成了當前社會一個非常值得關切與處理的問題。

　　再者，也不是只有「婚姻暴力」或是「亂倫」事件才關涉到「父權」思想，就連「惡意遺棄」也與「父權」思想有關。

　　首先以子女遺棄父母為例。雖然這與其他「家庭暴力」事件一樣的是由諸多因素所導致，但是是其中一個因素就是「父權」思想的作祟。「父權」思想本身就是一種權力意識，因此當子女有能力向父母的「權力」挑戰時，「惡意遺棄」就成了取得「權力」優勢的方式。

　　再就父母遺棄子女而論，特別是就女性「棄嬰」為例。當女

性考慮到所生的子女不會被男性所接納時,她往往就會爲了迎合男性的想法或要求而不惜犧牲自己的骨肉,遂有「棄嬰」事件的發生。如果沒有「父權」思想的作祟,那麼女性就不會以男性爲中心的來考量自己的思行,甚至於犧牲自己與子女的「人權」。

由對女性「人權」的省思,我們可以發現「父權」思想是與強調「人人生而自由,在尊嚴及權利上一律平等」的「人權」思想相違,卻又存在於主導我們中國文化發展達兩千多年的儒家道德理論之中。因此,當我們在頌揚與高舉儒家的道德理論之同時,我們是不是也應該檢討一下其中所內蘊的「父權」思想對於「人權」的侵害,而不是「照單全收」。

結論:重建人權

道德規範的本身是應當有其制約性,以改善現實的狀況爲標的。但是是,什麼是「善」?誰來判定「善」的內涵與形式?或許答案只有一個,那就是「人」。「人」來判定「善」的內涵與形式,所以「人」所判定的「善」必然是爲「人」有益。不過也不容否認的,只要是「人」,就會有他的侷限性。因此,「人」所制定出來的道德規範或是所建構出來的道德理論都不會是最周全、最完善的。當然,也不會是恆常不變的絕對真理。如果我們缺乏這樣的認知,就會把儒家的道德理論當成是絕對真理一般地奉行不悖,而無視於它所帶來的負面效應。

一張紙,必然有正反兩面;一套理論,也必然有它的正負效應。儒家的道德理論可以導人向善,但是也可以導人爲惡。只不過,如對「女性人權」的蔑視,儒家的道德理論並不視之爲「惡」。

既然是「人」,縱使有生理的差異,也不能否認「男人」、「女人」都是「人」,都應享有同等的「人權」。所以,如果儒家的道

德理論確實具有包容性，那麼就應當允許作時代性的修正，將「女性人權」也納入其中，確實的肯定、保障與維護「人」的價值、尊嚴與權利。如果不能，那麼我們就應當有兩個選擇，一個是解消儒家道德理論的獨尊，重新在中國既有的各種道德理論中去尋找可以包容「女性人權」的理論，然後藉政治、教育與傳播的各種方式，使之成為我們道德思想的主流；再不然，就是重新建構可以包容「女性人權」乃至於超越性別、階級、種族、身份等之分別者的「人權」的新道德理論與道德規範，使之取代傳統的儒家道德理論，而成為我們道德思想的新主流。如果觀念不改，要作「家庭暴力的防治」，勢將淪為空談。

套用孔子的一句話：「己所不欲，勿施於人」（《論語・顏淵》），如果我們能夠將「人」當「人」看，而不論其為「男人」或「女人」、「富人」或「窮人」、「白人」或「黑人」、「同性戀」或「異性戀」，純然的是以對方是「人」來作考量，平等的對待對方，而不加以侵害、束縛、歧視、壓迫或奴役之，那麼「人權」才能得到真正的尊重保障。這不是我們做不到的事，只在乎我們願不願意去做而已！

人性的整合

序言：善與惡的統一

自古以來，人類便在不斷地探索著他所生存的這個世界與他自身，並且試圖去做出合理的解釋，以使他所生存的這個世界與他自身能夠爲人所理解，從而能夠知所因應。於是，就有了人所建構並帶有著主客融合之特徵的詮釋出現。前人的詮釋，構成了後人理解的基礎。人類從此便不只是在探索著他所生存的這個世界與他自身，同時也在建構這個世界與他自身的存在意義與存在價值，故而就有了文化的形成。

以中國文化中對「人性」的詮釋爲例。先秦時期的儒家孟、荀二子針對「人性」提出了「性善」論與「性惡」論後，漢代儒者董仲舒即將此二論綜合而成「性有善惡」論[1]與「性三品」論[2]，強調在「性善」的「聖人之性」、「性有善惡」的「中民之性」與「性惡」的「斗筲之性」的三種類型中，唯有「中民之性」可被視爲是普遍人性。宋明儒者則是延續孟子與董仲舒的思路，將「人性」做層次的區分，以孟子的「性善」論來定位人的「天命之性」，指涉凡人皆具的普遍人性爲純善；而以董仲舒的「性有善惡」論與「性三品」論來定位人的「氣質之性」，指涉各人所獨具的個別

---

1 《春秋繁露‧玉杯》：「人受命於天，有善善惡惡之性，可養而不可改，可豫而不可去。」
2 《春秋繁露‧實性》：「聖人之性，不可以名性；斗筲之性，又不可以名性；名性者，中民之性。」

人性則有善有惡。如此，既可說明人之所以能爲善亦能爲惡的人性基礎，又可強化儒家肯定人人皆能自趨完善的理論依據。

設若我們依此儒家人學的脈絡來看，即可發現其間對「人」的詮釋可以化約爲三個階段的發展。第一個階段是先秦時期的單一型人性論，強調的是對「人性」作單向度的觀照，呈現的是「性善」與「性惡」的對立；第二個階段是兩漢時期的整合型人性論，強調的是依據前人對「人性」的詮釋再加以分類與整合，以使前人的詮釋能融合爲一體，故而呈現的是「善與惡的統一」；第三個階段則是宋明時期的層次型人性論，呈現的是依據前人對「人性」的詮釋再加以層次的區分，以使前人的詮釋能因之而有完整的結構，故而呈現的是立基在「性善」論上之「善與惡的統一」。

雖然在第二個階段中，儒者未能跳脫前人詮釋的侷限，另創新詮；但是是儒者也已注意到既有詮釋的整合，有助於增益後人對「人性」作多角度的觀照。及至第三個階段的發展，儒者更是從平面的整合轉向立體的建構，從而在多角度的觀照中，又開啓了多層次的論析。

筆者非常認同這種由分立走向整合、由平面走向立體的發展。但是是，筆者並無意承續歷代儒者對於「人性」所作的具體詮釋，因爲其間所涵攝的階級意識與權威導向是筆者所無法認同的。

不可諱言的，當我們在理解與詮釋「人之所是」的時候，我們無可避免地是落在一個具體的文化氛圍之中而論。因爲我們的存在必然是在一個具體的時空之中，受著該時空中的文化所影響。以影響當代儒者對先秦儒學之理解的宋明理學爲例。宋明儒者承續漢代儒者意欲強化道德規範對「人性」之制約的期許，而將深具階級意識與權威導向的道德規範內化在對「人性」的詮釋

中[3]，藉之以建構人對其自身的自我認知，使人由內而外的奉行此規範而不逾。這固然是有其歷史與文化的因緣可循，但是是不符合於當今對於「人權」的尊重與期許[4]。

不過，從歷代儒者對於「人性」所作的具體詮釋中，我們也可以清楚地看到文化傳統對於人之自我認知的影響。然而，文化雖能影響人的認知，卻也是來自於人的創造。人既能創造文化，又會受文化所塑造。因此，文化一方面是反映了人的先天本性，一方面也形塑了人的後天習性。隨著人與文化的互動關係，人遂在實現其自然本性的同時，人也造就了人類自身的本質形象，從而使得「人性」便在人類自身的發展歷程中益趨地明朗化與複雜化。

本文即欲從多角度、多層次的觀照中，一則以探究「人性」的構成與發展，再則是要省思文化對「人性」之構成與發展的影響，從而藉之以尋索「人性」發展的應然取向。基於筆者的學識淺薄，無法縱論中西的學術思想，所以本文關於文化領域的論析是以中國文化為檢視的對象。不足之處，尚祈先進海涵。

理性與感性的整合

在人與生俱來的自然本性中，「理性」與「感性」雖不是僅有的兩個面向，卻是最重要的兩個面向。「理性」關乎人的「理智」，而「感性」則關乎人的「感覺」、「情感」與「欲望」。

若就認識的角度而論，人的認知始於感覺經驗，而後經理智

---

3 如見朱熹所著《朱文公文集》卷十七：「宇宙之間，一理而已。天得之而為天，地得之而為地，而凡生於天地之間者，又各得之以為性。其張之為三綱，其紀之為五常，蓋皆此理之流行，無所適而不在。」
4 Universal Declaration of Human Rights：「Article 1. All human beings are born free and equal in dignity and rights.」

的處理，遂有知識的產生。但是，理智所建構的知識也必須藉由感覺器官的中介，才能傳遞乃至驗證所知。設若理智無視於感覺經驗，或是意圖主控感覺經驗，那就有可能流於「自我中心」或「自以為是」的虛構之中，而使人與外在世界疏離。

雖說人是應當重視面對世界的自我，藉由把握自我，使自身得以從容地因應世事。然而，若不能正視世界所給予自身的刺激，自我又將如何從容地因應世事的變化呢？因此，在認識的層面上，「感性」與「理性」皆不可偏廢，都應當給予同等的重視。

再若就倫理的角度而論，過度的強調「理性」，以抑制「感性」的實現，未必真是對人有益，甚至可能會造成嚴重的傷害。

以宋明儒者所強調的「存理去欲」為例。宋明儒者視「禮文」源出於「人性」，「人性」源出於「天理」，故為使人純為「天理之性」的顯現，而要求人應當抑制「情欲」的實現，以使人的思想與行為皆能合於道德規範而為善5。然而，此中卻有兩個面向對中國文化乃至中國人造成了嚴重傷害。

其一是宋明儒者未加批判的就承襲了自漢代以來的綱常道德觀6，並依孟子將「禮」內化為「性」的思路，而將深具階級意識與權威導向的綱常道德內化為人的「天理之性」，藉此以建構人對其本性的自我認知，從而強化了綱常道德對中國人的制約與束縛，也阻礙了中國人對於訴諸人人平等與自由之「人權」的認知與認同7。因此，及至今日，雖然我們依舊以儒家的道德理論自豪，

---

5 如見朱熹所著《論語集注》卷六：「為仁者，必有以勝私欲而復於禮，則事皆天理，而本心之德復全於我矣。…私欲淨盡，天理流行，而仁不可勝用矣。」

6 如見朱熹所著《論語集注》卷一：「三綱，謂：君為臣綱，父為子綱，夫為妻綱。五常，謂：仁、義、禮、智、信。…三綱五常，禮之大體，三代相繼，皆因之而不能變」；《朱子語類》卷二十四：「三綱五常，亙古亙今不可易。」

7 如見朱熹所著《朱子語類》卷六十八：「君尊於上，臣恭於下，尊卑大小，截然不可犯」，極其明確地的否定了人際的平等與個體的自由，甚至也賦予

卻仍然無法改變「人權」不彰的事實。如果我們不能重新檢討儒家學者對於「天理」之內涵的界定，而只是一味的稱頌其對道德理性的高揚，一味的要求傳統道德觀的復興，那我們恐怕將難以瞭解強調人格平等的儒家道德理論何以會導致「人權」不彰的事實了。

其二是宋明儒者視「情欲」為導致惡的根源，而要求抑制「情欲」的實現，故有程頤所強調的「餓死事極小，失節事極大」（《河南程氏遺書》卷二十二）一語的提出，可謂是把「禁欲」思想發揮到了極致。再經由朱熹的傳承與發揚，更使得「禁欲」成了實現道德理性的唯一途徑[8]。然而，這樣的觀點不僅忽視了「情欲」也是人的自然本性，同時也忽略了「情欲」所能帶來的正向效應。

首先就「情欲」之為人的自然本性而言，實現「人性」就應當包括「情欲」的實現。若抑制「情欲」，則或是使人如槁木死灰，使人世缺乏盎然生意；或是使人虛偽造作，口談「天理」而暗逐「情欲」；亦或是使人因無法踐履而導致反彈，放縱「情欲」。既然「存理去欲」的宗旨是為了導人向善，就不應當忽視「去欲」所可能產生的負向效應，並且自以為是的認定「去欲」就一定能「存理」。再說，「天理」一定是「善」，「情欲」就一定是「惡」嗎？這難道不是出於人的主觀信念而作的界定嗎？正如「人性」是「善與惡的統一」，「天理」與「情欲」也一樣是「善與惡的統

了上位者侵犯下位者之「人權」的權力。清代儒者戴震即批判此種思想對中國人所帶來的傷害，而言：「理欲之分，人人能言之。…尊者以理責卑，長者以理責幼，貴者以理責賤，雖失，謂之順；卑者、幼者、賤者以理爭之，雖得，謂之逆。於是下之人不能以天下之同情、天下之同欲達之於上。上以理責其下，而在下之罪，人人不勝指數。人死於法，猶有憐之者；死於理，其誰憐之。」（《孟子字義疏證》卷上），這的確是很值得我們深思的警語。

8 如見朱熹所著《朱子語類》卷十三：「人之一心，天理存則人欲亡，人欲勝則天理滅，未有天理人欲夾雜者。」

一」。

其次就「情欲」所能帶來的正向效應而言,「情感」與「欲望」雖然有別,卻也都是人之生命力的來源與顯現。縱使是先秦儒者也是以「愛」釋「仁」[9],強調以「情感」聯繫人際之間的和諧關係。所以漢代儒者董仲舒將「性」與「情」分立,依「陽善陰惡」的原則[10],定義「性」為「陽」為「善」、「情」為「陰」為「惡」,而確立的「性善情惡」之觀點[11],實際上是誤導了後人對於「情感」的認知與評價,遂有宋明儒者依之而衍生的「存理去欲」之說的提出。

雖然許多人際糾葛的產生都與「情感」有關,但是是「情感」對於化解人際糾葛、維繫人際和諧的效力,有時更甚於理性的處理。事實上,「情感」本身並無任何價值可議;價值的評定是來於人所自訂,關乎人對行為導向的主觀期許。因著「情感」所導致人際衝突的負向效應,而逕自評斷其為「惡」,從而以抑制「情感」作為成就道德的基礎,不僅是種不當的化約,更會讓人誤解了「情感」的真正意義。「情感」能導人向「惡」,也能導人向「善」。設若我們能將「情感」的抒發表現在創作上,還能增進藝術的開展,豐富「美」的境域,展現活潑、盎然的生命力。所以,「情感」不是讓人避之唯恐不及的「惡」,而是「善與惡的統一」。

正如「情感」是個人生命力的顯現一樣,「欲望」也是個人生命力的體現。人之所以會運用其理智思慮,不僅是出於本能的反應,也是為滿足「活下來,活得好」的生存欲望。雖然這種「欲

---

9 如見孔子之言:「樊遲問仁?子曰:愛人。」(《論語・顏淵》)。
10 《春秋繁露・陽尊陰卑》:「惡之屬,盡為陰;善之屬,盡為陽。」
11 《春秋繁露・深察名號》:「天有陰陽禁,身有情欲㳥,與天道一也。…天之禁陰如此,安得不損其欲而輟其情以應天。」

望」的實現會導致人際的衝突，但是卻也會帶來物質文明的進步與精神文化的開展。所以，「欲望」既是生命力的來源，也是開顯生命力的動力。縱使是儒者強調的向「善」而行，也是立基在人的「欲望」上。若抑制了「欲望」，那麼不只是「善」與「惡」都將同歸於寂滅，人恐怕也會消失在這宇宙之中[12]。所以，依據「存理去欲」的道德觀，中國不僅無法開出如西方建基在「人權」上的「民主」與建基在「欲望」上的「科學」，甚至也將面臨存亡絕續的嚴重危機。

不過，一個真正最值得我人玩味的現象是，中國的知識份子雖然高舉著儒家的道德理論以作為中國文化的象徵，但是是從知識份子到一般民眾卻還是競逐在「情欲」之中，一方面強調「人情」的優位，一方面追逐「名利」的滿足。換言之，在檯面上是「理性」為尚，在檯面下則是「感性」為導。究竟是什麼原因造成中國人的「兩面性」呢？是儒家的道德理論不切實際？還是中國人根本沒有真正地認同儒家的道德理論呢？這的確是個值得深究的問題。

然而，人的自然本性之中，既然兼具了「理性」與「感性」的雙重面向，而且兩者同樣具有「善與惡的統一」之特徵。所以，在「人性」的實現上，我們既不能偏向於「理性」而忽視「感性」，同樣也不能偏向於「感性」而忽視「理性」，而是應當整合兩者，使兩者都能得到相同的重視與均衡的發展。

創造性與可塑性的整合

當我們在尋索「人是什麼」的回答時，我們最常聽到的答案

---

12 如見袁枚所著《清說》：「使眾人無情欲，則人類久絕，而天下不必治。」

就是:「人是理性動物」,因為人運用了他的理性開創了物質文明,建構了精神文化,使人不再是如其他自然產物一樣被動的去適應環境,而是能夠主動的去創造合適的環境來適應他的生存。

然而,人何以能夠運用其理智思慮去創造物質文明與精神文化呢?那是因為人天生就具有創造性,天生就具有發揮此創造性的本能。當身處的環境不利於其「活下來,活得好」的生存欲望時,人就會自發地去開顯他的創造性,來創造滿足此生存欲望的有利條件,故有人為產物的出現,表現而為物質文明與精神文化。

人為產物的出現,一方面表現了人運用其「理性」來為其「感性」服務的實際作為,另一方面也表現了人運用其「理性」來規劃其「感性」實現的積極企圖。換言之,人為產物的出現,一方面是反映了「人之所是」,另一方面也設定了「人之所應是」。所以,經由人所創造的人為產物,人類的生活方式與存在心態也就有了相應的變革。

如以物質文明的創造為例。從人類運用其理智的思考來計算,到轉化自然產物(如石子等)作為計算的工具,再演進到算盤、計算機乃至電腦等人為產物的發展。這不僅是體限了人之本質(理智)與功能(思考、計算)的擴充,同時也帶動了人類生活方式的轉變,使人類進入了資訊化的時代。

藉助於電腦的發展,人不僅可以使得資訊普及化,也可以運用電腦來作更多更大的創造發明。但是是,當人適應了電腦的發展時,電腦的應用也就塑造了人類的生活方式,使人產生了相應的依賴性。電腦的設計越合於「人性」的需求,人對電腦的依賴也就越深。這時,就不再是電腦去適應人,而是人要去適應電腦。

人之所以能夠適應電腦,是因為人具有可塑性,可以經由主動地學習或是被動地的制約而養成某種習性。這種後天習性一旦

養成，甚至可以取代個人的先天本性而主導其思維與言行。設若
人沒有此先天即具的可塑性，人類也不可能有後天習性的養成，
更不可能有文明的累進與文化的傳統。

　　再以中國文化的創造爲例。先秦時期是中國人的創造性開顯
得最爲蓬勃的時期，諸子百家之學的創立爲世人提供了認識其生
活世界與其自身的諸多可能性。然而到了漢代，相應於專制政體
的需求與影響，針對人的可塑性而立的儒家思想[13]不僅取得了獨
尊的地位，也塑造了以前人詮釋爲基礎、以權威爲導向的文化傳
統。其後雖然有魏晉時期黃老之學對儒學的解構，與隋唐時期佛
學對儒學地位的衝擊，仍然無法徹底的改變已然深植於人心的文
化傳統，以致於到了宋明時期的儒學復興，所強調的仍是重整並
強化道德規範對於人心的制約與形塑[14]，而未能別有創新。

　　雖然早在《易傳》中即有「革故鼎新」[15]的思想，但是是中
國人的創造性似乎是被侷限甚至是被湮沒在儒家的道德理論中，
而未能真正地做到「革故鼎新」。因此，縱使是改朝換代、社會轉
型，中國人還是堅守著儒家的道德理論，以爲人生的依據。即便
是有質疑與批判，也終敵不過傳統的壓力與意識型態的束縛，而
成爲轉瞬消逝的漣漪。

　　儒家的道德理論雖是源承於周文[16]，並側重於人的可塑性。
但是是周文本身就是來自於人的創造，而且與儒家思想並存於先

---

13 如孔子之言：「道之以政，齊之以刑，民免而無恥；道之以德，齊之以禮，
　　有恥且格。」（《論語・爲政》）；荀子亦言：「禮義教化是齊之也。」（《荀子・
　　議兵》）；縱使如孟子也強調：「夫物之不齊，物之情也。…子比而同之，是
　　亂天下也。」（《孟子・滕文公》）。
14 如見朱熹所著《朱子語類》卷十三：「學者須是革盡人欲，復盡天理，方始
　　是學。」
15 《易傳・雜卦》：「革，去故也；鼎，取新也。」
16 如孔子之言：「周監於二代，郁郁乎文哉，吾從周！」（《論語・八佾》）。

秦時期的諸家學說也都是中國人發揮其創造性而獲致的成果，所以中國人本來是有可能成就一個具有創造性的文化傳統。但是是漢代的專制政體與儒家思想的結合，不僅侷限了中國文化的開展，也同時侷限了中國人的創造性。再加上宋明儒者的推波助瀾，遂使得儒家的道德理論成了中國文化之不可冒犯的圖騰，緊緊地箝制著中國知識份子的學術認知與一般民眾的生活信念。縱使在民國初年有外來文化的強烈衝擊，儒家的道德理論依然在震盪中再次的復興。

儒家的道德理論可以跨越時空而依然屹立不搖，除了它已成爲中國文化的基因而深植在中國人的心中之外，它本身也確實有它可被肯定乃至於可被尊崇之處。然而值得我人深思的是，爲什麼貫穿了兩千多年的儒家道德理論，不僅不能有效地解決人世的亂象，甚至還爲現今的社會帶來了新的問題，特別是「人權」不彰的困境呢？

任何一種理論的建構，都會涵攝建構者的特定觀點與主觀期許，所以也都會有其侷限性與缺失，而不會是絕對的完美，更不會是絕對的真理。正如一張紙必有正、反兩面，任何一種理論也都會帶來正、負的雙重效應。如果只看其正向效應，就奉之爲絕對的準則、無上的律令，而不加以審慎的檢視與批判，那麼對於隨之而起的負向效應勢必也難以因應。

因此，現今我們要作的應當是解除儒家道德理論的權威性，使之回歸於人所創造的一種可能性，以使中國人得能平等的觀照所有爲人所創造的各種理論，從而開啓中國人創造新的可能性之契機。

中國人並不缺乏創造性，只是缺乏對自身所擁有之創造性的自覺與自信。所以，如果能夠先開放中國人思想的自由，中國人

才能夠一方面周延地評估儒家道德理論的優、劣之處，並予以適當地調整與改進，以使其更能發揮「導人向善，導世歸治」的立論期許；另一方面也能跳脫儒家道德理論的思維模式與具體規範，從而去尋求與創造更多的可能性。

不可諱言的，人的創造一方面是反映了「人之所是」，另一方面卻也設定了「人之所應是」。換言之，創造的實踐即帶有了對人之可塑性的預設，肯定此創造的產物不僅可以為人所接受，而且可以影響人的認知與生活。最明顯的例子，就是人創造了文化，又被文化所塑造而形成特定的認知觀點、思維模式與生活型態。

「創造性」與「可塑性」既然同為「人性」所本有的兩個面向，所以在「人性」的實現上，我們就不能偏向於「創造性」而忽視「可塑性」，同樣也不能偏向於「可塑性」而忽視「創造性」，而是應當整合兩者，使兩者都能得到相同的重視與均衡的發展。如此，或許就可確保人群社會的相對穩定與持續發展。

自我實現與自我設計的整合

人因著「感性」的需求而運用其「理性」從事創造，遂有了以人為主體之物質文明的開展與精神文化的建構。然而，體現人之「創造性」的物質文明與精神文化又會將人逆轉為其對象物，因著人的「可塑性」而塑造了人的後天習性，從而擴展了「人性」的原始面貌，使「人性」的實現在益趨於明朗化的同時，也趨向於複雜化。

人的「創造性」開顯了人之先天即具的自然本性，而人的「可塑性」則使人有了後天養成的文化習性。人的文化習性雖然與人的自然本性有別，卻又是以人的自然本性為基礎，決定了人之實現其自然本性的實際樣態。換言之，人的文化習性仍是在人之自

然本性所能實現的可能範圍之內,而不是與人之自然本性無關的附加之物。明確的說,塑造人之文化習性的文化雖是在「人性」之外,但是是受文化之塑造而成的文化習性則是內在於「人性」之中。因此,當人在實現其「人性」時,人所實現的就不只是他的自然本性,同時也在實現他的文化習性。

就人的自然本性而言,凡人皆同;但是是就人的文化習性而言,則會因著文化的差異而各有不同。人既然不可能跳脫文化對人的影響與形塑,所以對「人性」的理解也就不能忽略對文化習性的觀照。

然而,與人之自然本性不同的是,文化習性來自於文化對人的形塑,而文化則來自於人為人自身之存在而作的創造活動,內含著人對「人之所應是」的期許與規劃。這也就是說,文化的創造,顯現了人對「人之所應是」的「自我設計」。這種「自我設計」不僅是因著人的「創造性」而成為可能,同時也因著人的「可塑性」而成為「人性」的內涵,融攝進「人之所是」的定義裡。因此,當人在尋求其「人性」的「自我實現」之同時,人也在實現他對「人性」的「自我設計」。

以先秦儒家的道德理論為例。孔子強調禮文規範對於「人性」實現的制約效力,主張「克己復禮為仁」(《論語・顏淵》),肯定人應接受禮文規範的形塑以使自身趨向更完善的道德境界。孟子則不僅是將「仁」內化於「人性」之中,更是將「禮」也內化於「人性」之中,強調「惻隱之心,人皆有之;羞惡之心,人皆有之;恭敬之心,人皆有之;是非之心,人皆有之。惻隱之心,仁也;羞惡之心,義也;恭敬之心,禮也;是非之心,智也。仁、義、禮、智,非由外鑠我也,我固有之」(《孟子・告子》),從而使得原本是屬於外在制約的禮文規範,因此而轉化為內在制約的

自然本性，使人在建構「自我認知」與「自我實現」的同時，就受制於禮文規範的約束，而向著禮文規範所標定的方向來塑造其自身之所應是的本質形象[17]。

　　雖然孟子之論較諸孔子之論更能強化禮文規範對人的制約效力，但是是其理論所能改變的只是人對其自然本性的「自我認知」，而不是生而即具的自然本性。因此，當魏晉學者王弼沿用孟子的思維模式來建構儒、道之論的融合時，雖然一樣的是將道德規範內化在「人性」之中，但是是王弼主張回歸自然本性的「自我實現」，強調「仁德之厚，非用仁之所能也；行義之正，非用義之所成也；禮敬之清，非用禮之所濟也。載之以道，統之以母，故顯之而無所尚，彰之而無所競。用夫無名，故名以篤焉；用夫無形，故形以成焉。守母以存其子，崇本以舉其末，則形名俱有而邪不生，大美配天而華不作」（《老子注》第三十八章）。因此，王弼之論實則是逆轉了孟子對於人之「自我認知」的導向，也解構了道德規範對人之「自我實現」的制約效力。故依孟子的導向而實現的「人性」，實為人的文化習性；但是是若依王弼的導向而實現的「人性」，則為人的自然本性。雖然這兩者之論都不能改變人與生俱來的自然本性，但是是前者會使人趨向道德的自律，而後者則會解放人的自由。

　　當人去觀察、理解與詮釋「人之所是」的時候，人已經是在文化的氛圍中。所以，人對於「人之所是」的理解與詮釋也就相應的會受到文化的影響，而融攝了「人之所應是」在其中。於是，

17　《孟子·公孫丑》：「無惻隱之心，非人也；無羞惡之心，非人也；無辭讓之心，非人也；無是非之心，非人也。惻隱之心，仁之端也；羞惡之心，義之端也；辭讓之心，禮之端也；是非之心，智之端也。人之有是四端也，猶其有四體也。有是四端而自謂不能者，自賊者也。」

當我們要從內蘊在文化氛圍中對「人之所是」的詮釋，來理解「人性」的本然面貌，勢必會遇到待解的難題。如孟子所肯定凡人皆具的道德本性，究竟是人與生俱來的自然本性？還是人經由後天養成的文化習性？亦或僅是人所認定為人所有的「人性」？如果「好義」是「人性」的本然面貌，那麼「好利」也應是「人性」的本然面貌，因為兩者都可以找到表現於人之行為上的具體事例。「好義」與「好利」既然都是「人性」的本然面貌，那麼孟子對於「人性」之「自我實現」的說法就有失偏頗。但是是若能理解孟子對「人之所應是」的主觀期許，也就不難體會孟子立論的用心。只不過，若把孟子之論當成是無可質疑的絕對真理，那就會妨礙了人對「人性」之本然面貌的真實且全面地認知。如在《莊子・田子方》中即曾有言：「中國之君子，明乎禮義而陋於知人心」，時至今日，此話仍值得我人深思。

再者，人是否是有確定不移的「人性」，並在他的人生歷程中就應是去實現此不變的「人性」？還是人沒有確定不移的「人性」，而是在他的人生歷程中去創造出他的「人性」呢？

筆者以為，人應當有此確定不移的「人性」，否則就不會有「理性」與「感性」、「創造性」與「可塑性」的開顯。但是是，筆者也贊成「人性」可變，隨著其所養成的文化習性而變。因為人在「自我實現」的同時，人也在進行「自我設計」。人就是藉著「自我設計」，來導引人的「自我認知」，規劃「人性」的發展趨向，由之以完成人的「自我實現」。

事實上，無論是「自我實現」還是「自我設計」，都是人對其存在責任之重視與承擔的表現。因此，在「人性」的實現上，我們就不能偏向於「自我實現」而忽視「自我設計」，同樣也不能偏向於「自我設計」而忽視「自我實現」，而是應當整合兩者，使兩

者都能得到相同的重視與均衡的發展。如此，人才能充分的運用其生而即具的本有條件，去主導自身發展的趨向，挺立人之爲「人」的價值與尊嚴。

結論：人性的發展是條未完成之路

千百年前的人在問，千百年後的人也在問，但是對於「人是什麼」，我們仍然無法給予一個確切的答案。因爲人一方面在回顧他的歷史，意圖尋索出人類自身的發展軌跡；另一方面，人也在創造新的歷史，意圖爲人類自身的發展構建一條更好的途徑。雖然今日的成就，轉眼就成了昨日的歷史；但是明日的規劃，則又會帶動今日的努力。生活在今日的我們，既不能依據昨日的歷史來定斷「人是什麼」，也不能依據明日的規劃來定義「人是什麼」。人尚未走到其發展的終點，任何的可能性都是存在的。所以，任何對於「人是什麼」的回答，都只是階段性的論點，而不是終極性的答案。

如果我們接受「創造性」是人與生俱來的自然本性，而「創造性」的實現就是「人性」的「自我實現」。那麼人就不僅應當實現其「創造性」，而且應當運用此「創造性」來爲「人性」的實現作「自我設計」。

不可諱言的，人的創造活動雖是在人的「自我設計」中，卻不是在人所能全然掌控的情況下。所以，人的創造活動是有可能將人推入到一個不可預知的洪流中，而引發新的難題或新的危機。但是實現人的「保守性」，而使人停留在原地或是使人回歸到歷史的某一定點，不僅無益於問題的解消，更無益於人的存在。有人的存在，就有問題的產生。舊的問題不解決，新的問題就更難以處理。用過去的方式來處理現在的問題，既不切實際，也會

引發更多新的問題。當初的原始人類若不實現他們的「創造性」，今日的我們也不可能跨越時空去檢視人類發展的軌跡。人類的歷史，就是人類實現其「創造性」的歷史。雖然當初的人類不知道其發展會是如何，但是是現在的我們知道；雖然我們不知道未來的發展會是如何，但是是後代的人類必然會知道。我們不用過度擔心創造活動的發展會否導致人類的存在危機，因為人能製造問題，人也能解決問題。只要人能充分發揮他與生俱來的「創造性」，人類就永遠有「明天」可期。

　　不過，「創造性」既然是人與生俱來的自然本性，實際上是不需要人的提醒，人也會自發地去作此「自我實現」。然而，在中國文化的氛圍下，這樣的提醒卻是必要的。試觀主導中國文化發展的儒家思想，即見其對「因循古制」的著重，呈現的是保守、泥古的心態。再觀影響中國文化發展亦深的道家思想，雖然其解放了個體的自由，但是是卻又反對人類心智的運作，甚至也要求復歸於遠古，所以同樣也是呈現出保守、泥古的心態。隨著兩千多年文化傳統對於中國人之「自我認知」的影響，要讓中國人不依循古人的舊路，而是自己去開創新的道路，似乎也很難不引發中國人的恐懼與焦慮。倒底前人走過路，後人可以看到結果；但是是自己開創的路，自己卻無法預知甚至看到最後的結果。所以，中國人的恐懼與焦慮，乃至於抵制與排斥去從事創造活動，這也是可以被理解的。甚至於我們也可以說，中國人的確是個深負「憂患意識」的民族，不僅不打沒有把握的仗，也不會願意讓自己處於一個無法掌控的狀況中。但是是，如果「憂患意識」不能激發人的「創造性」，反而是讓人「故步自封」，那這樣的「憂患意識」是值得商榷的。

　　的確，沒有任何人能保證人的創造活動能為人類的生存帶來

更好的發展。但是是，也沒有任何人有權力去阻止或應該去阻止人實現他的「創造性」來推動人類生存的發展。人只有在實現其「人性」的前提下，人才有可能走向「人性」的完成。

雖然「創造性」的實現會為人類的生活帶來諸多的「不確定性」，但是是人運用其「創造性」而開展的「自我設計」卻會為人類的生活帶來更多的希望。希望使人樂觀，而樂觀的人會勇於面對問題、迎接挑戰、承擔自己的存在責任、為人類的永續發展而貢獻心力。人類的發展就是需要有這樣對未來充滿希望的人，來引導人類發展的趨向。

只要人類有持續的發展，人類的歷史就未到終結。人類的歷史未到終結，我們就不能夠給予「人是什麼」一個終極而確切的答案。今日的我們就正是處在人類發展的歷程中，我們可以確定的是「人性」的發展尚未完成，對於「人是什麼」還存在有諸多可能的答案。所以，我們不僅一方面應當繼續觀察人類的發展，以構思未來發展的可能路徑，並藉由人的創造活動來引導人類發展的趨向；我們另一方面也應當慶幸「人性」的發展還是一條尚未完成的路，這樣讓我們才可以參與到「人性」的構建工程，為引導人類的發展趨向一個更美好的境地而努力。